**Helga Schuler
Thomas-Marco Steinle
Ran ans Telefon!**

Helga Schuler
Thomas-Marco Steinle

Ran ans Telefon!

Durch Telefonmarketing
zum loyalen Kunden

Bibliografische Information der Deutschen Nationalbibliothek

Die Deutsche Nationalbibliothek verzeichnet diese Publikation
in der Deutschen Nationalbibliografie; detaillierte bibliografische Daten
sind im Internet über http://dnb.d-nb.de abrufbar.

ISBN 978-3-89749-915-7

Lektorat: Anke Schild, Hamburg
Umschlaggestaltung: Martin Zech, Bremen | www.martinzech.de
Umschlagfoto: Tay Jnr / digital vision / getty images
Satz und Layout: Das Herstellungsbüro, Hamburg | www.buch-herstellungsbuero.de
Druck und Bindung: Aalexx Buchproduktion GmbH, Großburgwedel

© 2009 GABAL Verlag GmbH, Offenbach
Alle Rechte vorbehalten. Vervielfältigung, auch auszugsweise,
nur mit schriftlicher Genehmigung des Verlages.

Über aktuelle Neuerscheinungen und Veranstaltungen informiert Sie
der GABAL-Newsletter unter: www.gabal-verlag.de

Inhaltsverzeichnis

Warum »Ran ans Telefon!«? 9

1. Die Wiederentdeckung des Telefons im Vertrieb 11
  Outbound – das Schmuddelkind des Vertriebs? 15
  Dringender Handlungsbedarf 19
  Auf dem Weg zu einer emotionalen Kundenbeziehung 25

2. Outbound als effektives Instrument der Kundenbetreuung 30
  Die Rolle des Outbounds im segmentspezifischen Kundenmanagement 30
  Telefonkontakte im Lebenszyklus der Kundenbeziehung 32
  Systematisches Interessentenmanagement 35
  Outbound-Unterstützung im Key-Account-Management 40
  Zielsetzungen und Aufgaben im mittleren Kundensegment 42
  Telefonische Betreuung von Kunden mit geringem Potenzial 44

3. Die sieben Schritte zur Vorbereitung einer Outbound-Vertriebseinheit 50
  Der Stufenplan 50
  Schritt 1: Zieldefinition 51
  Exkurs: Direktverkauf am Telefon 52
  Schritt 2: Festlegung der Teamgröße 56
  Schritt 3: Anforderungen an Datenbank und Technik 59
  Schritt 4: Internes oder externes Recruiting der Mitarbeiter? 66

Schritt 5: Die Pilotkampagne als Teil der Ausbildung   **67**
Schritt 6: Infrastruktur und Räumlichkeiten   **69**
Schritt 7: Umsetzungs- und Zeitplan   **70**

4. Auswahl der Outbound-Mitarbeiter   74
Anforderungen an die Outbound-Mitarbeiter   **74**
Profil eines Outbound-Profis   **77**
Die Entwicklung der individuellen Anforderungsprofile   **83**
Der Recruitingprozess   **83**
Die besonderen Aufgaben der Teamleitung   **89**
Recruiting von Teamleitern   **92**

5. Wie ein Outbound-Profi im Telefondialog agiert   97
Der Einstieg   **97**
Die vier Entscheidungskriterien im Kaufprozess   **99**
Fragen, Fragen, Fragen   **101**
Endphase   **107**

6. Einarbeitung und Qualifizierung der Mitarbeiter   116
Der Startworkshop   **118**
Das Produkttraining   **119**
IT, Prozesse und Kundenkontaktmanagement-Software   **120**
Das Training »Aktiver Telefonverkauf« oder »Telefonische Terminvereinbarung«   **120**
Ran ans Telefon! Mit oder ohne Skript?   **120**
Live-Sequenzen   **124**
Training on the Job   **124**
Aufbautraining »Aktiver Telefonverkauf« oder »Neue Aktion mit neuer Zielsetzung«   **125**
Kontinuierliches Coaching   **126**
Externe Trainingsagenturen   **126**

7. Mitarbeiterführung   131

Die ambivalente Rolle des Teamleiters   131
Führung und Motivation von »Beziehungsarbeitern«   133
Instrumente zur Mitarbeiterführung im Outbound   136
Innenansichten eines Outbound-Teams im Callcenter –
Interview mit einer Teamleiterin   140

8. Ziel- und Prozessplanung von Kampagnen   146

Zielgruppendefinition für die Kampagne   148
Ziel- und Ablaufplanung für die Kampagne   149

9. Planung und Umsetzung einer Outbound-Aktion   155

Definition der Ziele einer Aktion   156
Mengen- und Zeitplanung für eine Aktion   156
Wann anrufen? – Der richtige Zeitpunkt   158
Das Adressmaterial und die Kundendaten   159
Das Telefonskript – Rückgrat der Telefonaktion   161
Die digitale Dokumentation   171
Aufsetzen von Reporting und Controlling der Aktion   173
Auswertung   177
Beispiel für die Planung einer Outbound-Aktion   178

10. Make or buy – Wie finde ich den Outsourcing-Partner meines Vertrauens?   184

Outsourcing: Tendenz steigend   184
Die Grenzen kennen   185
Grundlagen des Outsourcings   190
Die Rolle meines Outsourcing-Partners   191
Der Auswahlprozess   194
Auswahlkriterien für ein Callcenter   194
Das Angebot richtig lesen   201
Vertrauen entsteht aus Erfolg   204

11. Fallbeispiele **209**

    Fallbeispiel Versatel AG **209**

    Fallbeispiel Hans Soldan GmbH **217**

    Fallbeispiel QVC **225**

12. Die Integration des Outbound-Teams in das Unternehmen **230**

    Die Zusammenarbeit mit dem Außendienst **231**

    Wie kommunizieren Outbound-Team und Außendienst miteinander? **235**

Anmerkungen zur rechtlichen Situation **239**

Glossar **241**

Literaturverzeichnis **245**

Register **247**

Warum »Ran ans Telefon!«?

Jeder Vertriebsverantwortliche und Manager aus Service, Innendienst und Marketing muss sich heute die Frage stellen: Soll ich Outbound-Telefonmarketing nutzen, um meine Ressourcen im Vertrieb optimal einzusetzen und zu ergänzen? In einer Zeit, in der Märkte hart umkämpft sind, ist es wichtig, die Kontaktfrequenz mit Bestandskunden zu sichern und Interessenten systematisch als Kunden zu gewinnen.

Kontaktfrequenz sichern

Es gibt unendlich viele Möglichkeiten und Ansätze, Kunden beziehungsweise Interessenten aktiv telefonisch anzusprechen. Die Herausforderung besteht darin, diese Möglichkeiten zu erkennen und sie in eine Strategie einzubetten. Eine solche Strategie muss sorgfältig geplant werden. Outbound-Telefonmarketing wird, wenn es professionell aufgesetzt ist, entscheidend dazu beitragen, eine persönliche Kundenbeziehung herzustellen und diese zu festigen. Outbound ist heute unerlässlich, um den Stamm der loyalen Kunden beständig zu vergrößern.

Wir möchten

Ziele dieses Buches

- Sie für den Vertriebsweg Outbound-Telefonmarketing gewinnen,
- dass Ihr Outbound von Beginn an professionell, sicher und erfolgreich umgesetzt wird,
- dass Sie Ihre Kunden durch aktive Telefonate stärker an Ihr Unternehmen binden,
- dass Sie und Ihre Mitarbeiter positive Erfahrungen machen,
- dass Sie sicher sind, mit Outbound auf dem richtigen Weg zu sein.

Mit unseren Erfahrungen als Berater und als Outsourcing-Partner, die Outbound seit mehr als zwanzig Jahren erfolgreich ein- und umsetzen, möchten wir Sie ermutigen: Outbound lohnt sich – unabhängig davon, ob Sie es als eigene Vertriebseinheit und / oder mit einem Dienstleister implementieren.

Wir wünschen Ihnen interessante und erfolgreiche Telefonkontakte!

Helga Schuler, Thomas-Marco Steinle

Hinweis: Aus Gründen der Lesbarkeit haben wir uns entschlossen, bei Personenbezeichnungen durchgehend die männliche Form zu verwenden. Selbstverständlich ist mit »Mitarbeiter« auch die Mitarbeiterin, mit »Teamleiter« auch die Teamleiterin gemeint.

1. Die Wiederentdeckung des Telefons im Vertrieb

Aktives Telefonmarketing hat Geschichte in Deutschland. Schon in den Achtzigerjahren begannen hierzulande Unternehmen die ersten Teams aufzubauen und am Telefon zum Beispiel Schrauben und anderes Befestigungsmaterial an Händler zu verkaufen oder für die Außendienstmitarbeiter Termine bei potenziellen Käufern von Kopiergeräten zu vereinbaren. Die ersten Telefonmarketing-Agenturen entstanden. Doch ungeachtet nachgewiesener Erfolge und der – stillschweigenden – Weiterführung der Outbound-Aktivitäten in einigen Unternehmen »schlummerte« das Thema in der öffentlichen Wahrnehmung recht lange.

Seit einiger Zeit ist die aktive telefonische Kundenansprache wieder topaktuell. Heute wird in vielen Unternehmen – sowohl im B2C- als auch im B2B-Bereich – über den Einsatz von Outbound-Telefonmarketing und den Aufbau eines eigenen Outbound-Teams nachgedacht. Neue Projekte zur Einführung von Outbound gehen an den Start. Ein Musterbeispiel veranschaulicht die Erfahrungen, die dabei in der Praxis oft gemacht werden.

Outbound: wieder topaktuell

Herr Marquard ist Geschäftsführer eines Unternehmens, das IT-Dienstleistungen anbietet. Neben Netzwerkbetreuung, der Entwicklung von Datenbanken und der Analyse von Systemen offeriert seine Firma vor allem eine maßgeschneiderte Beratung seiner Kunden zu verschiedenen Aspekten der Hard- und Software.

Erfolg auf Umwegen – vom Abenteuer Outbound

Für den Vertrieb seiner Lösungen hat Herr Marquard ein Team von neun Außendienstmitarbeitern. Diese betreuen die Bestandskunden und sorgen gleichzeitig dafür, dass neue Interessenten an das Unternehmen herangeführt werden. So weit, so gut. Aber Herr Marquard hat ein Pro-

blem: Die Kontaktdaten von Interessenten werden nur unregelmäßig erfasst. Es ist nicht nachvollziehbar, ob später tatsächlich auch ein Geschäft stattfindet. In der Vertriebsdatenbank sind jedem Außendienstmitarbeiter über 500, in Einzelfällen sogar bis zu 800 Kunden zugewiesen. Herr Marquard glaubt, dass viele Kunden nur unzureichend oder gar nicht betreut werden. Denn Stichproben haben gezeigt, dass viele Datensätze schon seit über drei Jahren nicht mehr gepflegt wurden.

Telefonische Betreuung in die Vertriebsstrategie integrieren

Eines Tages erzählt ihm ein Branchenkollege, dass er seit Neuestem die telefonische Betreuung seiner Kunden in die Vertriebsstrategie integriert hat. Viele Schritte, wie zum Beispiel das Nachfassen bei Angeboten, die Vereinbarung von Terminen für den Außendienst, das Verfolgen von Interessentenleads oder Kontakten zur Reaktivierung früherer Kunden, erfolgten jetzt telefonisch. Zuerst ist Herr Marquard skeptisch. Doch als sein Kollege ihm schildert, wie sehr sich seine Kundenbeziehungen verbessert hätten, entscheidet er sich, auch in seinem Unternehmen dem Outbound-Telefonmarketing eine Chance zu geben.

Herr Marquard beschließt, eine Sekretärin und eine Sachbearbeiterin mit dieser Aufgabe zu betrauen. In Zukunft sollen diese beiden Damen den Kundenkontakt intensivieren und so in Zusammenarbeit mit den Vertriebsmitarbeitern das Geschäft beleben. Erfreut über die Abwechslung in ihrem Arbeitsalltag, beginnen die beiden Damen, Kunden aus dem bestehenden Kundenstamm anzurufen. Viele Kunden sind überrascht, endlich wieder etwas vom Unternehmen zu hören, und die Anrufe stoßen auf gute Resonanz.

Störfaktoren

Doch nach zwei Monaten findet keine Outbound-Telefonie mehr statt. Sie ist dem Tagesgeschäft der beiden Mitarbeiterinnen zum Opfer gefallen: Sie kommen nicht dazu, versprochene Rückrufe auch anzugehen, die Leads, bei denen eigentlich nachgefasst werden sollte, bleiben liegen. Zudem sorgen ständige Störungen dafür, dass sie sich nicht auf ihre Telefonate konzentrieren können. Last, not least fehlt ihnen nach eigener Aussage die Erfahrung, um Fragen zu Produkten am Telefon beantworten zu können. Außer ein paar Terminen bei bestehenden Kunden, die gleich zu Anfang der Aktivitäten vereinbart wurden, sind keine echten Erfolge zu verzeichnen.

Hinzu kommt: Die Außendienstmitarbeiter von Herrn Marquard betrachten die Outbound-Aktivitäten skeptisch, weil ihre Kunden von Innendienstmitarbeiterinnen angerufen werden. Die Sorge, dass die Kunden nicht richtig behandelt werden, bekommen die Kolleginnen zu spüren. Und darüber hinaus hat ein Kunde etwas irritiert nachgefragt, warum jetzt jemand anderes anruft.

Herr Marquard aber will nicht aufgeben, sondern sein Projekt auf solide Füße stellen. Im Gespräch mit seinem Kollegen lernt er, dass Outbound nicht »nebenbei« erfolgen kann. Langfristige Planung, die Bereitstellung der notwendigen Ressourcen und die Auswahl sowie Schulung der richtigen Mitarbeiter sind genauso wichtig wie die korrekte Einbindung der Telefonkontakte in die Gesamtstrategie. Herr Marquard wird so einen neuen Anlauf wagen und sich tatsächlich auf das »Abenteuer Outbound« einlassen.

Outbound läuft nicht »nebenbei«

Er wendet sich an ein externes Beratungsunternehmen. Mit einem erfahrenen Experten für Telefonmarketing definiert er, welche Ziele mit seinem Projekt verfolgt werden sollen. Welche Rolle übernimmt Outbound zukünftig in seiner Vertriebsstrategie? Worauf sollen sich in Zukunft die Außendienstressourcen konzentrieren? Welche Kunden werden wie betreut und mit welcher Frequenz? Und vor allem: Wie soll die Zusammenarbeit mit dem Außendienst aussehen?

Auf dieser Basis ermittelt Herr Marquard nun die benötigten personellen und technischen Ressourcen. In den Aufbau einer Kundendatenbank und deren Anpassung investiert er viel Sorgfalt. Eine detaillierte Stellenbeschreibung und ein Anforderungsprofil bilden den Ausgangspunkt für das Recruiting von zunächst sechs Mitarbeitern. Diese arbeiten halbtags und sollen ausschließlich für den Bereich Outbound zuständig sein. Parallel steigt Herr Marquard in die Planung seiner ersten Kampagne ein, die bereits im Rahmen des Projekts »Aufbau Outbound« umgesetzt wird. Auf diese Weise werden die Mitarbeiter schnell ans Telefon herangeführt und lernen ihr Handwerk »am lebenden Objekt«. Neben der Einrichtung eines »Outbound-Raums« muss er sich dann noch um die Zeitplanung und eine Prozessbeschreibung für die Umsetzung der ersten Kampagne kümmern.

Erfolgspotenzial nutzen

Der Erfolg bleibt nicht aus. Interessenten und Kunden werden zügig und ihren Wünschen entsprechend bedient. Insbesondere Kunden, die bisher nicht vom Außendienst betreut wurden, weil dieser seinen großen Kundenstamm nicht bewältigen konnte, werden systematisch an das Unternehmen gebunden. Gerade in dieser Gruppe ergeben sich viele neue Potenziale, sodass zusätzlicher Umsatz generiert wird. Durch die obligatorische Potenzialanalyse, die zu jedem Dialog gehört, werden Bestandskunden qualifiziert und gemäß ihrem Umsatzpotenzial betreut. Die sorgfältige Planung und eine offene Kommunikation gegenüber den Kunden und Partnern des Unternehmens sorgen dafür, dass diese den telefonischen Service als Bereicherung empfinden. Sie merken schnell, dass das Telefonteam immer freundlich und lösungsorientiert agiert und über fundiertes Fachwissen zu den Produkten und Dienstleistungen verfügt.

Endlich ist auch sichergestellt, dass Rückläufer und Leads von Interessenten systematisch nachgehalten werden. Dabei ist für jeden transparent, was genau mit diesen geschieht und welche Abschlussquoten erreicht werden.

Der Außendienst überwindet seine Vorurteile gegenüber den Innendienstmitarbeitern am Telefon und stellt immer mehr Ansprechpartner aus seinem Kundenstamm für die telefonische Betreuung zur Verfügung. Er erlebt das Outbound-Team als echte Vertriebsunterstützung.

Zwölf Monate später hat sich diese Entscheidung bereits in barer Münze ausgezahlt. In Herrn Marquards Unternehmen ist das Telefon nun ein fester Bestandteil des Vertriebs. Das Ergebnis sind neue und zufriedenere Kunden, eine Steigerung des Gesamtumsatzes und hoch motivierte Vertriebsmitarbeiter – sowohl im Außen- als auch im Innendienst. Outbound hat seine Effektivität unter Beweis gestellt.

Herr Marquard hat zudem einen Outsourcing-Partner, mit dem er Aktionen umsetzt, die über das Alltagsgeschäft hinausgehen. So lässt er beispielsweise die auf einer Messe gewonnenen Leads von diesem nachtelefonieren. Er gewährleistet so, dass diese Interessenten zeitnah angesprochen werden.

Mit dem Fehler, Outbound-Kontakte »mal so nebenbei« umzusetzen, wie im Beispiel geschildert, beginnt immer noch in vielen Unternehmen das »Abenteuer Outbound«. Und das, obwohl systematisches, aktives Telefonmarketing schon eine längere Geschichte hat und viel allgemeines Know-how darüber in Umlauf ist, wie Telefonmarketing aufgebaut und in ein Unternehmen integriert werden kann. Unser Buch soll verhindern, dass Sie Fehler machen, die andere schon begangen haben. Es soll Ihnen helfen, mit geringem zeitlichem Aufwand eigene Outbound-Erfolge zu erzielen.

Outbound – das Schmuddelkind des Vertriebs?

■ These: Zahlreiche Menschen fühlen sich durch unprofessionelle Anrufe belästigt. Und noch wesentlich mehr Menschen fühlen sich in ihrer Rolle als Kunde gar nicht oder zu wenig kontaktiert, informiert und beraten. Gefordert sind also nicht weniger, sondern mehr und vor allem bessere telefonische Kundenkontakte im Vertrieb!

Die Anfänge des Telefonmarketings

Seit fast dreißig Jahren zeigt sich in vielen Ländern und Unternehmen immer wieder, dass Telefonmarketing ein erfolgreicher Baustein in der Vertriebsstrategie sein kann. In Deutschland wurden bereits Anfang der Achtzigerjahre die ersten Telefonmarketing-Agenturen gegründet, die Aktionen für namhafte Kunden umsetzten. Mitte der Achtzigerjahre wurden dann die ersten Inhouse-Telefonmarketing-Teams aufgebaut, beispielsweise bei Siemens, der Deutschen Post und einer Tochterfirma des Würth-Konzerns.

Pioniere des Telefonmarketings

Im Jahr 1984 ließ der Hersteller von Großkopiersystemen OCE van der Grinten rund 20 000 Großunternehmen per Telefon nach Bedarf qualifizieren. Die Namen und Kommunikationsdaten der Entscheider wurden ermittelt und der aktuelle Bestand von Großkopierern (Kauf, Miete, Leasing, Alter, Auslauf von Verträgen) erfragt. Im aktuellen Bedarfsfall wurden Termine für den Außendienst vereinbart – dies mit einer Erfolgsquote von elf Prozent.

In der gleichen Zeit führte die Firma LINDE Gabelstapler eine telefonische Qualifizierungsaktion zur Unterstützung der Händler durch. Insgesamt wurden 64 000 Unternehmen angerufen, bei denen Gabelstapler des Mitbewerbs vermutet wurden. Auch hier ging es darum, die Entscheider namentlich festzustellen und den Bestand an Gabelstaplern der Konkurrenz zu erfahren. Weitere wichtige Informationen waren die Art der Gabelstapler und deren Alter. Wenn die Konkurrenzprodukte älter als acht Jahre waren, wurden Termine für Linde-Vertriebsmitarbeiter vereinbart: mit einer Erfolgsquote von acht Prozent.

Schon vor etwa fünfzehn Jahren war Upjohn, ein sehr erfolgreiches Pharmaunternehmen, das später von Pharmacia gekauft wurde, mit Telefonmarketing-Kampagnen in der Betreuung von Ärzten aktiv. So kontaktierte Upjohn beispielsweise im Jahr 1994 deutsche Hausärzte. Thema war das wegen der Gefahr von Abhängigkeit umstrittene Medikament Halcion, das zur Therapie von Schlafstörungen eingesetzt wurde. Über eine Outbound-Kampagne wurde die Ärzteschaft über die tatsächlichen Risiken informiert und aufgeklärt. Dank hervorragend geschulter Mitarbeiter verlief die Kampagne äußerst erfolgreich und konnte maßgeblich zu einer Umsatzsteigerung beitragen.

Outbound versus Außendienst
In einer anschließenden Befragung gaben die betreuten Ärzte an, die Telefonate im Vergleich zu Außendienstbesuchen als weitaus weniger störend empfunden zu haben.

Dennoch sind die Widerstände in den Unternehmen gegen die Einführung von Outbound-Telefonmarketing nach wie vor deutlich spürbar – besonders beim Außendienst. Das schlechte Image des aktiven Telefonierens konnte über die Jahre nie wirklich abgeschüttelt werden. Im Gegenteil, in der letzten Zeit hat sich das Ansehen dieser Form der Vertriebsunterstützung durch die negative Berichterstattung eher noch verschlechtert. Geschürt durch Horrorgeschichten in den Medien und teilweise auch durch persönliche schlechte Erfahrungen, die Einzelne mit Telefonmarketing-Anrufen gemacht haben, ist eine hochemotionale Diskussion entstanden.

In einigen Branchen führt eine hartnäckige telefonische Ansprache – insbesondere von Privatpersonen – jedoch zur nachhaltigen Verärgerung der Kunden. Wer schon einmal ungefragt zu angeblich narrensicheren Wertpapieren beraten wurde, weiß, was gemeint ist. Unternehmen der Verlagsbranche, die unermüdlich Abonnements anpreisen, oder Telekommunikationsanbieter, die noch mehr Verwirrung in den Dschungel ihrer Tarife bringen, sind für die Medien ein gefundenes Fressen.

Im B2B-Bereich dagegen ist Outbound mittlerweile ein selbstverständlicher Bestandteil des Vertriebs geworden. Der regelmäßige telefonische »Besuch« gehört für Kunden und Lieferanten genauso zum Alltagsgeschäft wie der Außendienstbesuch – und fällt in der Wahrnehmung der Angerufenen gar nicht in die Kategorie »lästige Outbound-Anrufe«.

B2B-Bereich

Ein paar Beispiele:

- Hersteller und Händler von Verbrauchsmaterial in der Dentalbranche gewinnen Zahnlabore und Zahnpraxen mit eigenem Labor als Kunden und verkaufen diesen regelmäßig ihre Produkte.
- Hersteller von Farben und Bodenbelägen sprechen in Gebieten, die nicht vom Außendienst betreut werden können, Handwerker telefonisch an und beraten sie regelmäßig am Telefon zu den verschiedenen Produkten.
- Banken kontaktieren Kunden, auf deren Konto große Geldbeträge stehen, und bieten attraktive Anlagemöglichkeiten an. Im umgekehrten Fall offerieren sie günstige Kredite.
- Versicherungen rufen Kunden, die gerade ihren Vertrag gekündigt haben, an und fragen nach dem Grund der Kündigung. In vielen Fällen verhindern sie die Auflösung des Versicherungsverhältnisses durch Beitragsstundungen, Beitragsfreistellungen und andere Angebote. Oft waren diese Möglichkeiten den Kunden vorher gar nicht bekannt, sind aber geeignet, das Problem zu lösen.

- Leasingunternehmen für Fahrzeuge erfragen bei potenziellen Geschäftskunden den Bedarf und vereinbaren dort – wenn sinnvoll und gewünscht – Beratungstermine für den Außendienst.
- Pharmaunternehmen fassen telefonisch nach, wenn der Außendienst Muster bei Ärzten gelassen hat, und erfragen die Erfahrungen der Anwender.
- Tierärzte rufen ihre Kunden an und erinnern an die Impftermine ihrer Patienten.
- Möbelhäuser kontaktieren ihre Käufer nach dem Aufstellen der neuen Möbel und fragen nach der Zufriedenheit.
- Lebensmittelgroßhändler nehmen Bestellungen von Geschäften telefonisch auf.
- Pharmaunternehmen stellen Apotheken am Telefon neue, innovative Präparate und Produkte vor.
- Werbemittelhersteller vereinbaren mit Agenturen und Unternehmen telefonisch Besuchstermine auf Messen und Ausstellungen.
- Hotels rufen ehemalige Kunden an und stellen besonders attraktive Übernachtungsangebote vor.
- Autohäuser kontaktieren nach Ablauf der typischen Laufzeit eines Fahrzeugs ehemalige Käufer und laden diese zur persönlichen Probefahrt mit dem Nachfolgemodell ein.
- Das Rote Kreuz meldet sich telefonisch bei Blutspendern mit seltenen Blutgruppen und bittet diese um ihre Spende.

Outbound als selbstverständliche Praxis

Man könnte diese Aufzählung endlos fortsetzen. Sie dient aber vorrangig dazu, eine Vorstellung davon zu vermitteln, auf welcher breiten Basis und mit welcher Selbstverständlichkeit Outbound von den Unternehmen bereits eingesetzt wird, ohne dass die Angerufenen sich von einer solchen Vorgehensweise gestört fühlen, sondern sie im Gegenteil sogar erwarten!

Dringender Handlungsbedarf

Es gibt unendlich viele Defizite im Vertrieb und Kundenservice, die sich durch die aktive Einbindung des Telefons vermeiden ließen. Wenn Sie Ihr Unternehmen nach solchen Schwachstellen durchforsten, werden Sie einige Ansatzpunkte für den Einsatz von professionellem Outbound finden.

In den Medien werden immer wieder Fälle geschildert, in denen Interessenten bei Unternehmen anfragen, ohne dass angemessen reagiert wird. Stattdessen zeigen sich die Unternehmen von ihrer unprofessionellsten Seite. Interessenten, die einen konkreten Bedarf haben, erhalten häufig keine Beratung. Der Ansprechpartner, der sich unter der veröffentlichten Telefonnummer meldet, weiß nichts von der Sonderaktion, die das Marketing ins Leben gerufen hat. Eine E-Mail ist trotz Erinnerung nach vierzehn Tagen immer noch nicht beantwortet. Eine konkrete Produktanfrage wird kommentarlos – und häufig viel zu spät – mit einer Flut von Prospekten oder Katalogen erledigt. Der versprochene Rückruf durch den Außendienstmitarbeiter erfolgt nie. Das zugesicherte Angebot trifft nicht ein. Von Erreichbarkeitsproblemen ganz zu schweigen ...

»Abwehr von Anfragen«

Gleichzeitig verschenkt ein Unternehmen, das so handelt, wertvolle Chancen, den Kunden kennenzulernen. Es wäre ohne Weiteres möglich, sein längerfristiges Potenzial zu erfragen und wertvolle Informationen in die Datenbank aufzunehmen. Eine wertschätzende Annahme der Kontakte von Interessenten oder ein systematisches Interessentenmanagement erfolgt aber leider meistens nicht.

Verantwortlich für diese Haltung und für möglicherweise verschenkten Umsatz ist immer noch Marketing nach dem »Gießkannenprinzip«. Eine Werbebotschaft oder ein Verkaufsimpuls wird über möglichst viele Kanäle an möglichst viele Zielgruppen transportiert. Frei nach dem Motto »Einen wird's schon interessieren – und irgendeiner wird dann auch kaufen« wird auf diese Weise das ohnehin schon knappe Marketingbudget verschleudert.

Nicht sinnvoll: das Gießkannenprinzip

Aktuellen Studien zufolge werden in Deutschland vierzig Prozent der Kunden falsch angesprochen. Der daraus entstehende Schaden liegt bei etwa einer Milliarde Euro jährlich.

Chancen, die Interessenten- und Kundenkontakte bieten, werden nicht erkannt und genutzt, weil die ausgestreckte Hand des Kunden nicht ergriffen wird.

■ Wie viele dieser wertvollen Gelegenheiten sind in den letzten Monaten in Ihrem Unternehmen nicht wahrgenommen oder verpatzt worden?

Kontaktarmut in der Bestandskundenbetreuung

In der Kundenbetreuung vieler Vertriebe sind eher zu wenige Kontakte die Regel. Außendienstmitarbeiter sind für zu viele Kunden und zu große Gebiete verantwortlich. Teilweise bedingt durch die Gewohnheit dieser Mitarbeiter, immer wieder dieselben, bekannten Ansprechpartner »abzuklappern«, werden ganze Heerscharen von Kunden vernachlässigt. Wären da nicht die – hoffentlich positiven – Inbound-Kontakte mit den – hoffentlich hilfsbereiten – Innendienstmitarbeitern, hätten die meisten Kunden den Eindruck, ihr Lieferant wäre überhaupt nicht an ihnen interessiert.

»Ein Kunde, der zwei Monate nicht kontaktiert wurde,
ist reif für den Mitbewerb.«
GEORGE WALTHER,
AMERIKANISCHER TELEFONMARKETING-EXPERTE

■ Wie viele Ihrer Bestandskunden wurden länger als zwei Monate nicht kontaktiert?

Vertriebene Kunden durch schlechtes Reklamationsmanagement

Wie gering der Stellenwert echter Kundenbindung in einem Unternehmen ist, merkt man spätestens bei einer Reklamation. Unpersönliche Standardschreiben sind in der Regel die Antwort auf eine schriftliche Beschwerde. Meldet sich der unzufriedene Kunde am Telefon, stößt er auf Unverständnis. Die Mitarbeiter stehen den negativen Gefühlen von verärgerten Kunden oft hilflos gegenüber. Sie versuchen zunächst die Schuldfrage zu klären oder möglichst schnell eine (meist falsche und viel zu teure) sachliche Lösung zu finden. Das emotionale Problem, das Ärgernis des Kunden, bleibt unerkannt und unbehandelt. Ein individuelles Eingehen auf den Beschwerdegrund bildet eher die Ausnahme.

Dabei sind die negativen Folgen einer schlechten Reklamationsbehandlung schon lange bekannt. Die frustrierenden Erlebnisse werden weitererzählt. Ging man früher davon aus, dass sieben Personen von den negativen Erfahrungen hören, sind es im Internetzeitalter unendlich viele Menschen mehr, die in Chats, Internet-Blogs und Foren echte Leidensgeschichten geschildert bekommen. Wer schwer enttäuscht wurde, kehrt dem Unternehmen sofort den Rücken. Wer notdürftig beschwichtigt wurde, taucht in der nächsten Kundenbefragung vielleicht noch als »scheinbar zufriedener Kunde« auf, der aber die nächste Gelegenheit nutzt, um zur Konkurrenz zu wechseln. Dabei wäre eine individuelle, einfallsreiche und emotionale Reklamationsbehandlung entscheidend für die Gewinnung von loyalen und treuen Kunden. Dies wurde aktuell in den ExBa-Studien von forum! Marktforschung, Mainz, und der DGQ Gesellschaft für Qualität nachgewiesen: Die treuesten Kunden sind nämlich diejenigen, die mit einer Reklamationsbehandlung ein positives Erlebnis verbinden.

Konsequenzen eines schlechten Beschwerdemanagements

Sowohl im B2B- als auch im B2C-Bereich ist der Anteil der »Fans« und »Sympathisanten« des Unternehmens – also der loyalen Kunden, die dem Unternehmen treu sind und es tatsächlich weiterempfehlen – zu gering.

Zufriedenheit und Bindung als Erfolgsfaktoren

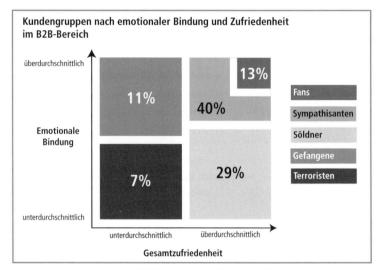

Quelle: »Der emotionale Entscheider«, Sonderstudie aus dem Excellence Barometer 2006 (ExBa® 2006); Basis: 800 Entscheiderinterviews, www.exba.de; www.forum-mainz.de

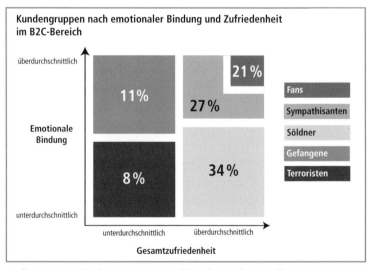

Quelle: »Der emotionale Konsument«, Sonderstudie aus dem Excellence Barometer 2006 (ExBa® 2006); Basis: 2044 Entscheiderinterviews, www.exba.de; www.forum-mainz.de

Im Vergleich dazu stellen die »Söldner«, die zwar zufrieden sind, aber trotzdem jederzeit wechseln würden, einen zu großen Teil des Kundenstamms. Ganz zu schweigen von den sieben beziehungsweise acht Prozent »Terroristen«, die das Image des Unternehmens zu untergraben versuchen und eine negative Stimmung verbreiten. Durch die potenzierende Wirkung der Internetkommunikation auf die Mundpropaganda ist dieser Schaden gar nicht abzuschätzen. Umso dringlicher ist eine exzellente Reklamationsbearbeitung.

»Söldner« und »Terroristen«

■ Wie viele Reklamationen und damit Chancen für eine emotionale Kundenbindung werden in Ihrem Unternehmen nach »Schema F« behandelt? Und welcher Schaden wurde hierbei verursacht?

Ergebnis der mangelnden Kontaktpflege in den Unternehmen sind die »Karteileichen«. Dies betrifft insbesondere die Kleinbesteller. Zu ihnen gesellen sich die nicht mehr kaufenden Kunden, deren stetigen Umsatzrückgang keiner bemerkt hat. Diese Gruppe landet in der Umsatzkategorie D, die stillschweigend abgeschrieben wird.

Verzicht auf Kundenrückgewinnung

Wer aber hat bei den Käufern mit kleinen Aufträgen oder bei den »Einmal-und-nie-wieder-Kunden« gefragt, welches Potenzial für die Produkte des Unternehmens besteht? Und wer hat im Gespräch herausgefunden, warum die Mengen so klein sind, sich der Ansprechpartner auf dem Rückzug befindet oder nicht mehr kauft? Kunden erleben es als Wertschätzung, wenn sie merken, dass man ihren Rückzug nicht einfach hinnimmt.

Bei Rückzug nachhaken

Es ist siebenmal einfacher und kostet siebenmal weniger Aufwand, einen Kunden zu halten beziehungsweise zurückzugewinnen, als einen neuen aufzubauen.

■ Was wissen Sie über Ihre »kleinen« und verlorenen Kunden und deren wirkliches Potenzial? Kennen Sie die Gründe für deren Rückzug?

Es gibt mehr als genug Gelegenheiten, zum Telefonhörer zu greifen und Kundenbeziehungen aktiv zu gestalten. Dies gilt umso mehr, je intensiver sich Ihre Konkurrenz mit Elan Ihren Kunden zuwendet. Es ist immer der richtige Zeitpunkt, um den Kontakt mit Ihrer Zielgruppe zu intensivieren und zu professionalisieren. Die Weichen werden in diesem Moment neu gestellt; und wer die Chancen erkennt und Gelegenheiten ergreift, kann sich positiv von seinen Mitbewerbern absetzen. Und zwar durch Kundenbeziehungen, die in persönlichen Kontakten individuell geprägt werden – vor Ort und am Telefon.

Daten- und Adressfriedhöfe

Selbst in hochwertigen CRM-Systemen (Customer-Relationship-Management) schlummern Massen von

- irgendwann (zum Beispiel auf einer Messe) aufgenommenen Adressen von Anfragen und Leads,
- aufgegebenen Interessenten (hat Angebot nicht angenommen, wird also nicht mehr weiter angesprochen),
- Adressleichen aus irgendwelchen Aktionen, die nie mehr nachgefasst wurden.

Diese werden immer noch angeschrieben und (siehe Gießkannenprinzip) unabhängig von deren Bedarf und Potenzial mitgeschleppt. Leider ist es in der Regel verlorene Liebesmüh, diese oft Jahre alten Daten telefonisch zu qualifizieren. Sie sind nicht mehr als ein Zeugnis vergangener Chancen.

Bewusst auf Kontakte verzichten

Gezielte Kontaktpflege von Kunden bedeutet auch, bewusst auf Kontakte zu verzichten und sich da, wo es Sinn macht, von »Altlasten« zu befreien.

▪ Wie viele Karteileichen haben Sie in Ihrem System, die älter als zwölf Monate sind und über die Sie keine aktuellen Informationen haben?

Auf dem Weg zu einer emotionalen Kundenbeziehung

Mittlerweile haben sich viele Tätigkeitsfelder des Outbounds herauskristallisiert: Von den Telefoninterviews der Markt- und Meinungsforschung über den klassischen Informationstransfer an den Kunden bis zu Beschwerdemanagement und Direktverkauf gibt es eine Vielzahl von Einsatzmöglichkeiten. Was aber haben alle diese Aufgabengebiete gemeinsam? In allen kommen die individuellen Stärken des Outbound-Telefonierens zum Tragen.

Outbound bedeutet, dass ein Dialog zustande kommt, der Raum für Rückfragen und Antworten bietet. Im Gespräch ist es möglich, sowohl die sachliche Ebene zu erörtern und gemeinsam Lösungen zu finden als auch die Gefühle des Gesprächspartners zu erkennen und darauf einzugehen. Die persönliche Ebene und die Entwicklung einer positiven Chemie zwischen zwei Gesprächspartnern bilden die Grundlage für eine Kundenbeziehung, die auch schwierige Situationen (Preiserhöhungen, Reklamationen, Lieferengpässe) übersteht.

Outbound ist ein persönlicher Kundenkontakt

Persönlicher Kontakt heißt nicht in erster Linie, die privaten Hobbys des Kunden zu kennen und mit ihm darüber zu reden. Es bedeutet vielmehr das Erkennen von persönlichen Interessen und Befindlichkeiten im Auftragsverhältnis. Dazu gehört auch die aktuelle Situation Ihres Gesprächspartners in seinem Unternehmen. Dieses zu erfahren ist im Telefonat aufgrund der etwas größeren Anonymität manchmal noch einfacher als im Kontakt »von Angesicht zu Angesicht«.

Wie ein persönlicher Kundenkontakt zeichnet sich auch ein telefonischer Dialog durch eine starke Unmittelbarkeit aus. Sie erhalten eine direkte Rückmeldung auf das, was Sie sagen und wie Sie es sagen. Die Einstellung Ihres Kunden ist sofort spürbar und der weitere Gesprächsverlauf kann direkt an die inhaltliche und emotionale Reaktion Ihres Gegenübers angepasst werden. Diese Flexibilität und Nähe sind zentrale Vorteile des Outbound-Telefonmarketings.

Große Anzahl von Kontakten in kurzer Zeit

Damit ist Outbound wie geschaffen für den schnellen Informationstransfer. Ein gut eingespieltes Team – ob intern oder extern – ist in der Lage, bei entsprechender Personaldecke auch große Zielgruppen persönlich zu erreichen. Über das Medium Telefon kann die Kontaktfrequenz sehr gut erhöht werden.

Outbound ist zielgerichtet

Ein gut ausgebildeter Vertriebsmitarbeiter erkennt am Telefon recht schnell, ob der Angerufene Interesse hat oder überhaupt als potenzieller Kunde infrage kommt. Zielgruppen beziehungsweise Adressbestände können »getestet« werden und bei negativem Ergebnis kann die entsprechende Aktion abgebrochen werden. Eine Outbound-Kampagne kann im Laufe der Durchführung auch je nach Bedarf angepasst werden. Streuverluste wie zum Beispiel bei Anzeigen oder Fernsehspots gibt es in der Regel keine.

Im Gegensatz zu einer Mailingkampagne fließen die Erkenntnisse aus den bisherigen Dialogen und Kundenreaktionen direkt in den Erfahrungspool Ihres Teams ein und tragen zur kontinuierlichen Optimierung bei.

Outbound: kosteneffizient und grenzüberschreitend

Egal, ob Sie ein eigenes Team aufbauen oder die Zusammenarbeit mit einem Dienstleister suchen – Ihre Investition pro Kontakt liegt immer unter dem, was Sie bei einer Betreuung über einen Mitarbeiter am Point of Sale oder über einen Außendienst vor Ort beim Kunden bezahlen würden. Wie groß diese Differenz konkret ist, hängt natürlich von der Branche und den jeweiligen Kosten pro Außendienstbesuch ab.

Als Fazit bleibt festzuhalten: Das Telefon ist und bleibt ein in allen Branchen akzeptiertes Kontaktmedium. Mit der großen öffentlichen Aufmerksamkeit, die die neuen Medien wie E-Mail und Internet in den letzten Jahren erfahren, ist auch die Bedeutung des telefonischen Kontaktes wieder gestiegen.

Positionierung

Aufgrund der Vorteile der Kontakte via Telefon steht Outbound – was die Möglichkeit der schnellen Marktdurchdringung angeht – zwischen den Printmedien auf der einen und dem Außendienst auf der anderen Seite.

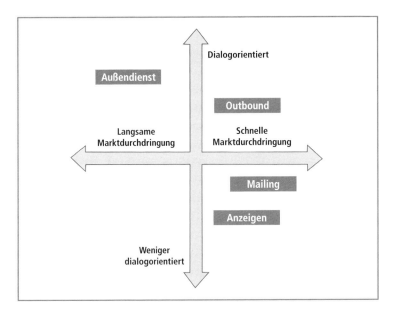

Die Herausforderung liegt in der sinnvollen Integration des Telefonmarketings in die Vertriebsstrategie und in der sorgfältigen Planung des Einsatzes der jeweiligen Medien.

Arbeitsblatt Kapitel 1

Dieses Arbeitsblatt dient Ihnen während der Planung und des Aufbaus Ihres Outbound-Projekts als Orientierungshilfe. Definieren Sie mit seiner Hilfe im Vorfeld so weit wie möglich Ihre Erwartungen und Ziele.

Was erwarten Sie sich vom Medium Outbound?

- ❏ Mehr Umsatz
- ❏ Kostenersparnis
- ❏ Mehr Kunden
- ❏ Verbesserung des Kontakts zu meinen Kunden
- ❏ Verbesserung der Außenwirkung meines Unternehmens
- ❏ Informationen über meine Kunden
- ❏ Feedback zu meinen Produkten / Dienstleistungen
- ❏ Sonstiges, nämlich:

_____

Haben Sie schon einmal probiert, Outbound-Telefonmarketing einzuführen?

- ❏ Ja
- ❏ Nein

Wenn ja, welche Erfahrungen haben Sie dabei gemacht?

- ❏ Überwiegend gute Erfahrungen
- ❏ Überwiegend schlechte Erfahrungen

Was wollen Sie besser machen?

_____

Welche Vorbehalte und Vorurteile müssen überwunden werden, damit Sie unbefangen an das Thema »telefonische Kundenbetreuung« herangehen können?

_____

_____

Was muss noch getan werden, damit Sie engagiert mit Ihrem Projekt »Aufbau Outbound-Telefonmarketing« starten können?

_____

_____

Wo liegen Ihrer Meinung nach die größten Chancen für Outbound in Ihrem Unternehmen?

_____

_____

Wo liegen nach Ihrer Einschätzung die größten Hürden?

_____

_____

_____

2. Outbound als effektives Instrument der Kundenbetreuung

Durch die sinnvolle Einbindung des Mediums Telefon in Ihre Vertriebsstrategie haben Sie die Chance, mehr Nähe zu Ihren Kunden zu entwickeln und einen intensiveren Dialog mit ihnen zu pflegen. Wenn Sie das aktive Telefonieren richtig umsetzen, führt dies letztlich zu mehr Umsatz und Gewinn.

Professionelle Outbound-Aktionen entweder zur Unterstützung oder als selbstständiger Teil Ihrer Vertriebsaktivitäten sorgen in den unterschiedlichen Kundensegmenten und in allen Phasen der Kundenbeziehung für eine Verbesserung und eine Optimierung der Verkaufsprozesse.

Die Rolle des Outbounds im segmentspezifischen Kundenmanagement

Unterschiedliche Kunden unterschiedlich behandeln

Eine moderne Vertriebsstrategie, die sich am CRM-Gedanken orientiert, geht davon aus, dass Kunden individuelle Anforderungen und Bedürfnisse haben und unterschiedlich gewonnen und betreut werden wollen. Kunden, die – zum Beispiel, was ihre Größe betrifft – unterschiedlich strukturiert sind, erwarten auch eine jeweils entsprechende Behandlung. Konzerne funktionieren anders als der inhabergeführte Mittelstandsbetrieb. Gemeinsam ist ihnen allerdings, dass sie heute schneller bereit sind, den Lieferanten zu wechseln – es sei denn, sie sind emotional an diesen gebunden und die Loyalität ist der Kitt der Kundenbeziehung.

Die Vertriebsstrategie muss deshalb auf den Kunden ausgerichtet werden und auf eine nachhaltige Beziehungsbildung zielen.

Gleichzeitig ist der Druck, kosteneffizient zu arbeiten, in den Unternehmen allgegenwärtig. Um hohe Kundenerwartungen möglichst effizient zu erfüllen, müssen vorhandene Ressourcen, insbesondere der Außendienst, optimal eingesetzt werden.

Vertriebe teilen ihre Kunden in entsprechende Kundensegmente ein, die mit verschiedenen Strategien, Leistungen und in differenzierten Kontakten betreut werden. Kriterien für die Segmentierung sind in der Regel die Profitabilität von Kunden und das Potenzial. Umsatzorientierte Segmentierungen erhärten nur den Status quo, sind aber nicht dazu geeignet, Mehrumsätze aus dem Kundenbestand zu schöpfen.

Kundensegmente bilden

Schon zur Segmentierung selbst ist ein Outbound-Team hilfreich. Die Potenziale der Kunden sind in den meisten Unternehmen nicht bekannt und in den Datenbanken nicht erfasst. Einige können sicherlich durch den Außendienst eingepflegt werden, doch die Menge der Kunden muss in der Regel erst einmal »qualifiziert« werden. Das Erfragen definierter Potenzialkriterien kann insofern eine erste Outbound-Aktion darstellen.

Aktive telefonische Kontakte sollten systematisch in die Kundenbetreuung eingeplant werden. In jedem Segment kann das Outbound-Team eine wichtige Rolle einnehmen.

Ein Outbound-Team kann auch in die Vertriebsstrategie dergestalt mit eingebaut werden, dass es ein Kundensegment – in der Regel das Segment der kleineren Kunden – komplett eigenständig betreut. Dieses Segment wird dann kontinuierlich aktiv angerufen: mit dem Ziel des Direktverkaufs von Produkten.

Telefonkontakte im Lebenszyklus der Kundenbeziehung

Die Gestaltung von Kundenbeziehungen durch eine planmäßige Interaktion und Kommunikation erfordert ein beziehungsorientiertes Konzept. Grundlage für ein solches bildet die Erkenntnis, dass die Kundenbeziehung verschiedene Phasen durchläuft.

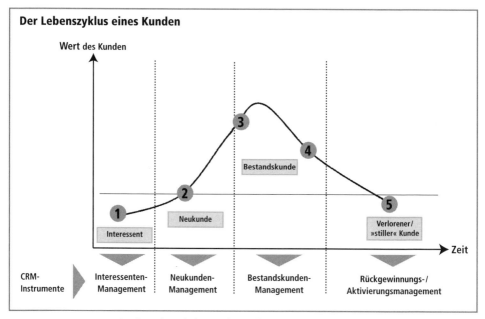

Quelle: Helga Schuler, Stephan Haller; Der neue Innendienst – Mehr Vertriebsproduktivität durch die interne Servicefirma, Wiesbaden 2008

Entlang dieser Phasen samt ihren unterschiedlichen Anforderungen können Telefonkontakte mit dem Kunden zielgerichtet umgesetzt werden.

Die Kundenbetreuung anpassen

Die Entwicklung vom Interessenten in der Anbahnungsphase über den gefährdeten bis zum wiedergewonnenen oder schlimmstenfalls verlorenen Kunden erfordert in den verschiedenen Stadien eine ständige Anpassung der Betreuung. Und das nicht etwa nur auf der sachlichen, sondern insbesondere auf der emotionalen Ebene.

Die Beziehung zu Ihren Kunden ist in den verschiedenen Phasen von unterschiedlichen sachlichen Anforderungen und vielfältigen emotionalen Befindlichkeiten geprägt. Diese verlangen jeweils andere Maßnahmen und eine andere Art des Eingehens auf und Umgehens mit dem Kunden, wenn Sie die Kundenbeziehung in jeder Phase so fruchtbar wie möglich gestalten wollen.

Dass ein potenzieller Kunde, ein Interessent, der das Unternehmen und seine Produkte wahrscheinlich noch wenig oder gar nicht kennt, besondere Ansprüche an das Unternehmen und an seine Kontakte mit diesem stellt, ist offensichtlich. Schließlich möchte er doch erst einmal gewonnen werden und erwartet gezielte Informationen sowie ein entsprechendes Auf-ihn-Zugehen und Entgegenkommen. Oft dominiert hier die Unsicherheit, die richtige Kaufentscheidung zu fällen.

Interessenten haben verschiedene Gründe, sich selbst aktiv an einen Lieferanten zu wenden oder auf entsprechende Angebote »anzuspringen«. Die Suche nach günstigen Konditionen ist nur einer von vielen Beweggründen, der aber in der Wahrnehmung von Verkäufern meist alle anderen überstrahlt. Unzufriedenheit mit dem Mitbewerb, aus welchen Gründen auch immer, die Suche nach einer besonderen Produktqualität und eine neue Bedarfssituation sind weitere wichtige Motive. Diese gilt es herauszufinden, wenn der Interessent individuell angesprochen und für den Kauf gewonnen werden soll. **Motive von Interessenten**

Der Neukunde kommt nach dem ersten Kauf oft schnell ins Zweifeln, ob er die richtige Entscheidung getroffen hat. Die »Reuephase« nach dem Kauf wird von vielen Verkäufern nicht erkannt oder nicht ernst genug genommen. Es stärkt die Beziehung, wenn der Kunde in dieser Situation aufgefangen wird, indem er zum Beispiel bei seinen ersten Transaktionen mit dem Unternehmen an die Hand genommen und geduldig begleitet wird. Dadurch, dass er in seiner Produktentscheidung bestärkt wird, gewinnt er wieder Sicherheit und die Grundlage für eine Vertrauensbildung ist geschaffen. **Die Reue des Neukunden**

Die Bindung zu stabilisieren ist das Ziel der weiteren Kundenpflege in der »Wachstumsphase«. Der Kunde sollte nun in und durch Kontakte erleben, dass seine Erwartungen erfüllt werden.

Ein langjähriger Bestandskunde hingegen erfordert eine andere Art der Betreuung. Seine Beziehung zum Unternehmen ist durch eine gemeinsame Geschichte mit Höhen und Tiefen verbunden. Dieser Kunde hat positive Erfahrungen gemacht und Vertrauen entwickelt. Er hat aber auch schon erlebt, dass etwas schiefgehen kann und seine Reklamation positiv behandelt wurde.

Entwicklungen bei Bestandskunden nicht verpassen

Bei diesen treuen Kunden – die aus Loyalität zum Unternehmen und dessen Ansprechpartnern viel mitmachen – besteht die Gefahr, dass die Beziehung zu selbstverständlich wird. Es wird zu wenig hinterfragt, sodass zum Beispiel Bedarfsänderungen nicht mehr bemerkt werden. Der Kunde kauft dann eventuell Produkte, die er neuerdings erst braucht, bei der Konkurrenz, weil er gar nicht weiß, dass er diese auch über Ihr Unternehmen beziehen kann.

Beispiel für unterschiedliches Verkaufsverhalten gegenüber Neukunden und Bestandskunden

Ein mittelständischer Hersteller von Industrieleuchten wird von zwei Kunden kontaktiert. Beide haben einen Auftrag mit einem Volumen von 200 000 Euro zu vergeben. Um beide Aufträge zu gewinnen, muss das Vertriebsteam des Leuchtenherstellers verschiedene Strategien umsetzen.

Situation A – Neukunde: Der erste Interessent ist ein potenzieller Neukunde, der zuvor nie mit diesem Leuchtenhersteller zusammengearbeitet hat. Er ist mit seinem bisherigen Lieferanten unzufrieden und überlegt, sich neu zu orientieren. Ausschlaggebende Entscheidungskriterien sind für ihn zunächst einmal das Preis-Leistungs-Verhältnis des neuen Anbieters und die Möglichkeiten, die ihm dieser Lieferant bietet.

Strategie: Der Leuchtenhersteller kommt zu dem Ergebnis, dass dieser Interessent zunächst einmal ein gutes Angebot mit attraktiven Preisen benötigt. Gleichzeitig informiert er den Interessenten möglichst umfassend über sein Leistungsspektrum. Schließlich will er sich als kompetenter Partner für eine langfristige Zusammenarbeit präsentieren. Das erstellte Angebot wird eine Woche später telefonisch nachgefasst.

Situation B – loyaler Bestandskunde: Der zweite Interessent arbeitet bereits seit mehreren Jahren mit dem Leuchtenhersteller zusammen. Er kennt die Preis- und Angebotsstruktur bereits gut und weiß, was er von seinem Lieferanten erwarten kann. Für ihn ist vor allem die persönliche Beziehung zu unserem Leuchtenhersteller wichtig. Außerdem weiß er es zu schätzen, dass seine Anfragen schnell und flexibel bearbeitet werden.

Strategie: Der Leuchtenhersteller stellt fest, dass dieser Kunde vor allem einen guten Service zu schätzen weiß. Deshalb fährt der Geschäftsführer persönlich zum Kunden, um die Details des Auftrags zu besprechen. Außerdem wird dem Kunden ein großzügiges Zahlungsziel eingeräumt. Bei Rückfragen kann dieser Kunde den Leuchtenhersteller notfalls auch auf dem Mobiltelefon oder am Wochenende erreichen.

Im Rahmen des Kundenbeziehungsmanagements helfen Ihnen Outbound-Kontakte, am Ball zu bleiben und zu ermitteln, wo der Interessent oder Kunde in der Beziehung mit Ihnen gerade steht. In regelmäßigen aktiven Telefonaten gewinnen Sie eine Vielzahl von Informationen über Ihre Interessenten und Bestandskunden. Das jeweilige Potenzial und die Bedarfssituation können sowohl gleich bei einer Anfrage identifiziert als auch im Laufe der Geschäftsbeziehung kontinuierlich eruiert werden.

Beziehungsmanagement

Systematisches Interessentenmanagement

Das Outbound-Team kann eingesetzt werden, um eine systematische Bearbeitung und Verfolgung von eingehenden Anfragen, Rückläufern, Messekontakten und Ähnlichem sicherzustellen. Voraussetzung dafür ist allerdings, dass die Anfragen und Leads tatsächlich beim Team ankommen. Und an dieser Stelle gibt es oftmals ein Problem, denn in vielen Unternehmen kommen Anfragen über alle möglichen Bereiche des Unternehmens (Vertrieb, Marketing, Management, Service, Niederlassungen usw.) herein. In den verschiedenen Bereichen werden Maßnahmen und Aktionen zur Leadgenerierung losgetreten und die verschiedensten Telefonnummern, Faxnummern, E-Mail-Adressen und Ansprechpartner veröffentlicht. Was hingegen völlig fehlt, ist eine einheitliche Anlaufstelle.

Mangel an festgelegten Routinen

Weil nicht festgelegt ist, wie der Prozess und die Verantwortlichkeit für den Umgang mit den Leads aussehen sollen, gehen wertvolle Adressen mit konkretem Bedarf in der Organisation des Unternehmens verloren.

Es gibt keine Vorgaben für die sofortige Dokumentation einer Anfrage oder eines Leads im Vertriebssystem. Außendienstmitarbeiter hinterlegen einen Interessenten – wenn überhaupt – meist erst dann im System, wenn zumindest ein Angebot geschrieben wurde. In den Telefonzentralen der Unternehmen passieren schwerwiegende Fehler: »Sie haben Interesse an unseren Produkten, da gebe ich Ihnen die Telefonnummer unseres Außendienstmitarbeiters in Ihrer Region, bitte rufen Sie dort an …« Die Mitarbeiter notieren noch nicht einmal die Basisdaten des Anrufers und verschenken damit die Chance, durch einen aktiven Rückruf proaktiv zu handeln.

Keine klaren Verantwortlichkeiten

Für die eingehenden Leads fühlt sich niemand wirklich verantwortlich. Es ist unklar, wie die Anfragen und Kontakte weiter gepflegt werden. Gelangen die Leads in den Außendienst, besteht die Gefahr, dass sie aus Zeitmangel liegen bleiben und nicht bearbeitet werden.

Das Interessentenmanagement wird eher zufällig als systematisch betrieben. Da keine oder nur eine lückenhafte Dokumentation erfolgt, ist es noch nicht einmal möglich, die entgangenen Potenziale durch eine Erfolgskontrolle transparent zu machen.

Ein Outbound-Team mit der Verantwortung für das Interessentenmanagement kann dafür sorgen, dass die Kontaktdaten vollständig sind und der aktuelle Grund der Anfrage bekannt ist. Mehr noch: Die Mitarbeiter am Telefon erfragen im Idealfall gleich das vorhandene Potenzial für die Produkte des Unternehmens. Dies bedeutet zum Beispiel, dass die Outbound-Mitarbeiter einer Leasingfirma nach ihrem Telefonat mit einem potenziellen Kunden die Größe seines Fuhrparks und dessen Zusammensetzung nach Kfz-Arten und Marken kennen. Sie haben aktiv erfragt, ob das Unternehmen seinen Mitarbeitern Dienstwagen stellt und welche Carpolicy gilt, da diese stets Auswirkungen auf die Anforderungen an das Leasingunternehmen hat. Das Team sorgt also von Anfang an für umfangreiches Wissen über den Interessenten, es »qualifiziert« ihn und sorgt für die Zuordnung zu einem entsprechend definierten Segment. Auf diese Weise gewährleistet es die vollständige Dokumentation im Vertriebssystem.

Aus den Anfragen resultierende Maßnahmen werden zuverlässig entweder vom Outbound-Team direkt durchgeführt oder strukturiert an die zuständige Stelle weitergegeben. Die Outbound-Mitarbeiter können die Interessenten beraten und betreuen, bis sie »reif« für den Außendienst sind. Ab wann der Außendienst den Interessenten übernimmt und besucht, ist zu definieren. In der Regel dann, wenn das Potenzial deutlich wurde und / oder ein aktueller Bedarf mit entsprechendem Volumen erkennbar ist. Da die Erfassung der Anfragen und Leads sichergestellt ist, ist auch eine Auswertung und Erfolgskontrolle, ein Controlling, möglich, das wiederum durch das Outbound-Team erfolgen kann. Zum Interessentenmanagement gehört auch die aktive Generierung von Leads und Anfragen.

Übergabe an den Außendienst

Ein Hersteller von Gartenmöbeln kanalisiert seine Kundenkontakte über eine zentrale Schnittstelle. Interessenten werden vom Outbound-Team in eine Datenbank übernommen und telefonisch saisonal zu neuen Produkten informiert. Diese Kontakte werden zusätzlich in regelmäßigen Abständen per Mail angesprochen. Durch die kontinuierliche Betreuung werden viele der Interessenten als Kunden gewonnen. Auch Besteller von Broschüren und Besucher der Hausmesse werden in diesen Prozess integriert.

Beispiel für Interessentenmanagement

Schnell und kostengünstig kann das Outbound-Team bei größeren Personengruppen (zum Beispiel bei sogenannten »kalten« Adressen) eine telefonische Potenzialanalyse durchführen und somit Leads für den Außendienst beziehungsweise für die weitere Verfolgung gewinnen. Alte Daten sind nur dann etwas wert,

Adressqualifizierung und Unterstützung von Marketingaktionen

wenn die aktuelle Bedarfs- und Potenzialsituation bekannt und dokumentiert ist. Die »Entrümpelung« der Datenbank von Karteileichen und die Identifikation von potenziellen Kunden ist in fast jedem Unternehmen eine ungeliebte, aber notwendige Aufgabe, sind doch gut qualifizierte Adressen die Grundlage für erfolgreiche Direktmarketing-Maßnahmen.

Das Outbound-Team kann eine Marketingaktion (beispielsweise das Erschließen einer Region oder die Gewinnung von Zielkunden in einer bestimmten Branche) vorbereiten und aktiv unterstützen. Das Aufbereiten und Qualifizieren durch die aktive Ansprache von regionalen oder branchenspezifischen Adressen kann ein erster Schritt sein. Auch wenn Mailings mit einer definierten Zielsetzung wie etwa die Einladung zu einer Messe versandt wurden, ist es oft sinnvoll, dass ein Outbound-Team nachfasst. Die Rückmeldung über die Ergebnisse und Inhalte der Gespräche geben dem Marketing das notwendige Feedback.

Nach Übernahme des Geschäfts sondiert der Nachfolger eines traditionsreichen Schreibwarenherstellers seinen Adressbestand. Die teilweise über fünfzehn Jahre alten Daten werden innerhalb von sechs Monaten durch ein Outbound-Team durch Anrufe verifiziert und gemäß Potenzial aufgeschlüsselt. Viele Daten müssen gelöscht oder aktualisiert werden. Die so bereinigte Datenbank bildet nun die ideale Grundlage für kommende Verkaufs- oder Marketingaktivitäten.

Empfehlungen generieren und als Kontakte vorqualifizieren

Das Empfehlungsmanagement ist ein wichtiger Hebel für die Neukundengewinnung. Ihre zufriedenen Kunden freuen sich, wenn sie Sie weiterempfehlen können! Die so generierten Kontaktdaten können durch Outbound-Mitarbeiter vorqualifiziert werden. In einem Anruf bezieht man sich auf den Kontakt, stellt das Unternehmen vor und erfragt die Bedarfssituation und die Rahmenbedingungen. Wenn der Kontakt interessant ist, kann gleich ein Termin für den Außendienst vereinbart werden.

Ein Versandhandel bietet seinen Kunden Preisnachlässe, wenn diese neue Interessenten für das Unternehmen begeistern. Das Outbound-Team ruft diese »Empfehlungsadressen« an, bevor ihnen ein Katalog zugesendet wird. In diesen Gesprächen geht es darum, das Potenzial abzuschätzen und erste Bestellungen anzubahnen.

Hat der Interessent sich entschlossen zu kaufen, ist es gerade bei komplexeren Produkten und / oder größeren Investitionen angebracht, den Kunden proaktiv bei der Vertragsgestaltung und -abwicklung, der Auslieferung und gegebenenfalls beim Aufstellen des Produkts zu begleiten.

Stabilisierung von Neukunden

In dieser »Sozialisierungsphase« gewinnen für den Kunden nun konkrete Fragen zum Produkt, etwa zur Bedienung, an Bedeutung. Durch aktives telefonisches Ansprechen (»Wie kommen Sie mit dem Produkt zurecht? Können wir Ihnen noch etwas erklären?«) werden Unsicherheiten beim Kunden aufgefangen. Bei Dienstleistungen hilft die Erklärung von Prozessen und Gepflogenheiten dem Kunden, sich besser mit dem neuen Lieferanten zurechtzufinden.

»Welcome-Calls« zum Beispiel bei neu gewonnenen Händlern (»Vielen Dank für Ihren ersten Auftrag – hat alles so geklappt, wie Sie es sich vorgestellt haben? Was können wir in Zukunft noch besser machen?«), die ihre erste Bestellung aufgegeben haben, bestärken diese in der Auffassung, eine gute Wahl getroffen zu haben. Je mehr sich der Kunde direkt nach dem Kauf wertgeschätzt fühlt, umso weniger bestätigt sich seine mögliche Befürchtung: »Die wollen ja nur verkaufen, dann ist denen alles andere egal.« Außerdem schwanken Kunden in Bezug auf getroffene Entscheidungen gerade kurz nach dem Kauf gerne. Sie beugen also gegebenenfalls einem Rücktritt vom Kauf vor, indem Sie die Kunden in ihrer Entscheidung bestätigen und im richtigen Moment da sind. Mit diesen Kontakten wird das Fundament für eine stabile Kundenbeziehung gelegt.

Welcome-Calls

Eine Woche nach Erwerb eines hochpreisigen Neuwagens ruft der Hersteller an und beglückwünscht den Käufer zu seinem neuen Fahrzeug. Eine Einladung zu einer VIP-Party auf dem Gelände des zuständigen Autohauses bestätigt den Kunden in seiner Kaufentscheidung für die Marke und stärkt das Zugehörigkeitsgefühl.

Beispiel für die Stabilisierung von Neukunden

> **PRAXISTIPP**
>
> Planen Sie telefonische Kontakte in die Abwicklungs-, Liefer- und Implementierungsprozesse ein. So kann telefonisch sichergestellt werden, dass alles reibungslos verläuft. Sollten Schwierigkeiten oder Verzögerungen eintreten, ist es mit Blick auf die Vertrauensbildung ratsam, proaktiv die Abweichungen anzusprechen, sich zu entschuldigen und sicherzustellen, dass dem Kunden möglichst wenig Probleme entstehen.

Nicht zu vergessen ist, dass gerade in diesen Kontakten auch wichtige Erkenntnisse für die Abläufe des Unternehmens und die Verbesserung der Servicequalität gewonnen werden – sofern Ihre Mitarbeiter entsprechend nachfragen, gut zuhören und Sie die Informationen adäquat auswerten: am besten gemeinsam mit Ihren Outbound- und anderen Innendienstmitarbeitern. Der neue Kunde sieht Ihr Unternehmen noch objektiv und distanziert, meist hat er auch den direkten Vergleich zum Mitbewerb. Er kann Ihnen sicher viele – kostenlose und wertvolle – Anregungen für Optimierungen geben.

Outbound-Unterstützung im Key-Account-Management

Key-Account-Kunden brauchen eine besondere Betreuung. Schon der Verlust eines einzigen Kunden kann für das Unternehmen kritisch werden, da dies den Wegfall eines großen Geschäftsvolumens bedeutet. Hinzu kommt, dass Key-Accounts andere Anforderungen stellen als mittlere und kleine Kunden. Die Prozesse sind oft standardisiert und automatisiert. Der Lieferant hat Vorgaben und muss sich in die Prozesslandschaft des Kunden integrieren.

Der Key-Account-Manager ist mit einem »Buying-Center« konfrontiert, also mit mehreren Personen, die in unterschiedlichster Art und Weise an der wiederholten Kaufentscheidung beteiligt sind. Er muss infolgedessen die Beziehungen mit mehreren Menschen mit unterschiedlichen Interessen managen.

Buying-Center

Im Investitionsgüterbereich besteht nach Auslieferung des Produkts – solange dieses funktioniert – oft kein weiterer direkter Anlass für einen Kontakt. Um den persönlichen Kontakt zu den verschiedenen Ansprechpartnern nicht zu verlieren, stellt sich die Frage, wie der Kunde zusätzlich aktiv betreut werden kann.

Ist es zum Beispiel ein Service, den Kunden regelmäßig anzurufen, um seine Bestellung entgegenzunehmen? Können wir bei dem Kunden »in die Tiefe« verkaufen? Können wir ihn auf zusätzliche Produkte (beispielsweise Verbrauchsmaterial) ansprechen, können wir dem Kunden neue Produkte vorstellen, auch außerhalb der Besuche des Außendienstes?

Zusätzliche Betreuungskontakte

Die Außendienstmitarbeiter eines Anbieters von Einlagen für medizinische Spezialschuhe besuchen die Key-Account-Kunden (Sanitätshäuser) sechsmal im Jahr. Durch die Integration eines Outbound-Teams lässt sich die Frequenz um weitere vier Kontakte steigern. Die zusätzlichen Anrufe dienen der Bestellung von Verbrauchsmaterialien und der Kundenbindung.

Nicht nur die Einkäufer, sondern gerade auch die Nutzer von Produkten sind für Folgeentscheidungen wichtig. Je besser diese das Produkt kennen, mit ihm vertraut sind und es anwenden, desto mehr werden sie dafür eintreten. Aktive telefonische Kontakte mit den Produktbenutzern – natürlich in vorheriger Absprache und mit Einwilligung des Einkäufers – können hier helfen. Auch für Einladungen der Nutzer zu entsprechenden Veranstaltungen und Schulungen kann Outbound genutzt werden.

Key-Accounts sind in der Regel größere Unternehmen oder Konzerne. Oft wissen andere Standorte eines Kunden oder Tochterunternehmen nichts von der positiven Zusammenarbeit und von

Andere Abteilungen und Standorte

den guten Konditionen, die im Rahmenvertrag festgelegt sind. Die gezielte telefonische Ansprache der verantwortlichen Personen in Verbindung mit einer Empfehlung kann einen Termin für den Außendienst vorbereiten und so zu der schnellen Erweiterung des Geschäftsvolumens mit dem Key-Account beitragen.

Das Outbound-Team einer Unternehmensberatung kontaktiert alle wichtigen Entscheider innerhalb eines Unternehmens. Es berichtet über die erfolgreiche Zusammenarbeit mit anderen Abteilungen und vereinbart qualifizierte Präsentationstermine für den Vertrieb.

Zielsetzungen und Aufgaben im mittleren Kundensegment

In der Regel hat der Außendienst eine hohe Anzahl dieser Kunden, die er nicht alle ausreichend betreuen kann. Daher bietet es sich hier an, ein Outbound-Team einzusetzen: zur besseren Nutzung der Kontakte, zur Erhöhung der Kontaktfrequenz und zur Betreuung von Kunden, die derzeit nicht vom Außendienst besucht werden.

Bei Angeboten systematisch nachfassen

Oft hat der Außendienst nicht die Zeit, um bei Angeboten kontinuierlich nachzufassen. Die Outbound-Mitarbeiter können dies übernehmen und durch ein konsequentes Wiedervorlagemanagement die zeitnahe und systematische Akquisition gewährleisten. Wichtig ist hierbei, dass die Mitarbeiter Produktkenntnisse und Verhandlungskompetenz haben, damit sie gezielt auf das Angebot zu sprechen kommen können.

Ein Hersteller von C-Teilen lässt alle seine Angebote durch Outbound-Mitarbeiter nachfassen. Die Rückmeldung der Kunden und die Gründe für eine eventuelle Ablehnung des Angebots werden schriftlich festgehalten und mit dem Außendienst besprochen.

Cross- und Upselling

In Abstimmung mit dem Außendienst oder bei Kunden, die nicht vom Außendienst betreut werden, können Produkte, die sich für den Verkauf am Telefon eignen, angeboten werden. Gerade zur Deckung seines Bedarfs und zur aktuellen Information über neue Produkte und Dienstleistungen profitiert ein Kunde vom telefonischen Gespräch. Werden sinnvolle Anrufrhythmen vereinbart, wird dieser Service sehr gern in Anspruch genommen. Auch aktionsspezifisch können Zielgruppen, die bisher nur in einzelnen Produktbereichen kaufen, auf andere Angebote des Unternehmens aufmerksam gemacht werden.

Stammkunden eines Verlagshauses werden nach Erhalt ihrer Bestellung gefragt, wie zufrieden sie mit dem Service sind. Bei dieser Gelegenheit werden ihnen verwandte Produkte angeboten, für die ein Interesse zu vermuten ist. Wer beispielsweise den Bildband über die Antarktis bestellt hat, bekommt dann eine DVD mit Naturaufnahmen aus dem ewigen Eis offeriert.

Im Rahmen einer Marketingkampagne können Kunden mit den unterschiedlichsten Zielsetzungen kontaktiert werden. Die Marketingabteilung sollte die Möglichkeiten und Fähigkeiten des Outbound-Teams kennen und Telefonmarketing in ihre Strategie einbinden, um die Erfolgschancen zu erhöhen. Informationen über neue Produktlinien, das Verankern von Marketingbotschaften, die Abgrenzung von Mitbewerbern oder Zufriedenheitsbefragungen machen Marketingaktivitäten nachhaltiger und wirkungsvoller.

Umsetzung von Marketingkampagnen

Zur Neueinführung eines neuen Golfschlägermodells wird in einschlägigen Fachmagazinen eine Anzeigenkampagne geschaltet. Betreiber von Golfplätzen erhalten Informationsbroschüren für ihre Räumlichkeiten. Das Outbound-Team des Herstellers kontaktiert diese Betreiber und offeriert kostenlose Schnupperkurse zum Testen des neuen Schlägermodells.

Im Leben eines Kunden gibt es immer wieder Ereignisse, die für wertschätzende Kontakte geeignet sind und unbedingt wahrgenommen werden sollten.

Besondere Anlässe für Impulse nutzen

> **PRAXISTIPP**
>
> Nehmen Sie den ersten Auftrag oder die Erreichung bestimmter Ziele als Gelegenheit, um dem Kunden Anerkennung zu erweisen und ihm Danke zu sagen.

In den Zielgruppen der Kunden mit mittlerem Potenzial können Kontakte über mehrere Medien sinnvoll sein. Definieren Sie: Wie viele Außendienstbesuche, wie viele Anrufe und wie viele Mailings erhalten die jeweiligen Zielgruppen mit welchen Zielsetzungen? Wenn alle Kontakte intelligent aufeinander aufbauen, ist Ihr Kunde rundherum gut betreut.

Ein Reiseveranstalter speichert die Geburtsdaten seiner Kunden und überrascht sie an ihrem Geburtstag mit einem telefonischen Geburtstagsgruß. Das Outbound-Team bietet als kleines Geschenk Sonderkonditionen bei der nächsten Buchung an.

Telefonische Betreuung von Kunden mit geringem Potenzial

Das Kundensegment Kleinst- und Privatkunden (Small Office / Home Office = SOHO) mit den Kunden, die heute ein sehr geringes Geschäftsvolumen generieren und voraussichtlich auch in Zukunft kein großes Potenzial haben werden, erfordert im Vergleich zu den SMB- oder Key-Account-Segmenten eine differenzierte Vertriebsstrategie.

Entlastung des Außendienstes

Damit der Außendienst nicht einen Großteil seines Engagements und seiner Betreuungskapazität für diese Kunden einsetzt, ist hier der Einsatz von Outbound-Mitarbeitern besonders empfehlenswert. Denn die Anzahl dieser Kunden übertrifft in der Regel bei Weitem die der anderen Segmente. Besuche der Außendienstmitarbeiter rechnen sich bei diesen Kunden nicht; sie würden nur wertvolle Ressourcen binden.

Für die erfolgreiche Betreuung von Kleinstkunden durch die Outbound-Mitarbeiter gelten gewisse Bedingungen: Kleinstkunden müssen in der Regel anders gewonnen und betreut werden als mittlere und Key-Account-Kunden – schon allein wegen der großen Anzahl und des geringeren Auftragsvolumens je Kunde. Meist »tickt« diese Zielgruppe auch anders, was das Kaufverhalten betrifft. Mittlere und große Unternehmen treffen zum Beispiel Entscheidungen über die Anschaffung von Dienstfahrzeugen ganz anders, als es Privatkunden tun, wenn sie sich ein Auto kaufen. Es ist also eine spezielle Vertriebs- und Marketingstrategie für das Kleinst- und Privatkundensegment notwendig, die Direktmarketingmethoden beinhaltet und ohne Außendienstbesuche auskommt.

Besonderheiten von Kleinstkunden

Die Anlässe und Ziele der dabei durchzuführenden Outbound-Calls werden im Rahmen der Strategie festgelegt. Das Ziel ist in der Regel der direkte Abschluss am Telefon oder aber die Motivation des Kunden, sich in einem Selfservice-System (zum Beispiel online) zu bedienen.

Um die eingehenden Anrufe der Kleinstkunden zu beantworten, gibt es idealerweise eine eigenständige Einheit im Innendienst, die eng mit dem Outbound-Team zusammenarbeitet. Hier kommen spezielle Routinen zum Einsatz, die durch Standards geprägt sind und den Kunden dieses Segments eine kundenorientierte Behandlung und dem Unternehmen eine effiziente Abwicklung sichern.

Kooperation mit den Inbound-Mitarbeitern

Für einen führenden Pharmahersteller ist die Betreuung kleiner Arztpraxen auf dem Land durch den Außendienst unrentabel. Um diesen Kunden dennoch einen Service bieten zu können, erfolgt eine Betreuung durch ein medizinisch geschultes Outbound-Team. Fragen zu Produkten und zu Therapien werden direkt am Telefon beantwortet, Muster und Informationsmaterialien können auf Wunsch direkt am Telefon bestellt werden.

Management von kleinen Bestandskunden

Im Vorfeld muss stets definiert werden, welche Kunden wie telefonisch aktiv betreut werden. Dies hängt wiederum viel mit der Profitabilität dieses Segments für das Unternehmen zusammen. Denkbar sind einige der in den anderen Segmenten aufgeführten Anrufe – nur dass kein Außendienst diese Kunden besucht. Wenn es sich rechnet, sind regelmäßige Anrufe zur Bedarfsabfrage und Auftragsannahme möglich. In jedem Fall sollte auf das Nachfassen bei profitablen Angeboten nicht verzichtet werden. Hierzu werden die Angebote selektiert und es wird versucht, die lohnenden telefonisch abzuschließen.

Neukundengewinnung im Kleinstkundensegment

Die Gewinnung von Neukunden erfolgt in der Regel über Mailings, andere Direktmarketing-Aktionen oder das Internet. Die so generierten Rückläufer (Leads) werden durch die Outbound-Mitarbeiter telefonisch nachgefasst, qualifiziert und wenn möglich bis zum Abschluss gebracht. Die Outbound-Mitarbeiter beraten Interessenten zu den Produkten, qualifizieren den Bedarf und verkaufen nach Möglichkeit Produkte direkt am Telefon.

Ein Autohändler ruft Kunden an, die auf der Website Interesse an einer Beratung signalisiert haben. Mithilfe eines Internettools kann das Wunschfahrzeug zusammengestellt werden und der Interessent erhält – basierend auf seinen Vorstellungen – ein passendes Angebot.

Aktives Beschwerdemanagement

Ein wichtiger Bestandteil der Kundenbeziehung ist das Beschwerdemanagement. Hat einer Ihrer Kunden etwas an Ihrer Leistung auszusetzen, dann sollten Sie immer so schnell wie möglich reagieren und den Grund für die Reklamation beseitigen. Wie der Begriff aber schon verrät, ist Beschwerdemanagement ein reaktiver Vorgang. Das Kind ist zu diesem Zeitpunkt schon in den Brunnen gefallen, der Kunde verärgert oder zumindest unzufrieden. Warum so lange warten?

Agieren statt reagieren Sie und nutzen Sie die Kommunikationskompetenz Ihrer Mitarbeiter am Telefon, um den Kunden regelmäßig nach seiner Zufriedenheit zu fragen. Haken Sie konkret nach, was Sie nach seiner Ansicht noch besser machen können, und setzen Sie diese Empfehlungen auch in die Tat um. Sie verbessern damit nicht nur Ihren Service, sondern lassen Ihren Kunden so auch eine Wertschätzung angedeihen, die diese mit mehr Aufträgen und höherer Loyalität honorieren werden.

Neu gewonnene Kunden eines Internetanbieters werden nach ihrem Tarifwechsel durch das Outbound-Team angerufen, wenn die Einrichtung der Internetverbindung fehlschlägt. Verärgerte Kunden werden durch einen zuvorkommenden Service und eine schnelle Hilfestellung besänftigt.

Merken Sie es, wenn ein Kunde plötzlich nicht mehr bei Ihnen kauft? Und wissen Sie, weshalb? Hat er sich für Ihren Mitbewerber entschieden? Oder gibt es andere Gründe? In den Datenbanken schlummern oft beachtliche Potenziale an Kunden, deren Umsatz deutlich gesunken ist, und an solchen, die heute gar nicht mehr kaufen. Warum das so ist, kann Ihr Outbound-Team herausfinden. Voraussetzung hierfür ist, dass Sie über die Kaufintervalle Ihrer Abnehmer Buch führen und anhand Ihrer Datenbank schnell erkennen können, welcher Kunde seine Bestellgewohnheiten verändert hat oder seit Längerem kein Geschäft mehr mit Ihnen tätigt. Ihr Outbound-Team kann Kunden im Falle des Bestellrückgangs reaktivieren und verlorene Kunden wieder zurückgewinnen. Schon allein die Tatsache, dass dem Kunden durch den Anruf ein Interesse an seiner Person signalisiert wird, verschafft Ihnen Bonuspunkte und kann den Einstieg in eine neue Beziehung darstellen.

Reaktivierung und Rückgewinnung von Kunden

Weiterhin kann Ihnen die Analyse der Rückzugs- und Verlustgründe helfen, die Ursachen für vermeidbare Kundenverluste zu identifizieren. Entwickeln Sie daraus entsprechende Maßnahmen, verringern Sie die Fluktuationsrate in Ihrem Kundenbestand, vergrößern Sie die Anzahl Ihrer langjährigen Stammkunden und gewinnen Sie mehr Umsatz und Gewinn aus deren Potenzialen!

Ein Reisebüro recherchiert alle Kunden, deren letzte Buchung mehr als zwei Jahre zurückliegt. Diese werden gezielt telefonisch angesprochen. Die Gründe für die Nichtbuchung werden erfragt. Verärgerte Kunden, die ihre Unzufriedenheit aber nicht von sich aus kommuniziert haben, können so in den meisten Fällen – selbst nach längerer Zeit – aufgefangen werden und sogar wieder zu Kunden gemacht werden. Der Haupteffekt ist allerdings, dass sich das Reisebüro wieder in Erinnerung bringt und an die Beziehung anknüpft. Mit einem speziellen Angebot, zum Beispiel einem Reisegutschein, können diese nicht kaufenden Kunden wieder für das Unternehmen gewonnen werden.

Arbeitsblatt Kapitel 2

Definieren Sie, für welche Aufgaben Sie das Medium Outbound-Telefonie in Zukunft einsetzen wollen. Die folgende Aufstellung soll Ihnen dabei helfen.

In welcher Phase des Kundenlebenszyklus werden Sie Outbound in Zukunft einsetzen?

- ❑ Interessentenmanagement
- ❑ Neukundenmanagement
- ❑ Bestandskundenmanagement
- ❑ Rückgewinnungs-/Aktivierungsmanagement

In welchem Kundensegment wollen Sie Outbound nutzen?

- ❑ Key-Account-Management
- ❑ Mittleres Kundensegment
- ❑ Kundensegment mit geringerem Potenzial
- ❑ Neukundengewinnung/Interessentenmanagement

Welche Aufgaben soll Outbound künftig erfüllen?
(Mehrere Antworten möglich)

- ❏ Systematisches Interessentenmanagement
- ❏ Adressenqualifizierung
- ❏ Generierung von Empfehlungen
- ❏ Stabilisierung von Neukunden
- ❏ Telefonverkauf / Cross- und Upselling
- ❏ Nachfassen bei Angeboten
- ❏ Betreuung von Anwendern/Benutzern
- ❏ Erhöhung der Kontaktfrequenz allgemein
- ❏ Bestandskundenmanagement
- ❏ Reaktivierung / Rückgewinnung von Kunden
- ❏ Aktives Beschwerdemanagement
- ❏ Andere, nämlich:

_____

_____

_____

_____

3. Die sieben Schritte zur Vorbereitung einer Outbound-Vertriebseinheit

Der Stufenplan

Wenn Sie eine Outbound-Vertriebseinheit implementieren wollen, gilt es sieben Aufgabenstellungen zu klären, die sich wechselseitig beeinflussen und voneinander abhängen.

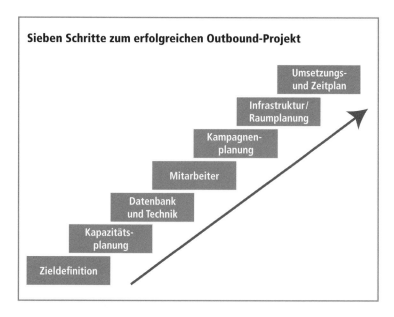

Ein sauberes Arbeiten in diesen Planungsetappen vermeidet später unnötigen Aufwand. Nehmen Sie sich also die Zeit für die Planung – die Überlegungen, die Sie im Vorfeld der Aktivitäten anstellen, werden sich für Sie auszahlen!

Schritt 1: Zieldefinition

Beantworten Sie für sich folgende Frage: Aus welchem Grund habe ich mich entschlossen, Outbound in meine Vertriebsstrategie zu integrieren, und was will ich mit Outbound erreichen?

Sind es beispielsweise die geringen Ressourcen im Außendienst, die Sie dazu bewegen, zusätzliche Kontaktmöglichkeiten zu suchen? Möchten Sie in neue Kundenzielgruppen vordringen? Brauchen Sie bei Bestandskunden zusätzliche Betreuung? Oder sind Sie unzufrieden mit dem Interessentenmanagement?

Definieren Sie aus dieser Fragestellung heraus die Rolle, die die Vertriebseinheit Outbound in Ihrer Vertriebsstrategie spielen soll, und machen Sie sich klar, welche Ziele im aktiven Telefonmarketing erreicht werden sollen.

Rolle der Vertriebseinheit Outbound

Erst wenn Sie Ihre Ziele festgelegt haben, beantworten Sie die Frage: Welche Aufgaben soll das Outbound-Team in Zukunft übernehmen? Geht es um aktionsspezifisches oder um kontinuierliches Outbound? Entscheiden Sie, ob Outbound aktionsspezifisch – also in zeitlich begrenzten punktuellen Kampagnen – umgesetzt werden soll (zum Beispiel zweimal im Jahr für Messeeinladungen oder zur gelegentlichen Vorstellung von neuen Produkten und Angeboten) oder kontinuierlich eine Aufgabenstellung zu verfolgen und ein Kundenstamm zu betreuen ist.

Dies ist auch wichtig für die Beantwortung der Frage, ob Sie auf ein externes Outbound-Team zurückgreifen möchten. Bei ausschließlich aktionsspezifischen Outbound-Aktivitäten – gerade wenn es um größere Volumina geht – ist es sinnvoll, diese Aufgaben an einen professionellen Dienstleister zu vergeben und keine Kapazitäten im eigenen Haus dafür aufzubauen. Wenn Sie Outbound kontinuierlich umsetzen wollen, kann es unter Umständen ebenfalls sinnvoll sein, den Einsatz eines Dienstleisters in Erwägung zu ziehen; diese Option muss gegen die Inhouse-Alternative abgewogen werden. Mehr zu diesem Thema finden Sie im Kapitel 10.

Externes oder internes Outbound

Vertriebsunter-stützende Aufgaben oder Direktverkauf?

Entscheidend für Ihre folgende Planung ist, ob Ihre Outbound-Mitarbeiter ausschließlich vertriebsunterstützende Maßnahmen durchführen oder Produkte am Telefon direkt verkaufen sollen. Im ersten Fall werden in der Vertriebseinheit Aufgaben wie Adressqualifikation, Terminvereinbarungen, Beratungen, Einladungen oder Zufriedenheitsbefragungen erledigt. Im Falle des Direktverkaufs hingegen wird der komplette Verkaufsprozess vom Angebot bis zum Abschluss am Telefon realisiert.

Die Unterscheidung schon in der Vorbereitung des Projekts ist deshalb so wichtig, weil Sie für den Direktverkauf am Telefon Mitarbeiter mit anderen Qualifikationen benötigen als im Fall der reinen Vertriebsunterstützung. Telefonverkäufer brauchen fundierte Produktkenntnisse und müssen entsprechend qualifiziert werden, sie müssen Spaß am Verkaufen haben, sollten zielgerichtet und sicher Verkaufsabschlüsse tätigen und gegebenenfalls auch mit der Kompetenz ausgestattet sein, am Telefon Preise zu verhandeln.

Für andere Zielsetzungen sind Produktkenntnisse eher zweitrangig. Die Mitarbeiter müssen dann bei Interessenten und Kunden Termine vereinbaren können. Sie »verkaufen« sozusagen den Termin. Bei zu viel Produktkenntnissen besteht eher die Gefahr, dass die Mitarbeiter »auf den Kunden einsteigen«, wenn dieser Fragen zum Produkt stellt. Deshalb wird bei Produktfragen besser auf den Spezialisten verwiesen, der diese Frage natürlich gern in einem persönlichen Gespräch beantworten wird – die »Schleife« hin zum Termin ist also wieder gewährleistet.

Exkurs: Direktverkauf am Telefon

Vorteile und Grenzen

Die Vorteile des Telefonverkaufs liegen auf der Hand. Vor allem die Kosten pro Abschluss liegen deutlich unter denen eines Außendienstbesuchs. Gleichzeitig ist die Anzahl der Bestellungen beziehungsweise Verträge deutlich höher als bei einer rein schriftlichen Offerte. Damit hat sich Outbound ein klar abgegrenztes Wirkungsfeld im Marketingmix geschaffen.

Dem gegenüber stehen gewisse Einschränkungen, die eine besonders sorgfältige Planung notwendig machen. Die Verkaufssituation stützt sich ausschließlich auf das gesprochene Wort, Mimik und Gestik stehen nicht zur Verfügung. Auch das Produkt kann dem Kunden nicht gezeigt werden – die Befriedigung der persönlichen Auswahl fällt so weg. Telefonverkauf ist sozusagen Vertrieb unter erschwerten Bedingungen.

Vor allem Ihre Produktpalette entscheidet darüber, ob der telefonische Vertrieb eine lohnende Ergänzung oder Alternative zu anderen Vertriebswegen darstellt. Während sich manche Leistungen oder Produkte sehr gut am Telefon verkaufen lassen, ist dies bei anderen Erzeugnissen wesentlich schwerer.

Entscheidungsfaktor Produkt

Nicht alles lässt sich am Telefon verkaufen. Bestimmend sind vor allem die Faktoren Preis, Bedarf und Komplexität. Generell kann man sagen, dass sich Produkte mit niedrigem Stückpreis besser verkaufen lassen als teure. Einfache Waren sind besser abzusetzen als solche, die eine Erklärung benötigen; und Bedarfsartikel lassen sich besser anbieten als Luxusartikel (hier gibt es aber auch Ausnahmen).

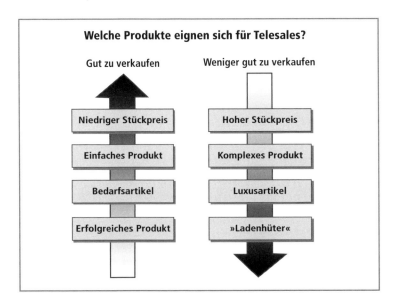

Doch dies ist nur eine allgemeine Richtschnur. Beachten Sie bitte auch, dass Produkte, die im Tagesgeschäft gut laufen, in der Regel auch am Telefon besser angenommen werden. Und umgekehrt wird ein Ladenhüter durch Outbound nicht zum Shootingstar. Generell kann man sagen, dass sich Investitionsgüter gar nicht oder nur schwer telefonisch vertreiben lassen.

Kosten-Nutzen-Rechnung
Bei Produkten mit niedrigem Stückpreis und geringer Abnahmemenge sollte anhand einer Kosten-Nutzen-Rechnung sorgfältig überprüft werden, ob sich das Geschäft überhaupt lohnt. Was nutzt es Ihnen, wenn Sie zwar mit jedem Anruf einen Abschluss erzielen, dem Gewinn von 2 Euro aber Personalkosten von 3,50 Euro gegenüberstehen? Seien Sie bei der Einschätzung allerdings auch nicht zu pessimistisch. Unternehmen wie Dell haben bewiesen, dass sich auch komplexe Produkte am Telefon verkaufen lassen – wenn man weiß, wie. Sogar der Verkauf von Inkontinenzprodukten, sogenannten »Erwachsenenwindeln«, wird inklusive der entsprechenden Beratung längst am Telefon realisiert. Entscheidend sind die Produktkenntnis und vor allem Fingerspitzengefühl und Sensibilität der Mitarbeiter am Telefon.

PRAXISTIPP

Ein zeitlich begrenztes Pilotprojekt kann Ihnen im Zweifelsfall Aufschluss darüber geben, ob sich Ihre Produkte für den telefonischen Verkauf eignen.

Anforderungen an die Mitarbeiter
Welche Anforderungen werden nun an die Mitarbeiter gestellt? Anders als in der klassischen Beratung kommt es beim Outbound nicht nur auf grundlegende kommunikative Fähigkeiten an. Gefordert sind in erster Linie Zielstrebigkeit und Beharrlichkeit. Um im Rahmen eines Telefonats Abschlüsse zu erzielen, ist es von Vorteil, wenn der Telefonverkäufer das Gespräch zu strukturieren und zu führen in der Lage ist. Ein guter Verkäufer begleitet seinen Kunden durch den Dialog – von der Begrüßung bis zur

»Unterschrift«. Ein Telefonat ist dabei nicht nur kürzer als ein persönliches Gespräch, sondern muss auch ohne Hilfsmittel wie Mimik, Gestik, Verkaufsunterlagen, Proben und Muster auskommen. – Über die grundlegenden Anforderungen an Outbound-Mitarbeiter informiert Sie das Kapitel 6 eingehender.

Nicht zuletzt die jeweilige Branche beeinflusst den Erfolg des telefonischen Direktverkaufs. Leider wurde in einigen Sparten in Sachen Telefonverkauf verbrannte Erde hinterlassen. So dürfte es in der Finanzbranche beispielsweise schwer sein, ausschließlich mit einer telefonischen Beratung Fuß zu fassen. Zu häufig wurden in der Vergangenheit – gerade bei besser verdienenden Zielgruppen – angeblich narrensichere Wertpapiere am Telefon angeboten. Auch Telekommunikationsanbieter haben im Privatkundensektor mittlerweile einen schlechten Stand.

Bekanntheitsgrad, Ansehen und Branche des Unternehmens

Wir gehen davon aus, dass Sie mit dem Direktverkauf eine positive Kundenbeziehung aufbauen und langfristig Umsatz machen wollen. Sie möchten Ihren Kunden Ihre Produkte bedarfsgerecht anbieten und ihnen das Kaufen einfach machen. Sie möchte Ihre Kunden für eine nachhaltige Beziehung gewinnen und sie auf keinen Fall vergraulen.

Direktverkauf ja – aber richtig!

Der Stil Ihres Direktverkaufs muss sich also eindeutig von den »telefonischen Klinkenputzern« abheben. Das seriöse Produkt und das positive Image des Unternehmens sind wesentliche Faktoren – noch entscheidender ist allerdings die Qualität der Telefonate Ihrer Mitarbeiter. Die Art und Weise der telefonischen Ansprache hängt davon ab, wie die Mitarbeiter für den Telefonverkauf vorbereitet und angeleitet werden.

Welche Ergebnisse erwarten Sie vom Outbound? Ist Outbound für Sie dann erfolgreich, wenn die Betreuung von Kunden gewährleistet wird, die bislang nicht oder nur unzureichend vom Außendienst betreut werden, und auf diese Weise mehr Umsatz generiert wird? Ist auch die Aktualisierung der Datenbank für Sie schon ein Erfolg? Legen Sie Zeiträume fest, bis wann was erreicht sein sollte und wann sich das Team wie rechnen muss.

Welche Ergebnisse erwarten Sie?

Achtung: Stecken Sie Ihre Ziele nicht zu hoch und erwarten Sie keine kurzfristigen Ergebnisse! Bedenken Sie, wie lange ein Außendienstmitarbeiter braucht, bis er eingearbeitet ist, bis er seinen Kundenstamm kennt, bis er die ersten Erfolge einfährt und bis er kontinuierlich steigende Umsätze verbucht. Auch ein Outbound-Team kann Erfolge und vor allem Verkaufserfolge nicht von heute auf morgen erbringen. Und natürlich gibt es auch Grenzen des Machbaren. Über diese bestimmen nicht zuletzt Ihre Branche und Ihre Produkte.

Schritt 2: Festlegung der Teamgröße

Um die Größe Ihrer neuen Vertriebseinheit festlegen zu können, sollten Sie eine Vorstellung vom künftigen Anrufvolumen haben. Basierend auf diesem Volumen und den Eckdaten der geplanten Aktivitäten können Sie grob die benötigten Kapazitäten berechnen. Hierzu gibt es drei Schlüsselbegriffe:

Bruttokontakte, Nettokontakte, Wiederanrufe

Bruttokontakte: Alle verfügbaren Datensätze / Adressen, die im Rahmen einer Aktion angerufen werden sollen.

Nettokontakte: Telefonate, in denen der zuständige Ansprechpartner erreicht wird und die zu einem Ergebnis (egal welches, negativ oder positiv) führen.

Wiederanrufe: Erneute Anrufe zum selben Thema, weil sich der Ansprechpartner noch nicht entschieden hat, er gar nicht erreicht wurde, besetzt war oder der Anrufbeantworter ansprang. Diese Anrufe werden auf Wiedervorlage gelegt.

Die durchschnittliche Anzahl der Nettokontakte in einer Stunde ist die Basis zur Errechnung der benötigten Telefonzeit und der Kapazitäten.

Die Nettokontakte sind im Wesentlichen abhängig von:

- der Qualität und Aktualität der Adressen,
- der Zielgruppe und deren Erreichbarkeit (Entscheider und Personen, die viel unterwegs sind, sind schwieriger zu erreichen als Zielgruppen, die viel am Schreibtisch zu tun haben; Privatkunden haben in der Regel kein Sekretariat und sind deshalb schneller direkt erreichbar als beispielsweise ein Manager),
- den entsprechend der Zielgruppe richtig gewählten Anrufzeiten,
- der Komplexität der Gesprächsziele und Inhalte, die die Dauer der Gespräche beeinflusst,
- der Bereitschaft der Zielgruppe, sich auf einen Kontakt mit dem Anrufer einzulassen (diese ist stark abhängig vom Image des Unternehmens und der Beziehung des Angerufenen zum Unternehmen),
- der Qualifikation und der Erfahrung der Mitarbeiter, was ziel- und abschlussorientiertes Telefonieren betrifft.

Entscheidende Faktoren für Nettokontakte

Für die Berechnung beziehungsweise Schätzung des Anrufvolumens und die Ableitung der notwendigen Personalkapazitäten finden Sie im Folgenden eine Modellrechnung:

Ein Versandhändler hat in der Woche durchschnittlich 200 Kataloganfragen. Er möchte die Interessenten eine Woche nach Versand des Katalogs anrufen, um Bedarfs- und Potenzialsituation zu erfragen. Da die Anfragen zeitnah (innerhalb einer Woche) nachtelefoniert werden, kann von der Aktualität der Adressen ausgegangen werden. Bei den Ansprechpartnern handelt es sich in der Regel um Einkäufer, die nicht viel unterwegs sind; und ihre Durchwahl liegt zumeist vor. Alle Faktoren sprechen also für eine gute Erreichbarkeit. Die Zielsetzung der Gespräche allerdings ist komplex und wird eher zu einem längeren Dialog führen. Aus früheren Erfahrungen weiß der Versandhändler, dass aus zehn Bruttokontakten etwa sechs Nettokontakte in der Stunde generiert werden.

Modellrechnung

Er braucht demnach circa 34 Stunden reine Telefonzeit pro Woche, um 200 Katalogbesteller erstmalig zu erreichen. In diese Zeit sind Folgeaktivitäten, die aus den Anrufen resultieren, wie beispielsweise das Versen-

den weiteren Unterlagen und Muster oder ein Nachfassanruf, noch nicht mit eingerechnet.

Zeit für Urlaub, Krankheit und Schulung einkalkulieren

Pro Tag sind für die Erstanrufe 6,8 Stunden Telefonzeit anzusetzen, für die Zweitanrufe ebenso viel, also insgesamt 13,6 Stunden. Für Urlaub, Krankheits- und Schulungstage schlägt der Versandhändler 15 Prozent mehr Zeit auf die benötigte Telefonkapazität und landet bei 15,64 Stunden. Er ermittelt, dass er seine Ziele mit einem Team von vier Mitarbeitern, die vier Stunden am Tag telefonieren, erreichen kann.

Die in dieser Modellrechnung getroffenen Annahmen können natürlich nicht uneingeschränkt verallgemeinert werden. Generell müssen immer wesentlich mehr Adressen (je nach Adressqualität und Erreichbarkeit der Zielgruppe bis zu zwei Drittel mehr) vorhanden sein, als Nettokontakte geplant sind. Liegen noch keine Erfahrungswerte zum Verhältnis von Brutto- und Nettokontakten pro Stunde vor, ist es am sichersten, eine Testaktion durchzuführen.

Besser keine Vollzeitkräfte

Haben Sie Ihre benötigten Outbound-Kapazitäten in Stunden abgeschätzt, können Sie die Anzahl der benötigten Mitarbeiter definieren. Beachten Sie dabei, dass Sie für das aktive Telefonieren am besten keine Vollzeitmitarbeiter einsetzen. Vier, höchstens fünf Stunden reine Telefonzeit pro Tag sind genug. So ist die Leistungsfähigkeit Ihrer Mitarbeiter am besten gewährleistet. Aktive Telefonate erfordern die volle Konzentration auf den Kunden und das Gespräch. – Und schon bei einer Halbtagskraft sind das dann mindestens zwanzig Gespräche, also ein Vielfaches von dem, was der Außendienst zu bewältigen und zu verarbeiten hat.

Eine sinnvolle Mindestgröße sind vier bis fünf Teammitglieder, die am Tag rund vier Stunden im Outbound telefonieren. Einzelkämpfertum ist gerade im Outbound nicht zielführend. Die Mitarbeiter müssen ihre Erfolge und Misserfolge miteinander teilen können, um kontinuierlich motiviert zu telefonieren und mit Freude Kundenkontakte zu pflegen. Die Kommunikation untereinander über die Umsetzung einer Aktion, über die Weiterentwicklung von Argumentationshilfen, die Macken eines Kunden und die positiven Erlebnisse in den Gesprächen sind entscheidend für die anhaltende Begeisterung der Mitarbeiter und damit auch für die Ergebnisse.

Gegen einen einzelnen, vereinsamten Outbound-Mitarbeiter, der vier Stunden am Tag telefoniert, spricht auch der geringe Output, also die dadurch bedingte geringere Anzahl von Nettokontakten. Nach unserer Modellrechnung kämen bei einem Mitarbeiter, der vier Stunden pro Tag arbeitet, in der Woche nur etwa hundert Nettokontakte zustande – mit einer solchen Anzahl von Kontakten lassen sich keine nennenswerten Ergebnisse wie eine wesentliche Erhöhung der Kontaktfrequenz mit den Kunden erreichen.

Die beste Keimzelle für den Aufbau und die Weiterentwicklung der Outbound-Vertriebseinheit im Unternehmen entsteht, wenn es eine Teamleitung, mindestens jedoch einen Primus inter Pares gibt, der das Team anleitet, die Aktionen und Kampagnen vorbereitet, Skripts und andere Argumentationsleitfäden verfassen kann und den Kontakt zum Vertrieb und anderen Abteilungen hält.

Leiter oder Primus inter Pares

Die Teamleitung ist auch die Schnittstelle zum Management. Sie sollte in die Planung von Aktionen und Kampagnen miteinbezogen werden beziehungsweise diese selbstständig gestalten können. Eine frühzeitige aktive Rolle ist vor allem wichtig, um die Erfahrungen aus der Praxis einfließen zu lassen, die Qualität des Prozesses der Bearbeitung zu gewährleisten und um die benötigten Kapazitäten realistisch vorauszuplanen.

Schritt 3: Anforderungen an Datenbank und Technik

Die technische Ausstattung soll Ihnen als Werkzeug helfen, die Outbound-Ziele zu erreichen. Die Telefontechnik ist im Gegensatz zur Inbound-Telefonie relativ einfach, von der Datenbank werden jedoch besondere Voraussetzungen erwartet, die es zu prüfen gilt. Der ganze Aufwand ist umsonst, wenn die sorgfältige Dokumentation der vielfältigen Informationen, die Sie erhalten, nicht gewährleistet ist und keine entsprechenden Selektionen und Auswertungen vorgenommen werden können. Es stellt sich die Frage, inwieweit die vorhandene Ausstattung an Telefontechnik und Datenbanksystemen ausreicht beziehungsweise ausgebaut werden kann oder ob Neuanschaffungen notwendig sind.

Telefon und Headset

Denken Sie bei der Auswahl der Telefone daran, dass die Hörer von schnurlosen Geräten meist schwerer sind und nach einiger Zeit im wörtlichen Sinne eine Belastung für die Mitarbeiter darstellen können. Im Gegensatz hierzu lassen sich die Hörer klassischer Telefone angenehmer handhaben.

Vorteile von Headsets

Am besten gewöhnt sich Ihr Team an die Verwendung von Headsets. Diese haben eine ganze Reihe von Vorteilen. Der offensichtlichste ist, dass beim Telefonieren die Hände frei bleiben. Die Mitarbeiter können den Dialog mit dem Kunden körpersprachlich unterstützen, gestikulieren oder aufstehen und umhergehen. Dies wirkt sich positiv auf eine lockere Gesprächsführung aus. Demgegenüber führt eine »embryonale«, über dem Schreibtisch gekrümmte Haltung, bei der der Hörer zwischen Wange und Schulter geklemmt wird, eher zu einer verkrampften Atmosphäre, bedingt durch die fehlenden Möglichkeiten zur Modulation der Stimme.

Werden Headsets genutzt, können die Ergebnisse des Gesprächs außerdem während des Telefonats in die Datenmaske eingegeben werden und stehen sofort zur Verfügung. Die Nachbearbeitungszeit verkürzt sich und die Anzahl der Nettokontakte pro Stunde steigt. Weiterhin werden Umweltgeräusche sehr effektiv gedämpft. Gerade in größeren Büroräumen hilft diese Eigenschaft dabei, sich ganz auf den telefonischen Dialog zu konzentrieren. Die Mikrofone dieser Sprechgarnituren lassen sich zudem per Knopfdruck stumm schalten – ideal für schnelle Rückfragen bei Kollegen und Vorgesetzten.

Es werden ganz unterschiedliche Typen von Headsets angeboten. Die beste Klangqualität und Abschirmung gegenüber Umweltgeräuschen bieten Kopfhörer mit zwei Hörmuscheln und Bügelmikrofon.

Verschiedene Headset-Modelle

Einen Kompromiss stellt die Variante mit nur einer Hörmuschel dar – hier kann der Mitarbeiter eventuelle Anmerkungen von Kollegen oder Vorgesetzten »mit einem Ohr« mitverfolgen. Dieses Modell entspricht vom Empfinden am ehesten dem klassischen Telefonhörer. Voraussetzung für den Einsatz dieses Typs ist eine nicht zu unruhige Arbeitsatmosphäre.

Kabellose Headsets bilden heute noch eher die Ausnahme. Solche Geräte sind nicht nur etwas schwerer, sondern auch teurer. Für den alltäglichen Betrieb in einer Outbound-Mannschaft bieten sie sich deshalb derzeit nicht an.

Die Datenbank

Bei Ihrem Outbound-Projekt geht es in erster Linie darum, die Ergebnisse der Gespräche mit Ihren Kunden festzuhalten und für die Anbahnung zukünftiger Geschäftsprozesse zu verwalten. In den Outbound-Aktionen werden neue, relevante Kundeninformationen generiert und die Kundenbindung soll systematisch, durch sinnvoll aufeinander abgestimmte (Anruf-)Kontakte aufgebaut werden. Deshalb machen die Outbound-Aktivitäten nur Sinn, wenn die Gesprächsergebnisse im IT-System auswertbar dokumentiert werden können und die kontinuierliche Nachverfolgung der Kontakte technisch unterstützt wird.

Informationen sammeln

Prüfen Sie entlang des nachfolgenden Anforderungsprofils, ob vorhandene Systeme die benötigten Funktionen bereitstellen können. Ist dies nicht der Fall und Sie wollen dennoch schnell mit Ihrem Outbound-Projekt anfangen, dann entscheiden Sie sich für eine kostengünstige Standard-CRM-Lösung.

Anforderungsprofil an das IT-System für Outbound-Projekte

Interessenten- und Kundendaten verwalten:

- Interessenten- und Kundendaten erfassen, importieren und verwalten
- Daten der Ansprechpartner erfassen, importieren und verwalten
- Konzernstrukturen einpflegen
- Daten zum Potenzial und Bedarf erfassen und verwalten
- Dublettenprüfung
- Kontaktgrund/Werbekennzeichen erfassen
- Kunden bewerten, einem Segment zuordnen und Akquisekonzept festlegen
- Betreuer zuordnen
- Interessenten- und Kundenstatus pflegen
- Erweiterbarkeit um individuelle Datenfelder

Kontaktmanagement:

- Kontakthistorie einsehen
- Kontaktergebnisse erfassen
- Wiedervorlage erfassen
- Gesprächs- und Besuchsberichte erfassen, drucken und versenden
- Interessenten- und Kundendaten selektieren und exportieren
- Korrespondenzerstellung (Brief/Fax/E-Mail, Serien- und Einzelkorrespondenz)
- Wiedervorlage und sonstige Termine verwalten
- Outlook- und Notes-Integration
- CTI-Schnittstelle

Angebotsmanagement:

- Angebote kalkulieren, erstellen und überarbeiten
- Abschlusswahrscheinlichkeit errechnen
- Angebote verfolgen

Kampagnenmanagement:

- Verteiler erstellen und verwalten
- Serienbrief erstellen (Direct Mailing)
- Aktivitäten/Folgeaktivitäten generieren (unter anderem Outbound-Anruf)
- Reporting/Controlling
- Kontaktdaten auswerten/exportieren (gegebenenfalls zur Migration in unternehmensweites CRM-System)
- Betreuerdaten auswerten
- Erfolgskontrolle (Outbound-Aktionen, Kampagnen, Angebote)
- Überwachung Service-Level
- Mitarbeiter- oder teambezogene To-do-Liste
- »Mobiler« Datenzugriff beziehungsweise Offline-Pflege
- Berechtigungskonzept (funktional und datenbezogen)
- Schnittstelle Dokumentenmanagement

Unabdingbar ist die einfache Bedienbarkeit des IT-Systems während des telefonischen Dialogs. Ihre Outbound-Mitarbeiter sollen sich auf das Gespräch konzentrieren und nicht auf die Software. Einfache Bedienbarkeit heißt nicht zuletzt, dass möglichst wenig verschiedene Masken verwendet werden. Ein intuitiver Aufbau, bei dem – unabhängig von der Aktion – die Informationen und Felder immer an der gleichen Stelle stehen, unterstützt die Einarbeitung in eine neue Aufgabenstellung.

Software-Einsatz parallel zur Telefonie

Integration des Telefonskripts

Auch wenn Sie bei Ihrer ersten Kampagne vielleicht mit einem ausgedruckten Telefonleitfaden arbeiten, bietet es sich dennoch an, das Telefonskript direkt als digitale Vorlage zu integrieren. Die meisten Datenbank-Systeme für den Telefonbetrieb bieten dies an. Von Vorteil ist hier auch die Möglichkeit, zwischen dem primären Gesprächsverlauf und eventuellen Argumentationshilfen und Hintergrundwissen zu unterscheiden. Bei solchen Datenbanken kann der Mitarbeiter das Skript in der vorgesehenen Reihenfolge bearbeiten und hat im Bedarfsfall dennoch schnellen Zugriff auf Zusatzinformationen. Überprüfen Sie bei der Anschaffung auch, ob das Telefonskript im Laufe der Kampagne unkompliziert angepasst und allen Mitarbeitern zur Verfügung gestellt werden kann.

Die erfassten Informationen können in einer speziell für den Outbound-Bereich zugeschnittenen Datenbank während einer Kampagne schnell eingesehen und ausgewertet werden. Wichtig sind vor allem die Kontaktergebnisse (Abschluss, besetzt, Fehlverbindung, Termin etc.). Integrierte Statistikfunktionen ermöglichen eine umfassende Betrachtung des Kampagnenverlaufs, ohne dass andere Programme wie Tabellenkalkulationen hinzugezogen werden müssen.

Pflege und Aktualisierung der Datenbank

Ein noch so perfektes System ist nutzlos, wenn es nicht gepflegt wird. Denn eine Datenbank stellt nur das zur Verfügung, womit sie irgendwann einmal gefüttert wurde. Zur Ausbildung des Outbound-Teams gehört deshalb von Anfang an der disziplinierte und nachhaltige Umgang mit der verfügbaren Software. Informationen aus den Gesprächen mit Kunden und Interessenten sollten schon während, zumindest aber unmittelbar nach dem Telefonat eingegeben werden.

In der Regel wird dies (im Gegensatz zum Außendienst oder zu anderen Abteilungen) für die Outbound-Mitarbeiter zur Selbstverständlichkeit – wenn sie in die Planung von Kampagnen miteinbezogen werden. Denn nur so sehen sie, wie die Vertriebs- und Kampagnenplanung und das Direktmarketing funktionieren, und erkennen die Wichtigkeit der Dokumentation. Außerdem sind sie ja oft sogar selbst Kundenverantwortliche und möchten die Historie der Kontakte mit dem Angerufenen vor einem Anruf einsehen können. Outbound-Mitarbeiter sind in der Pflege der Datenbank gewöhnlich vorbildlich, da sie besonders auf die Dokumentation der Kontaktergebnisse – gerade auch aus anderen Abteilungen – angewiesen sind.

Der Einsatz eines Dialers

Unter einem »Dialer« versteht man automatische Wählhilfen, bei denen der Computer entsprechend vorher definierter Parameter eigenständig Rufnummern anwählt. Der Computer wählt softwaregestützt die Telefonanschlüsse der Kunden an und stellt das Gespräch, wenn es zustande gekommen ist, an den nächsten freien Mitarbeiter durch. Dadurch entfällt nicht nur die Zeit für das Eintippen der Rufnummer, die Mitarbeiter im Outbound-Team werden auch wesentlich gleichmäßiger ausgelastet.

Gleichmäßige Auslastung der Mitarbeiter

Die Software orientiert sich bei ihrer Tätigkeit an der Anzahl der eingesetzten Mitarbeiter, der zu erwartenden Dauer der laufenden und anstehenden Gespräche und der – aus Erfahrungswerten ermittelten – Erreichbarkeit der Kunden zu bestimmten Tageszeiten.

Die Steigerung der Produktivität durch den Einsatz eines Dialers ist enorm. Die Wartezeiten zwischen den Anrufen werden erheblich verkürzt, da die nächste Nummer bereits angewählt wird, während ein aktuelles Gespräch noch läuft. Einschränkend ist aber zu sagen, dass eine gewisse Teamgröße notwendig ist, um den Einsatz eines Dialers zu rechtfertigen. Denn die Software arbeitet mit selbst errechneten Durchschnittswerten (Predictive Dialing). Die Vorhersage der zu erwartenden Gesprächsdauer wird also verbessert, je mehr Calls als Grundlage ebendieser Berechnung dienen. Als Schwellenwert hat sich eine Teamgröße von acht bis zwölf Agents bewährt, ab der über die Anschaffung eines Dialers nachgedacht werden kann.

Wann lohnt sich ein Dialer?

Voraussetzungen für den Einsatz

Es ist empfehlenswert, sich vor der Anschaffung die Geräte mehrerer Hersteller anzusehen und sich verschiedene Lösungen anbieten zu lassen. Auch die Anforderungen an Ihre IT sollten Sie mit in die Rechnung einbeziehen. Für gewöhnlich fordern Dialer eine gewisse Leistungsfähigkeit von Ihrem Netzwerk und benötigen zumeist aktuelle Systeme. Was nutzt Ihnen der Dialer, wenn Sie für seinen Betrieb Ihr gesamtes IT-Netzwerk austauschen müssen? Ein leistungsfähiges Netzwerk und eine stabile Serverstruktur, kombiniert mit einer ausreichenden Anzahl an Telefonanschlüssen, sind die Grundlage. Da die Position des Dialers zwischen Telefonanlage und Amtsleitung liegt, spielt die Art der TK-Anlage eine eher untergeordnete Rolle. Der Betrieb ist auch möglich, wenn Sie zum Telefonieren das moderne Voice-over-IP, also die Internettelefonie, nutzen.

Stellen Sie auch sicher, dass Ihr Adresspool vor dem Start der Kampagne gut gefüllt ist. Denn der Durchsatz an Adressen steigt unter Verwendung dieser Software erheblich.

Schritt 4: Internes oder externes Recruiting der Mitarbeiter?

In der Vorbereitung des Projekts gilt es auch die Frage zu beantworten, ob Sie neue Mitarbeiter einstellen oder interne Mitarbeiterressourcen dafür nutzen. Oft wird der Blick zu schnell nach außen gerichtet, da man den eigenen Mitarbeitern dieses neue Feld nicht zutraut. Der Aufwand der Neueinstellungen und Einarbeitung ist allerdings groß – die Nutzung der internen Ressourcen ist in vielen Fällen die bessere Lösung.

Vorteile des internen Recruitings

Der Vorteil liegt darin, dass Ihre Mitarbeiter bereits bestens über Ihr Unternehmen, die Produkte und Prozesse informiert sind und als ein Teil Ihres Unternehmens sein Image verkörpern. Planen Sie, wenn Sie auf interne Mitarbeiter zurückgreifen wollen, dieselben Schritte ein wie für einen externen Auswahlprozess. Die Mitarbeiter sollen sich selbstständig bewerben und werden später anhand der definierten Anforderungen ausgewählt. Wie diese Anforderungen im Einzelnen aussehen, wird durch die Natur Ihrer Kampagne bestimmt.

Schritt 5: Die Pilotkampagne als Teil der Ausbildung

Die Planung der ersten Outbound-Kampagne ist ein weiterer zentraler Punkt Ihres Aufbau-Projekts. Die detaillierte Planung von Kampagnen und Aktionen generell wird in den Kapiteln 8 und 9 beschrieben. Die Kampagne ist eine eigenständige Maßnahme, die eine konkrete Zielerreichung innerhalb eines definierten Zeitraums in unterschiedlichen Schritten und Telefonaktionen bewirken soll. Im Rahmen der Kampagne werden Outbound-Aktionen umgesetzt, beginnend bei der Definition der Ziele über die Erstellung der Leitfäden bis zur Erfassung und Dokumentation der Gesprächsergebnisse und zur Auswertung. Es ist sinnvoll, alle Ihre Outbound-Aktivitäten in solche Kampagnen zu sortieren.

Integrieren Sie die erste Kampagne bereits in die Projektplanung für die Implementierung von Outbound in Ihrem Unternehmen. Legen Sie fest, welche Kampagnen und Aktionen Sie im Rahmen Ihrer Vertriebsstrategie umsetzen und mit welcher Sie beginnen wollen. So überzeugt Ihr Projekt gleich durch Praxisnähe. Alle Arbeitsschritte – von der Zielsetzung über die technischen Aspekte bis zur Ausbildung der Mitarbeiter – werden am konkreten Beispiel einer ersten Kampagne verwirklicht. Ihre Outbound-Mitarbeiter erleben das Telefon als Instrument zur Vertriebsunterstützung unmittelbar und können das Gelernte gleich anwenden. Die Teilnehmer wachsen an der Erreichung der Teilziele. Wenn sich dann die prognostizierten Gesamtergebnisse der Projektplanung auch einstellen, erfährt das gesamte Team einen großen Motivationsschub.

Das Gelernte gleich anwenden

Starten Sie mit einer einfachen, Erfolg versprechenden Aktion, denn ihre Mitarbeiter sollen mit dieser Aktion nicht nur qualifiziert, sondern gleichzeitig motiviert werden, weitere Aufgabenstellungen mit Engagement und Spaß anzugehen.

Einfach beginnen Bestimmen Sie zunächst, mit welcher Aufgabe das Team beginnen soll. Konzentrieren Sie sich dabei am Anfang lieber auf eine überschaubare Aufgabenstellung, die Sie dann nach und nach mit wachsender Qualifikation des Teams ausbauen. Dies kann folgendermaßen aussehen:

Beispiel für eine Pilotkampagne **Mögliche Zielsetzung:**
Die Betreuung der Kunden mit mittlerem Potenzial soll sichergestellt werden; der Außendienst soll bei dieser Aufgabe durch Outbound unterstützt werden.

Aufgabenstellungen:
Erste Phase (Start): Potenzialermittlung und Qualifizierung von Kunden, die derzeit nicht vom Außendienst betreut werden. Terminvereinbarung für den Außendienst im Potenzialfall, Aussteuerung von Kleinstpotenzialen aus dem Segment.

Zweite Phase: Erneuter Anruf der Kunden mit Potenzial, und zwar mit dem Ziel des Direktverkaufs und der kontinuierlichen telefonischen Betreuung.

Dritte Phase: Aufbau des Interessentenmanagements.

Bereiten Sie die Kampagne und die aufeinanderfolgenden Aktionen im Rahmen der Kampagne sorgfältig vor. Bitte beachten Sie hierzu auch Kapitel 8.

Skript als Hilfe Sorgen Sie im Vorfeld dafür, dass Ihre Mitarbeiter eine gute argumentative Vorbereitung bekommen und einen Gesprächsleitfaden erhalten. Dieses Skript soll selbstverständlich nicht abgelesen werden; dies hätte einen nachteiligen Effekt (jeder von uns ist schon einmal von einem Telefonagenten angerufen worden, der seinen Text »herunterleiert«). Der Leitfaden soll vielmehr helfen, vor allem am Anfang aus alten Gesprächsmustern auszusteigen, und Mut machen, dem Angerufenen strukturiert Fragen zu stellen, um sein Potenzial zu erkennen, und dann mit vorbereiteten Argumenten auf den Gesprächspartner einzugehen.

Schritt 6: Infrastruktur und Räumlichkeiten

Auch der Arbeitsplatz ist mitentscheidend für die Ergebnisse Ihres Outbound-Teams. Denn prinzipiell ist der Arbeitsplatz – genau wie das Telefon oder der PC – ein Instrument zur Zielerreichung. Herrscht eine angenehme Arbeitsatmosphäre, ist das schon einmal eine gute Voraussetzung zur Leistungssteigerung des Teams. Einige Faktoren, die das Arbeitsklima beeinflussen, sind:

- Platzangebot
- Ausleuchtung
- IT (EU-Bildschirmarbeitsplatz-Verordnung!)
- Verfügbarkeit von Toiletten / Kaffeeküche
- Angebot an Ruhe- und Freizeiträumen
- Möglichkeiten zur freien Gestaltung

Planen Sie bei der Aufteilung der Arbeitsplätze auch einen Platz für die Teamleitung ein. Da vor allem in kleinen Teams der Teamleiter zeitweise mittelefoniert, sollte er im Team sitzen. Darüber hinaus ist ein separater Raum sinnvoll, den er für Mitarbeitergespräche nutzen kann, der aber auch als Besprechungsraum und für Schulungszwecke und Coachings zur Verfügung steht.

Den Leiter räumlich integrieren

Wenn die entsprechenden Räumlichkeiten verfügbar sind, ist eine großzügige Planung des Raumangebots sinnvoll. Sollte Ihr Outbound-Team später wachsen, ist dann kein Umzug nötig, sondern der verfügbare Platz wird einfach neu aufgeteilt. Ihr Team bleibt so immer zusammen.

Unterstützung bei der Planung erhalten Sie bei entsprechenden Beratungsunternehmen oder Einrichtungsfirmen, die sich auf sogenannte Telearbeitsplätze spezialisiert haben.

Schritt 7: Umsetzungs- und Zeitplan

Als letzter Schritt steht nun die Entwicklung eines Zeitplans an, der die nächsten Schritte zum Aufbau Ihrer neuen Vertriebseinheit gliedert. Als Richtlinie für die Umsetzung Ihres Outbound-Projekts ist ein Zeitraum von etwa sechs Monaten realistisch. Folgende Grafik verdeutlicht die Verzahnung der Arbeitsschritte – strukturiert nach den Hauptthemen Mitarbeiter, Technik, Raumplanung und Kampagnenvorbereitung:

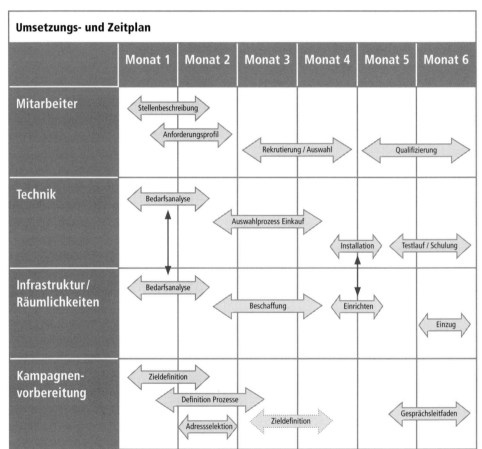

Arbeitsblatt Kapitel 3

Die folgenden Punkte dienen Ihnen als Hilfestellung beim Aufbau Ihres Stufenplans.

Zieldefinition

Meine Gründe für den Einsatz von Outbound sind:

_____

_____

_____

_____

Folgende Rolle soll Outbound in der Vertriebsstrategie künftig übernehmen:

_____

_____

_____

_____

Meine Outbound-Aktivitäten sollen eher
- ❏ aktionsspezifisch
  (abhängig von bestimmten Angeboten / saisonal / bei bestimmten Anlässen)
- ❏ kontinuierlich
  (regelmäßige Betreuung bestimmter Kundengruppen)

stattfinden.

Das Instrument Outbound wird von mir in Zukunft
- ❏ als Vertriebsunterstützung
- ❏ für den Direktverkauf

eingesetzt.

Bemerkungen

_____

_____

Volumen- und Kapazitätsplanung

Die Anzahl der Nettokontakte (Gespräche mit dem Ansprechpartner, die zu einem Ergebnis führen) wird bei uns bei circa _____ pro Stunde liegen.

Ich möchte pro Woche (ggf. Monat) circa _____ Adressdatensätze bearbeiten.
Ich benötige dafür _____ Stunden, _____ Arbeitstage.
(Hierzu 15 Prozent für Urlaub, Krankheit, Aus- und Weiterbildung addieren.)

Meine Mitarbeiter sollen _____ Stunden am Tag arbeiten.

Ich benötige voraussichtlich _____ Mitarbeiter.

Bemerkungen

_____

_____

Anforderungen an Datenbank und Technik	Ja	Nein
Eine neue Telefonanlage muss eingesetzt werden.	❏	❏
Ein Dialer soll eingesetzt werden.	❏	❏

Es werden
- ❏ Headsets
- ❏ Tischtelefone

verwendet.

Folgendes System wird als Datenbank eingesetzt:

_____

_____

Internes oder externes Recruiting	Ja	Nein
Form der Mitarbeitergewinnung festgelegt?	❏	❏
Die Pilotkampagne	**Ja**	**Nein**
Pilotkampagne eingeplant?	❏	❏

Die Zielsetzung für meine Pilotkampagne ist:

_____

_____

Infrastruktur und Räumlichkeiten	Ja	Nein
Frage nach den Arbeitsplätzen geklärt?	❏	❏
Ruhe- und Freizeiträume eingeplant?	❏	❏
Platz für den Teamleiter festgelegt?	❏	❏
Eventuelle spätere Expansion berücksichtigt?	❏	❏
Umsetzungs- und Zeitplan erstellt?	❏	❏

Eckdaten der Planung für die nächsten sechs Monate:

_____

_____

_____

4. Auswahl der Outbound-Mitarbeiter

Anforderungsprofil erstellen Um herauszufinden, welche Mitarbeiter sich für Ihr Outbound-Projekt eignen, sollten Sie zunächst ein Anforderungsprofil erstellen. Dieses gibt dann darüber Auskunft, wie der optimale Mitarbeiter für Ihr spezielles telefonisches Vertriebsteam aussieht. Ein solches »Zielfoto« von Ihren zukünftigen Mitarbeitern hilft Ihnen, eine zielgerichtete und ansprechende Ausschreibung zu gestalten, und dient während der Bewerbungsphase als Filter.

Die weiteren Schritte, von der Stellenanzeige/Ausschreibung bis zum Vertragsabschluss, werden im Recruitingprozess definiert. Je sorgfältiger dieser geplant und die verschiedenen Phasen vorgedacht sind, umso größer ist die Chance, dass Sie Mitarbeiter finden, die Ihr Outbound längerfristig erfolgreich vorantreiben. Der Start Ihrer Outbound-Aktivitäten hängt im Wesentlichen davon ab, bis wann Sie die Mitarbeiter »an Bord« haben. Planen Sie also den Zeitbedarf im Rahmen des Prozesses realistisch.

Anforderungen an die Outbound-Mitarbeiter

Warum ist die Auswahl gerade bei den Mitarbeitern im Telefonvertrieb so wichtig? Telefonieren nicht viele in Ihrer Firma ständig mit Kunden? Im Prinzip schon. Aber für die Mitglieder Ihres »telefonischen Außendienstes« ist das systematische Telefonieren mit Kunden die tägliche Arbeit. Sie führen pro Tag mehr Gespräche mit Ihren Käufern von heute und von morgen, als es Ihr Außendienst vielleicht in der ganzen Woche tut.

Dabei entwickeln diese Kommunikationsprofis eine ganze Reihe von Fähigkeiten. Ihnen wachsen gewissermaßen Antennen, mit denen sie auch kleine Schwingungen auf Seiten des Gesprächspartners auffangen. Sie haben mehr Kontakt mit Ihren Zielgruppen als jeder andere, sie führen intensive Gespräche, und sie lernen im Laufe ihrer Arbeit, Informationen am Telefon zuverlässig zu eruieren, auszuwerten und zu dokumentieren. Ihre Mitarbeiter im Outbound sind die Augen und Ohren Ihres Unternehmens.

Die Ohren des Unternehmens

Bevor Sie die Anforderungen festlegen, sollten Sie sich vor Augen führen, dass sich das Profil des idealen Mitarbeiters aus Ihren konkreten, definierten Ziel- und Aufgabenstellungen ableitet. Sicherlich gibt es einige allgemeine und grundlegende Fähigkeiten, doch nach unseren Erfahrungen gibt es kein allgemeingültiges Musterprofil für den Outbound-Mitarbeiter schlechthin.

Spezielles versus allgemeines Anforderungsprofil

Im Gegenteil: Allgemeine Profile laufen oft auf den extrovertierten »Hans Dampf in allen Gassen« oder die kommunikationsstarke »Lisa Hurtig auf der Überholspur« hinaus, die sich das Verkaufen schon lange zur Lebensaufgabe gemacht haben und außerdem hinreichende Erfahrungen im aktiven Telefonieren haben. Ob diese Mitarbeiter die Telefonate mit den Kunden allerdings dann so führen, dass ein Dialog zustande kommt und der Kunde sich gern mit einem Vertreter Ihres Unternehmens unterhält, ist mehr als fraglich.

Wer sich zu sehr auf diese allgemeinen Profile fokussiert, kann viele Mitarbeiterpotenziale für das aktive Telefonieren nicht erkennen und nutzen. Denn egal, ob Sie intern oder extern Mitarbeiter auswählen wollen: Ein großer Teil der zukünftigen »Outbound-Stars« lebt heute noch im Verborgenen. Das schlechte Image, Skepsis, Bedenken und die Hemmung, Kunden aktiv anzusprechen, halten Mitarbeiter oft zunächst davon ab, sich spontan für Outbound zu begeistern. Die Vorstellung, Outbound sei eine ganz spezielle Kunst, die nur von einigen wenigen Profis beherrscht wird, wirkt ebenfalls hinderlich.

Verborgene Talente entdecken

Dabei werden Outbound-Anrufe vom Kunden meist besser angenommen als gedacht und sind gar nicht so schwierig. Es braucht freilich Mut, die anfänglichen emotionalen Hindernisse zu überwinden. Denn erst wenn diese durch erste Erfolgserlebnisse und Praxiserfahrungen relativiert werden, erkennen die Mitarbeiter ihre Chancen und Möglichkeiten. Sie merken dann sogar, dass Outbound einfacher ist als Inbound.

Bessere Vorbereitung als im Inbound

Während sie im Inbound mit allen möglichen Anliegen konfrontiert werden, können sich die Mitarbeiter im Outbound gut vorbereiten. Sie haben die Ziele der Aktion vor Augen, und es macht Spaß, auf diese hinzuarbeiten. Sie werden unterstützt durch ein Skript und mit Argumentationshilfen, die ihnen in der Gesprächsführung Halt geben. Sie machen Erfahrungen in vielen zielgerichteten Telefonaten und werden von Gespräch zu Gespräch sicherer und lockerer.

Meist ist der Kunde zugänglicher als im Inbound. Dies gilt natürlich nicht für Branchen, in denen Telesales bereits inflationär betrieben worden ist beziehungsweise wird, wie zum Beispiel in der Telekommunikationsbranche, deren Vertreter unermüdlich mit den neuesten Vertragsangeboten nerven. Wenn sich jedoch namhafte Unternehmen gezielt bei ihren Kunden melden, sind diese in der Regel angenehm überrascht und freuen sich, dass man an sie denkt und sie anspricht. Alle Beteiligten beim Aufbau von Outbound sind immer wieder erstaunt, wie bereitwillig Kunden Fragen zu ihren Potenzialen und ihrem Bedarf beantworten.

Schnell sichtbare Erfolge

Und nicht zuletzt: Die Erfolge der Gespräche und der gesamten Aktion werden schnell sichtbar: Getätigte Umsätze, vereinbarte Termine, qualifizierte Adressen usw. sind offensichtlich und schaffen Motivation für die Fortführung der Kampagne und für weitere Erfolge.

Profil eines Outbound-Profis

Welche Fähigkeiten können nun ein mögliches Telefontalent auszeichnen? Eine gute Telefonstimme und ein aufgeschlossenes Wesen reichen sicher nicht aus, um den Anforderungen des Outbound-Geschäfts gerecht zu werden.

Um ein individuelles Profil zu erstellen, können die Anforderungen in drei Bereiche aufgeteilt werden:

Drei Bereiche

- Grundlegende Anforderungen
- Kommunikative Anforderungen
- Generelle Einstellung und Arbeitsweise

Grundlegende Anforderungen

Ob eine spezielle *Ausbildung* zum Profil Ihrer Outbound-Mitarbeiter zählt, hängt von der fachlichen und branchenspezifischen Anforderung der Aufgabenstellung ab.

Ausbildung

Insbesondere im Telefonverkauf ist es wichtig, dass die Mitarbeiter zu der Kundenzielgruppe und auch zu den Produkten passen. Wer Verbrauchsmaterial und Werkzeuge an Handwerker verkauft, sollte zumindest ein Faible für »do it yourself« haben. Das Umfeld und die Situation von Handwerkern müssen dem Mitarbeiter vertraut sein; und er muss in der Lage sein, ihre Sprache zu sprechen.

Es ist zu prüfen, welches fachliche und zielgruppenspezifische Wissen für die telefonische Betreuung der Kunden in der unternehmensinternen Ausbildung vermittelt werden kann. Quereinsteiger sind oft hoch motiviert und lernen gern und schnell. Und Fachwissen kann man sich grundsätzlich aneignen. Ein kommunikatives Talent dagegen hat man entweder oder man hat es nicht.

Zu beachten ist: Das von Ihnen gewünschte Ausbildungsniveau sollte sich auch an der Zielgruppe orientieren, mit der Ihre Mitarbeiter sprechen.

EDV-Kenntnisse Grundlegende *EDV-Kenntnisse* sind heutzutage für fast alle Tätigkeiten ein Einstellungskriterium. Hierzu gehören die Bedienung eines gängigen Betriebssystems (in der Regel Microsoft Windows) und eines Textverarbeitungsprogramms. Sollten Sie branchenspezifische Software nutzen oder die Integration eines Datenbanksystems planen, dann liegen die Anforderungen hier eventuell etwas höher.

Erfahrung im Kundenkontakt Zu den Musts gehört gewöhnlich auch die Anforderung, dass Bewerber schon in einer Tätigkeit mit regelmäßigem Kundenkontakt, mithin im Service oder noch besser im Vertrieb, gearbeitet haben. Die wichtigsten Grundlagen der Kundenbetreuung sind wahrscheinlich bekannt, die *Erfahrung im Umgang mit Kunden* vorhanden. Man kann dann damit rechnen, dass solche Kandidaten schneller damit beginnen, Ihr Unternehmen am Telefon zu repräsentieren.

Erfahrungen im Outbound sind nicht zwingend zu fordern. Bewerber, die bereits in einem qualitativ schlechten Callcenter gearbeitet haben, können nicht unbedingt die individuelle und persönliche Kundenbetreuung umsetzen, die Sie mit Ihrem Outbound-Team verfolgen. Nicht jeder, der zuvor im Minutentakt Versicherungen verkauft hat, ist automatisch geeignet, Ihre wichtigen Kunden zu beraten! Leider sind viele Bewerber durch die vorherige Tätigkeit in einem Callcenter richtiggehend »verdorben«.

Fähigkeit, mit Routine umzugehen Streckenweise kann die Arbeit im Outbound repetitiv und ermüdend sein. Nicht nur bei größeren Adressvolumina, wie sie zum Beispiel bei zeitlich begrenzten Sonderkampagnen auftreten, stellt sich schnell ein gewisser Wiederholungseffekt ein. Viele Gespräche zeitnah hintereinander mit gleicher Zielsetzung und gleichem Inhalt wollen geführt und verkraftet werden. Outbound erfordert eine hohe Selbstmotivation und Belastbarkeit. Auch bringt nicht jeder Tag die gewünschten Erfolge. Mit *Durchhaltevermögen* muss der Outbound-Mitarbeiter auch einmal »Durststrecken« überwinden können.

Die Arbeit am Telefon erfordert eine schnelle Auffassungsgabe. Da die Gesprächspartner sehr unterschiedlich reagieren, folgen die Gespräche nicht immer einem festen Leitfaden. Neben dem Verständnis von kausalen Zusammenhängen benötigt der Outbound-Mitarbeiter eine hohe *Flexibilität*, um auf unerwartete Kursänderungen im Gesprächsverlauf schnell und souverän reagieren zu können. Eine solide Allgemeinbildung erlaubt es ihm, sich auf eine Vielzahl von Situationen einzustellen, und erleichtert den Small Talk.

Geistige Flexibilität und vernetztes Denken

Erfolgreiche Mitarbeiter entwickeln eigene Ideen, durchbrechen Routinen und stellen neue Zusammenhänge her. Sie erkennen versteckte Hinweise und greifen diese auf. Idealerweise suchen und beschaffen sich die Mitarbeiter Ihrer Mannschaft später selbstständig und aktiv fehlende Informationen.

> **PRAXISTIPP**
>
> Wechseln Sie im persönlichen Gespräch mit dem Bewerber bewusst mehrmals das Thema und achten Sie darauf, ob Ihr Gegenüber mit Ihnen »mithält«.

Kommunikative Anforderungen

Ein Outbound-Mitarbeiter sollte sicher nicht auf den Mund gefallen sein. Gefragt sind jedoch keine Plaudertaschen oder Besserwisser, denn ein echter Dialog besteht zu großen Teilen aus der Kunst, zuhören zu können. Wer an der richtigen Stelle schweigen kann, beweist das nötige *Feingefühl*.

Offene und kommunikative Art

Unbedingt erforderlich ist darüber hinaus die Fähigkeit, zur richtigen Zeit die richtigen Fragen zu stellen, um viele Informationen zu erhalten, ohne dass sich der Gesprächspartner ausgefragt vorkommt. Der Outbound-Mitarbeiter sollte sich mit seinem Gesprächspartner – persönlich oder am Telefon – auch über allgemeine Themen locker unterhalten können.

> **PRAXISTIPP**
>
> Nehmen Sie sich die Zeit, um eine richtige Unterhaltung mit den Bewerbern zu führen. Sprechen Sie dabei auch über allgemeine Themen.

Ausdrucksfähigkeit und Stimmführung Wer anderen etwas erklären soll, muss in der Lage sein, *Sachverhalte leicht verständlich darzustellen*. Hierzu gehört auch das einfache, bildliche Vermitteln von Fachwissen. Ein entsprechender Wortschatz trägt dazu bei, einen Dialog präzise zu führen und interessant zu gestalten. Die Fähigkeit, sich in Wortwahl, Stimmlage, Redegeschwindigkeit und Lautstärke an den Gesprächspartner anzupassen, hilft bei der Vermittlung von Inhalten. Wer dessen individuelle Situation schnell einschätzen und seine Sprache dementsprechend anpassen kann, hat hier sicher Vorteile.

> **PRAXISTIPP**
>
> Lassen Sie sich von Ihrem Bewerber etwas erklären, wovon Sie keine Ahnung haben! Bitten Sie ihn beispielsweise darum, Ihnen etwas über sein Hobby zu erzählen.

Überzeugungskraft »von innen heraus« Vielredner, die glauben, nur durch möglichst viele und schlagkräftige Argumente zu überzeugen, gewinnen Gesprächspartner nicht wirklich. Eine alte Weisheit besagt: Nur wer selbst brennt, kann andere entflammen. Eine solche *Überzeugungskraft »von innen heraus«* kann sehr hilfreich sein, selbst wenn Ihr Team später keinen Direktvertrieb am Telefon machen soll. Auch in einem einfachen Beratungsgespräch fühlt sich der Gesprächspartner besser aufgehoben, wenn sein Gegenüber Tatkraft und Überzeugung ausstrahlt. Diesen Menschen wird unwillkürlich mehr Glauben geschenkt als Personen, die zögerlich und desinteressiert wirken.

> **PRAXISTIPP**
>
> Überzeugungskraft lässt sich in einem Vorstellungsgespräch nur schwer überprüfen. Verlassen Sie sich hier auf Ihr subjektives Gefühl – Ihre Kunden werden das später auch tun!

Anforderungen an Einstellung und Haltung

Eine *optimistische und offene Grundhaltung* gegenüber neuen Aufgaben ist eine wesentliche Voraussetzung für die Arbeit am Telefon. Außerdem erleichtert ein solches Persönlichkeitsprofil es dem Einzelnen, die anstrengenden Aspekte der Arbeit als Outbound-Mitarbeiter besser wegzustecken. — **Positive Einstellung**

> **PRAXISTIPP**
>
> Verschaffen Sie sich einen Eindruck davon, welche Weltsicht Ihr Bewerber mitbringt. Ist das Glas für Ihren zukünftigen Mitarbeiter eher halb leer oder doch halb voll?

Zielgerichtetes Agieren ist für einen Outbound-Mitarbeiter immer sinnvoll, sowohl im Gespräch als auch mit Blick auf die Erreichung von gesteckten Zielen. Erfahrene Mitarbeiter im Telefonvertrieb erkennt man unter anderem daran, dass sie ein Telefongespräch zu jedem Zeitpunkt im Griff haben. Freundlich, aber bestimmt lenken sie ihr Gegenüber mit Fragen dahin, wo sie es haben wollen, denn sie wissen: Wer Fragen stellt, führt das Gespräch. — **Zielorientierte Haltung**

Gerade bei komplexeren Aufgabenstellungen oder bei schwierigen Kunden ist für diese *Zielorientierung* ein hohes Maß an Sensibilität gefordert. Ihre zukünftigen Mitarbeiter sollten erkennen lassen, dass sie sich das Heft nicht so schnell aus der Hand nehmen lassen, ohne dabei allerdings auf Konfrontationskurs mit dem Dialogpartner zu gehen.

Zielstrebigkeit und der Wille, etwas zu erreichen, sind Eigenschaften, die es dem Mitarbeiter ermöglichen, auch über längere Zeiträume hinweg seine Motivation aufrechtzuerhalten.

> **PRAXISTIPP**
>
> **Lassen Sie Ihrem Bewerber beim Vorstellungsgespräch doch mal »freien Lauf« und achten Sie darauf, ob er die Initiative ergreift und das Gespräch in die Hand nimmt!**

Fähigkeit zur Empathie

Ein altes Indianer-Sprichwort sagt: Wenn man einen anderen verstehen will, muss man drei Monde in seinen Mokassins gelaufen sein. Der *empathische* Mitarbeiter versteht seine Gesprächspartner, weil er ihre Sicht der Welt und ihre Gefühle nachvollziehen kann. Die Fähigkeit, sich in andere hineinzuversetzen, hilft einem guten Vertriebsmitarbeiter, seine Argumente und sein Handeln optimal auf die Situation und die Bedürfnisse des Kunden auszurichten. Je sensibler der Outbound-Mitarbeiter auch für Botschaften zwischen den Zeilen, für Stimmungen und unterschwellige Widerstände ist, umso besser gelingt es ihm, auf den Kunden einzugehen.

Die Entwicklung der individuellen Anforderungsprofile

Formulieren Sie Stellenbeschreibungen, die den potenziellen Bewerbern ein genaues Bild dessen, was sie erwartet, vermitteln. Diese bilden dann auch die Basis für die Entwicklung des individuellen Profils Ihrer neuen Mitarbeiter.

Ein sorgfältig erstelltes Anforderungsprofil hilft Ihnen, die Eigenschaften und Fähigkeiten verschiedener Bewerber zu vergleichen. Sie können das Anforderungsprofil am Ende dieses Kapitels (Arbeitsblatt für Kapitel 4) als Vorlage nutzen. Links finden Sie die Eigenschaften eines potenziellen Outbound-Mitarbeiters. In der zweiten Spalte tragen Sie ein, wie wichtig Ihnen diese Eigenschaft ist. Mit diesem Parameter können Sie Präferenzen festlegen, die nicht zuletzt auch durch Ihre persönlichen Vorstellungen bestimmt werden. Die nächste Spalte dient dazu, den Eindruck festzuhalten, den der Bewerber bei Ihnen hinterlassen hat. In der letzten Spalte schließlich addieren Sie das Ergebnis des Bewerbers mit der Gewichtung. Das Gesamtergebnis unten auf der Seite liefert Ihnen dann schnell einen Hinweis, wie gut dieser Bewerber in den drei Anforderungsbereichen abgeschnitten hat. Diese Auswertungsmuster können Sie mit anderem Inhalt auch für die Auswahl der Teamleiter nutzen.

Vorlage für ein Anforderungsprofil

Der Recruitingprozess

Von den Mitarbeitern hängt der Erfolg Ihrer Vertriebseinheit Outbound entscheidend ab. Die Auswahl der zukünftigen Outbound-Mitarbeiter ist mithin ein wichtiger Teil des Projekts. Definieren Sie deshalb die verschiedenen Phasen im Recruitingprozess. Als Richtschnur können Sie sich an unseren Empfehlungen für einen Recruitingprozess orientieren:

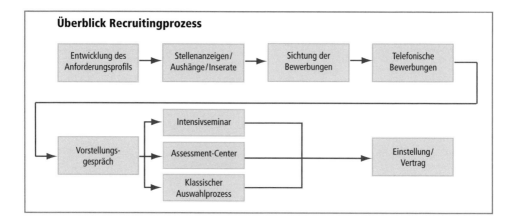

Ansprechende Stellenanzeigen / Ausschreibungen

Der erste Schritt auf dem Weg zu Ihrem Outbound-Team ist eine Ausschreibung oder Stellenanzeige, sei sie intern oder extern. Bevor Sie sich über den Inhalt Gedanken machen, ist ein kritischer Blick auf die zur Verfügung stehenden Medien nötig. Konzentrieren Sie sich bei der Suche nach neuen Mitarbeitern auf die Kontaktkanäle mit der höchsten Trefferwahrscheinlichkeit. Dieser Prozess hängt von vielen Faktoren, zum Beispiel Ihrer Region, ab.

Um die Drop-out-Quote so gering wie möglich zu halten, sollten Sie die Aufgaben möglichst genau skizzieren. Halten Sie nicht mit der Information hinter dem Berg, dass der Großteil der Arbeit im Telefonieren besteht. Wenn Sie planen, den Outbound auch für den Direktverkauf am Telefon einzusetzen, ist es sinnvoll, dies auch schon in der Anzeige deutlich zu machen. Besser, es bewerben sich zehn Kandidaten, die keine Berührungsängste vor Vertriebstätigkeiten haben, als dreißig Anwärter, die einen Rückzieher machen, sobald sie erfahren, dass von ihnen Direktverkauf erwartet wird. Wie nachhaltig Sie Ihre Personalmarketingmaßnahmen betreiben müssen, hängt von den verfügbaren Arbeitskräften und Ihrem Bedarf ab.

Umfassende Darstellung des Unternehmens

Je mehr die Bewerber über Sie erfahren, desto mehr Interesse wird man Ihnen entgegenbringen. Hierzu gehört auch eine umfassende Darstellung Ihres Unternehmens. Denn neue Mitarbeiter wollen genauso gewonnen werden wie Kunden! Das Image Ihres Unternehmens vor Ort ist ebenfalls ein ausschlaggebender Faktor.

Mit den Responsekanälen, die Sie in Ihren Anzeigen anbieten, können Sie bereits eine gewisse Vorauswahl treffen. Wer sich zum Beispiel per E-Mail bei Ihnen vorstellt, bringt mit großer Wahrscheinlichkeit bereits die für den Outbound-Arbeitsplatz erforderlichen PC-Kenntnisse mit.

Sichtung der Bewerbungen

Egal, auf welchem Weg die Bewerbung hereinkommt, bestätigen Sie jeweils den Eingang und sammeln Sie die Unterlagen für eine erste Vorauswahl nach einem festgelegten Zeitraum. Neben offensichtlichen Aspekten ist es vor allem wichtig, auf »Killerkriterien« zu achten. Hierbei handelt es sich um Eigenschaften, die einen Bewerber als für das Unternehmen und den Outbound-Bereich ungeeignet erscheinen lassen. Mangelndes schriftliches Ausdrucksvermögen weist zum Beispiel auf einen schlechten Wortschatz hin, der am Telefon später zum Verhängnis wird.

Die telefonische Bewerbung – eine wichtige Hürde

Die Bewerber, die den ersten Filter durchlaufen haben, sollten unbedingt angerufen werden. Das erste Telefongespräch ist ein Test, wie der Bewerber sich selbst am Telefon verkauft und seine Fähigkeiten unter Beweis stellt. Lassen Sie Stimme, Dialekt und Wortschatz bewerten. Eine schlechte Ausdrucksweise, ein geringer Wortschatz, ein starker Dialekt und eine geringe Flexibilität sind Indizien, die gegen einen Bewerber sprechen. Selektieren Sie auch hier noch zuerst nach den »Killerkriterien«.

Im Telefoninterview mit potenziellen Outbound-Mitarbeitern ist es auch wichtig, erste Anzeichen für die Verkaufsorientierung des Interessenten zu erkennen. Es kann bereits eingeschätzt werden, wie der Bewerber auf den Gesprächspartner am Telefon zugeht, was später im Kundenkontakt entscheidend sein wird. Vom zukünftigen Telefonverkäufer kann erwartet werden, dass er schnell und kompetent am Telefon überzeugt – ohne aufdringlich zu wirken.

Viel Zeit fürs Telefonat einplanen

Im Telefonat mit einem Bewerber können durchaus schon Fragen gestellt werden, die sonst erst im persönlichen Gespräch üblich sind. Deshalb sind die telefonischen Interviews in der Regel auch ziemlich lang. Folgende Fragen helfen Ihnen, einen Bewerber am Telefon einschätzen zu können:

- »Was hat Sie bewogen, sich gerade auf diese Stelle zu bewerben, und was interessiert Sie besonders daran?«

Hier kann der Bewerber mit seiner Antwort zeigen, ob er überzeugend argumentieren kann. Darüber hinaus wird deutlich, ob er die Bedürfnisse des Unternehmens erkennt und darauf eingeht. Zudem kann man die Kandidaten herausfiltern, die dazu tendieren, andere an die Wand zu reden. Wenn der Interviewer selbst kaum noch Lust hat zuzuhören, unterhält er sich kaum mit einem guten Telefonverkäufer.

- »Wie passt diese Stelle in Ihre berufliche Zielsetzung?«

Mit dieser Frage wird die Zielorientierung des Bewerbers geklärt. Schafft er es, seine beruflichen Interessen und Stationen so darzustellen, dass »ein roter Faden« und eine Vorstellung von seiner beruflichen Entwicklung zu erkennen sind? Dies muss nicht unbedingt die klassische Karriereleiter sein. Gerade Quereinsteiger und Menschen mit untypischen Lebensläufen bergen so manches Potenzial.

- »Was könnte ein Grund sein, dass wir Sie *nicht* nehmen?«

Provokante Frage

Nach einer solchen provokanten Frage muss der Bewerber unter Beweis stellen, wie er mit schwierigen und unvorhergesehenen Situationen in Gesprächen umgeht. Nutzt er die Chance für sich oder kommt er völlig aus dem Konzept?

Im Verlauf des Gesprächs wird deutlich, ob der potenzielle Mitarbeiter eine Beziehung zum Interviewer aufbauen kann. Wird ein emotionaler Kontakt hergestellt? Gelingt es dem Bewerber, sein Gegenüber neugierig auf sich zu machen?

Natürlich stellen solche Telefonate besondere Anforderungen an den Interviewer. Deshalb sollten sie von dafür geschulten Mitarbeiter aus der Personalabteilung oder von einem externen Institut durchgeführt werden. Eine saubere Abstimmung der Fragen, der Bewertungskriterien und der Dokumentation ist unabdingbar.

Vorstellungsgespräche – einzeln und in Gruppen

Laden Sie diejenigen, die am Telefon überzeugend waren, zum Vorstellungsgespräch ein. Eine interessante Möglichkeit besteht darin, die Bewerber zunächst in kleinen Gruppen von drei oder vier Personen zusammenzuführen. Sie erleben die Kandidaten in einer Wettbewerbssituation und wie sie mit dieser Situation umgehen. Ihr Agieren den anderen Gruppenteilnehmern und Ihnen gegenüber gibt Ihnen wichtige Aufschlüsse. Dies hat außerdem den Vorteil, dass die Vermittlung von Informationen an die Bewerber effizienter erfolgt. Erläutern Sie den zukünftigen Aufgabenbereich Outbound genau und zerstreuen Sie Vorbehalte gegenüber der aktiven telefonischen Kundenbetreuung.

Assessment-Center

Wenn Sie ein größeres Team oder mehrere Teams gleichzeitig aufstellen möchten, kann ein Assessment-Center sinnvoll sein. Folgende Kriterien stehen hier im Vordergrund:

- Verkaufsorientierung
- Teamfähigkeit
- Belastbarkeit und Selbstmotivation

Verkaufsorientierung und Teamfähigkeit können in Rollenspielen und Übungen beobachtet werden. Denkbar sind:

- Gruppendiskussionen zum Thema »Wie gestaltet sich ein erfolgreicher Verkaufsprozess?«
- Rollenspiele zu verschiedenen Situationen im Kundenkontakt
- Rollenspiele, die Schwierigkeiten eines Mitarbeiters im Kundengespräch simulieren; dabei soll die Gruppe ihm helfen, erfolgreicher zu werden
- Gemeinsame Collagen zu vorgegebenen Themen

Belastbarkeit und Selbstmotivation sind wichtig, weil Outbound-Mitarbeiter oft in schnellem Wechsel mit Erfolgen und Misserfolgen umgehen und gleichzeitig Routine aushalten müssen. In Rollenspielen und Gruppendiskussionen sollten diese Aspekte der Outbound-Arbeit unbedingt eingebaut werden. Das Ziel ist nicht nur die Beobachtung des Bewerberverhaltens. Vielmehr geht es auch darum, den Bewerbern die Möglichkeit einzuräumen, ihre Eignung für die Aufgaben selbst zu überprüfen. Es sollte also durchaus auch um Misserfolge oder Routinearbeiten (zum Beispiel Adressqualifikationen) gehen.

Auswahlseminar Für kleinere Teams lohnt sich in der Regel ein aufwendiges Assessment-Center nicht. Ein Auswahlseminar in Form einer Outbound-Trainingssequenz ist eine aufschlussreiche und endgültige Selektionsmöglichkeit, wenn Sie die Anzahl der infrage kommenden Bewerber auf eine überschaubare Menge reduziert haben. Ein solches Training ist auch dann zu empfehlen, wenn Sie eigene Mitarbeiter für das Outbound-Team gewinnen wollen, die aber noch Vorbehalte haben. Die Mitarbeiter haben im Training die Möglichkeit, in ersten praktischen Schritten zu testen, ob ihnen Outbound-Telefonate liegen und vielleicht sogar Spaß machen.

Unter Leitung eines professionellen Trainers werden im spielerischen Wettstreit der Kandidaten die Fähigkeiten des zukünftigen Outbound-Mitarbeiters gefordert – am besten sogar entlang der ersten Kampagne, die umgesetzt werden soll. Neben Lehrgesprächen, Gruppenarbeiten, Übungen zum Umgang mit einem Telefonskript und Rollenspielen stehen auch Mustergespräche mit Kunden auf dem Programm. Am Ende dieser Veranstaltung sollten Sie und die Teilnehmer selbst – mit Unterstützung des Trainers, der die Bewerber live in Aktion erlebt hat – ein recht klares Bild davon haben, wer für Ihr Outbound-Projekt geeignet ist.

Vertrauen Sie Ihrem Gefühl! Vernachlässigen Sie bei all der Klassifizierung und Einschätzung der Bewerber nicht Ihr Bauchgefühl. Die Wirkung der Kandidaten auf Sie und andere, die Sie in dem Bewerbungsprozess unterstützen, ist ein wichtiges Auswahlkriterium – auch wenn sich nicht immer alles verbal beschreiben oder begründen lässt. Stellen Sie

Menschen ein, die Sie überzeugen, die Ihre Gefühle ansprechen, die Sie zum Lachen bringen, und solche, die Enthusiasmus versprühen. Mit besonderen Menschen wird Ihr telefonischer Vertrieb später zu einer echten Truppe von individuellen Talenten zusammenwachsen.

Nun steht dem Vertragsverhältnis nichts mehr im Wege. Die im Laufe des Recruitingprozesses herausgefilterten Kommunikationstalente gehören nach der Abwicklung der Vertragsformalitäten zu Ihrem Unternehmen und können nun in den Prozess der Aus- und Weiterbildung übernommen werden.

Einstellung

Die besonderen Aufgaben der Teamleitung

Die Teamleitung ist dafür verantwortlich, dass das Team arbeitsfähig ist und jeder einzelne Mitarbeiter motiviert, engagiert und kompetent telefoniert. Je nach Größe des Teams reicht die Kompetenz der Führungskraft vom Primus inter Pares in kleinen Teams bis zum Teamleiter mit disziplinarischer Personalverantwortung in Unternehmen mit entsprechender Struktur und größeren eigenständigen Outbound-Teams mit dem Status einer echten Abteilung.

Hat der »Erste unter Gleichen« mehr informelle fachliche Aufgaben, so hat der echte Teamleiter als Vorgesetzter weitreichende Verantwortungsbereiche und Entscheidungskompetenzen.

Wichtig: Legen Sie die Aufgaben, Verantwortlichkeiten und Kompetenzen klar in einer Stellenbeschreibung fest! Teamleiter tun sich oft schwer im Umgang mit ihren Mitarbeitern, weil sie den disziplinarischen Rahmen nicht kennen, in dem sie agieren dürfen.

Auswahl des Teamleiters

Die Kampagnenplanung und deren Umsetzung ist die herausragende Aufgabe einer Outbound-Teamleitung. Sie beinhaltet im Wesentlichen:

- die Planung von Aktionen / Kampagnen gemeinsam mit dem Auftraggeber und dessen Beratung zur Gestaltung einer machbaren und erfolgreichen Maßnahme,
- die organisatorische und inhaltliche Vorbereitung (Adressbeschaffung, Schreiben des Skripts, Erstellen von Argumentationshilfen, Controlling),
- Kapazitätsplanung, Auswahl und Einsatz der passenden Mitarbeiter für die jeweilige Aufgabenstellung in der Kampagne,
- Einarbeitung von Mitarbeitern in die jeweilige Kampagne,
- Durchführung von Qualitätscontrolling während der Kampagne, und zwar quantitativ (Auswertungen) und qualitativ (Gesprächsanalysen, »Training on the Job«, Produktschulungen),
- Sicherstellung des Informationsflusses und des Erfahrungsaustauschs der Mitarbeiter während der Aktion,
- Vorschläge von Interventionen zur Optimierung und Ergebnissicherung innerhalb der Aktion (wenn nötig auch deren Abbruch!) sowie deren Umsetzung,
- Ergebnisauswertung und Kommunikation der Ergebnisse an die Mitarbeiter und den Auftraggeber.

Anforderungen an einen Teamleiter

Der potenzielle Teamleiter muss also über ein entsprechendes Organisationsgeschick verfügen, sowohl was die Planung als auch was kurzfristige Entscheidungen und Veränderungen angeht. Er sollte die Fähigkeit mitbringen, sich in Kunden hineinzuversetzen, sich gut auszudrücken und Mitarbeiter im Kundenkontakt zu coachen. Selbstverständlich kann er mit Zahlen umgehen und scheut sich nicht, auch mit quantitativen Zielen zu führen.

Die Führung, Motivation und Qualifikation der Mitarbeiter von Outbound-Teams stellen ebenfalls besondere Anforderungen an die Teamleiter. Insbesondere erfolgreiche Telesales-Mitarbeiter sind in der Regel zielorientierte, selbstbewusste und selbstständige Individuen. Dennoch: Outbound ist nicht immer aufregend – auch hier greift die Routine schnell um sich, wenn zum Beispiel die eine Aktion mit konstant bleibender Zielsetzung sehr lange dauert. Dann ist es Aufgabe der Teamleitung, die Motivation auch langfristig aufrechtzuerhalten.

Auf der anderen Seite sollen die Mitarbeiter teamorientiert arbeiten und ihre Erfahrungen an andere Kollegen weitergeben beziehungsweise für die Optimierung der Kampagne nutzbar machen. Um hier die richtige Balance zu finden, brauchen die Mitarbeiter eine Führungskraft, die den Einzelnen fordert und motiviert und gleichzeitig den Teamgeist fördert. Eine systematische und bewusste Teamentwicklung ist für die Teamleitung ebenfalls eine Aufgabe und Zielsetzung.

Der Einzelne und der Teamgeist

Daraus folgt für den potenziellen Teamleiter:

Weitere Anforderungen an den Leiter

- Er hat idealerweise bereits erste Führungserfahrung gesammelt.
- Er verfügt über genug Selbstbewusstsein und flexibles Führungsverhalten, um unterschiedliche Individualisten zu motivieren.
- Er ist integrativ und kann ein Team zusammenführen.

Die Vertretung des Teams nach außen, das heißt im Unternehmen und vor allem gegenüber internen Auftraggebern, stellt durchaus eine Herausforderung dar, ist doch die Tätigkeit Outbound-Telefonmarketing neu im Unternehmen und mit den üblichen Vorurteilen bei den Kollegen und teilweise auch bei den anderen Führungskräften besetzt. Vor allem in der Startphase müssen sich die Outbound-Einheiten ihre Sporen hart verdienen. Die Teamleitung muss helfen, die Skepsis zu überwinden, insbesondere die des Außendienstes (»Kann der überhaupt mit meinen Kunden richtig umgehen?«), aber auch anderer Abteilungen. Sie muss die Leistungen des Teams überzeugend verkaufen können. Die Teamleiter besitzen schnell ein im Unternehmen noch einzigartiges Know-how. Gestandene Vertriebsleiter müssen sich von ihnen beraten lassen, wenn ihre Kampagnen Erfolg haben sollen. Die Teamleiter sollten auch bei Außendiensttagungen als gleichwertige Teilnehmer mitwirken.

Und noch mehr Anforderungen

Der potenzielle Teamleiter ...

- hat »Standing« in Kommunikation und Entscheidungsfindung,
- kann sich und sein Team sympathisch und professionell darstellen,
- kann sein Wissen und seine Erfahrung beratend an andere weitergeben.

Recruiting von Teamleitern

Teamleiter durchlaufen den gleichen Recruitingprozess, dem sich auch die anderen Outbound-Mitarbeiter stellen müssen. Die speziellen Anforderungen an diese Bewerber fließen dabei in das Auswahlverfahren mit ein. So wird das Organisationstalent im Assessment-Center durch klassische Übungen wie »Postkorb« getestet. Führungsqualitäten werden zum Beispiel durch spezifische Rollenspiele wie »Mitarbeitergespräch« oder »Teambesprechung zur Vorbereitung einer Aktion« eingeschätzt. Es macht Sinn, dass gerade Outbound-Teamleiter schon Führungserfahrung haben – unabhängig davon, ob Sie sich für das externe oder interne Recruiting eines Teamleiters entscheiden.

Externe und interne Kandidaten

Der Vorteil eines externen Bewerbers ist es, dass Sie sich mit einem Outbound-Experten bereits vorhandenes Know-how ins Unternehmen einkaufen können. Der Vorteil einer internen Wahl liegt darin, dass Sie einer potenziellen Führungskraft eine interessante Entwicklungsmöglichkeit bieten können, die Ihr Unternehmen, Ihre Produkte und die entsprechende Kultur kennt und dies an die Outbound-Mitarbeiter vermitteln kann. Die geeigneten internen Bewerber sollten sich durch das Auswahlverfahren herauskristallisieren.

Wie könnte eine Stellenanzeige zur Suche eines Teamleiters aussehen? Nachfolgend ein Beispiel aus dem Healthcare-Bereich:

Für unsere Agentur suchen wir

Teamleiter/innen Pharma

Was Sie erwartet ...

- Aktives Beziehungsmanagement (Betreuung und Entwicklung großer Pharmakunden)
- Kampagnen- und Projektplanung, -steuerung und -kontrolle, Organisation und Qualitätssicherung der Kundenprojekte
- Professionelle Präsentationen
- Teambetreuung und Coaching
- Mitarbeiterführung und -schulung
- Sonstige Managementaufgaben

Was wir erwarten ...

- Studium der Humanmedizin (auch 1. Staatsexamen), Pharmazie, Biologie o. Ä.
- Interesse an Projektarbeit und Mitarbeiterführung
- Ausgewogenheit an fachlicher, methodischer, sozialer und technischer Kompetenz
- Bereitschaft, Kundenkontakte und Wissen zu teilen
- Ausgezeichnete Englischkenntnisse in Wort und Schrift
- Ausgeprägte Kommunikations- und Teamfähigkeit, Eigeninitiative und sicheres Auftreten
- Gute PC-Kenntnisse (mindestens MS Office)

Was Sie erwarten können ...

- Eine anspruchsvolle Aufgabe in einer modernen Branche
- Attraktive Vergütung mit leistungsabhängiger Komponente
- Dynamisches Marktumfeld mit sehr guter Perspektive
- Umfassende Eigenverantwortung

Fühlen Sie sich angesprochen? Dann senden Sie bitte Ihre aussagefähigen Bewerbungsunterlagen mit Lichtbild, Gehaltsvorstellung und möglichem Eintrittstermin an:

...

Arbeitsblatt Kapitel 4

Im Folgenden finden Sie ein detailliertes Anforderungsprofil, das Sie bei der Auswahl Ihres zukünftigen Teams unterstützen kann.

Anforderungsprofil für Outbound-Mitarbeiter

Grundlegende Anforderungen

Anforderung	Wichtigkeit 1 = Vorteilhaft 2 = Wichtig 3 = Sehr wichtig 4 = Absolut erforderlich	Leistung des Bewerbers 1 = Anforderung nicht erfüllt 2 = … im Ansatz erfüllt 3 = … grundsätzlich erfüllt 4 = … voll erfüllt	Ergebnis Wichtigkeit + Leistung
Ausbildung Abgeschlossene (kaufm.) Ausbildung, Studenten, Teilzeitkräfte, Bezug zur Branche			
IT-Kenntnisse Betriebssystem, Textverarbeitung, Tabellenkalkulation			
Erfahrung im Kundenkontakt Bereits im Service/Vertrieb gearbeitet, Callcenter-Erfahrung?			

Umgang mit Routine Kann mit repetitiven Aufgaben umgehen, Durchhaltevermögen, Selbstmotivation			
Geistige Flexibilität Fähigkeit zum vernetzten Denken			
Ergebnis gesamt:			

Kommunikative Anforderungen

Anforderung	Wichtigkeit 1 = Vorteilhaft 2 = Wichtig 3 = Sehr wichtig 4 = Absolut erforderlich	Leistung des Bewerbers 1 = Anforderung nicht erfüllt 2 = … im Ansatz erfüllt 3 = … grundsätzlich erfüllt 4 = … voll erfüllt	Ergebnis Wichtigkeit + Leistung
Offene, kommunikative Art			
Ausdrucksfähigkeit			
Überzeugungskraft			
Ergebnis gesamt:			

Einstellung / Haltung			
Anforderung	Wichtigkeit 1 = Vorteilhaft 2 = Wichtig 3 = Sehr wichtig 4 = Absolut erforderlich	Leistung des Bewerbers 1 = Anforderung nicht erfüllt 2 = … im Ansatz erfüllt 3 = … grundsätzlich erfüllt 4 = … voll erfüllt	Ergebnis Wichtigkeit + Leistung
Positive Einstellung			
Zielorientierte Haltung			
Fähigkeit zur Empathie			
Ergebnis gesamt:			

5. Wie ein Outbound-Profi im Telefondialog agiert

Professionelle Outbound-Mitarbeiter fallen nicht vom Himmel, sie haben viel gelernt, sei es in Seminaren, durch das Vorbild und die Unterweisung von Kollegen oder durch eigene Erfahrung. Einen »fertigen« Mitarbeiter werden Sie nie haben, denn auch der Telemarketer lernt nie aus. Dennoch erkennen Sie einen Profi an vielen Merkmalen, die sich allerdings in der Regel nicht alle in einer Person vereinen. Die folgenden Verhaltens- und Kommunikationsmaßstäbe dienen als Ziele für die Ausbildung und Entwicklung Ihrer Outbound-Mitarbeiter und sind darüber hinaus als Grundlage für den inhaltlichen Aufbau der Coachings geeignet.

Der Einstieg

Ein Outbound-Profi telefoniert mit der richtigen Einstellung. Der professionelle Outbound-Mitarbeiter hat die Hemmungen überwunden, ein aktives Telefonat zu beginnen. Er unterscheidet zwischen Vorwänden, die man sich selbst schafft (keine Zeit, es muss noch so viel dokumentiert werden …), und der tatsächlichen inneren Schwellenangst. Er hat diese Schwellenangst bewältigt, indem er sich diese bewusst gemacht und die ersten Schritte gewagt hat. Bedenken wie »Der Kunde könnte sich gestört fühlen, wenn ich anrufe« kennt er nicht mehr, denn er weiß, dass es im Wesentlichen und in der Regel von ihm selbst, seiner Gesprächsführung und der Vorbereitung der Aktion abhängt, ob er beim Kunden willkommen ist.

Sekretärin oder Einkäufer?

Ein »Outbound-Profi« spricht den richtigen Ansprechpartner an. Er weiß, dass man im Vorfeld festlegen muss, welche Zuständigkeit der Gesprächspartner haben soll. Deshalb stellt er bereits an der Telefonzentrale möglichst genaue Fragen nach dem Verantwortungsbereich. Wenn beispielsweise nur eine Bedarfsanalyse zu den Reisegewohnheiten von Führungskräften geplant ist, reicht es ihm für gewöhnlich, mit der zuständigen Sekretärin zu sprechen (»Bitte, wer in Ihrem Hause ist für die Planung der Geschäftsreisen Ihrer Führungskräfte zuständig?«). Soll der Outbound-Mitarbeiter dagegen am Telefon einen Direktverkauf realisieren, wird er darauf achten, die entscheidungsberechtigten Personen ans Telefon zu bekommen. Der Outbound-Profi fragt bei der Zielperson in jedem Fall nochmals nach, ob auch richtig verbunden wurde, da Mitarbeiter eines Empfangs oder einer Telefonzentrale häufig überlastet sind (»Herr / Frau ..., ist es richtig, dass Sie für ... zuständig sind?«).

Ein Outbound-Profi überwindet die Vorzimmerbarriere. Der professionelle Outbound-Mitarbeiter nimmt die Sekretärin in ihrer Funktion als »Wächter« über die wertvolle Zeit ihres Chefs ernst (»Frau ..., es geht um ein Gespräch mit Herrn ... zum Thema ... Wann, denken Sie, ist er telefonisch am besten zu erreichen?«). Er gewinnt sie im Optimalfall als Verbündete (»Frau ..., Sie können sicher am besten beurteilen, wann ich Herrn ... gut erreichen kann!?«). Die unvermeidliche Frage »Worum geht es denn?« beantwortet er mit einer kurzen und direkten Aussage, die der Sekretärin verdeutlicht, dass dies nicht zu ihrem Kompetenzbereich gehört (»Frau ..., es geht um die Effizienzsteigerung durch den Einsatz von ... in Ihrem Vertrieb«).

Aufwärmphase

Ein Outbound-Profi erlangt die Aufmerksamkeit des Ansprechpartners. Der Profi überfällt seine Ansprechpartner am Telefon nicht »kalt«, sondern sorgt für eine Aufwärmphase. Dazu gehört die Abklärung seiner Zuständigkeit beziehungsweise Verantwortlichkeit, seine eigene Vorstellung und die seines Unternehmens sowie das Hinführen zum Anrufgrund. Er tut dies nicht nur bei unbekannten Gesprächspartnern. Auch ein guter und vertrauter Kunde braucht eine Aufwärmphase, bis ein zielführendes Telefonat ins Rollen kommt (»Frau ..., wir hatten uns im letzten Telefonat über ... unterhalten. Erinnern Sie sich? Wir haben Ihnen danach ein Angebot über ... geschickt«). Der Gesprächsbeginn dient dem professionellen Outbound-Mitarbeiter in erster Linie dazu, eine emotionale Basis und eine positive Atmosphäre zu schaffen.

Die vier Entscheidungskriterien im Kaufprozess

Ein Outbound-Profi kennt die Bedeutung der Bedarfsanalyse. Er weiß, dass das Herzstück eines erfolgreichen Telefonats die korrekte Ermittlung des tatsächlichen Bedarfs ist. Wir alle kennen die typischen Gespräche, in denen man nach einer kurzen Begrüßung mit einem unverbindlichen Wortschwall überfallen wird. Nahezu jeder kennt die klassische Formulierung »Ich rufe an, um Sie über die Vorteile einer privaten Krankenversicherung zu informieren, die nämlich folgende sind ...«.

Der professionelle Outbound-Mitarbeiter macht diesen entscheidenden Fehler vieler Verkäufer nicht. Er will dem Kunden nicht »auf Teufel komm raus« etwas Bestimmtes verkaufen. Ein solches Verhalten führt nämlich zu den berühmten »Druckverkäufen«. Der Profi verkauft dem Kunden seine Produkte auch nicht nach dem »Bauchladenprinzip«: Frei nach dem Motto: »Schau her, lieber Kunde, das habe ich alles anzubieten, such dir etwas davon aus!« Die Folge solcher Aufforderungen sind unverbindliche und vor allem erfolglose Verkaufsgespräche.

Nichts »reindrücken«

Der professionelle Outbound-Mitarbeiter weiß, dass er, um seriös und erfolgreich im Sinne einer langfristigen Kundenbindung zu verkaufen, wissen muss, was der (potenzielle) Kunde wirklich braucht. Deshalb ist es sein wichtigstes Ansinnen, im Telefonat in Erfahrung zu bringen, ob überhaupt ein Bedarf vorhanden ist, wie dieser Bedarf aussieht und welche Entscheidungskriterien für das Verkaufsgespräch und den erfolgreichen Abschluss mitbestimmend sind.

Der professionelle Outbound-Mitarbeiter nutzt die vier Entscheidungskriterien im Kaufprozess. Er weiß, dass sie einen Einfluss auf das Kaufverhalten haben, und er kann sie im Telefonat identifizieren und damit umgehen.

Bei den vier Entscheidungskriterien im Kaufprozess handelt es sich um sachliche Kriterien, persönliche Kriterien, systembedingte Kriterien und finanzielle Kriterien.

Sachliche Kriterien

Bei den sachlichen Kriterien geht es um qualitative und quantitative Faktoren. Besitzt der Kunde zum Beispiel Geräte, auf die das von Ihnen angebotene Zubehör passt? Wie viel besitzt er und was produziert er damit? Wie hoch ist sein derzeitiger Verbrauch pro Monat und ist dieser vielleicht saisonalen Schwankungen unterworfen? Die Analyse dieser sachlichen Kriterien kann dazu führen, dass das anzubietende Produkt »aus dem Rennen« ist. Wer kein Flachdach hat, der braucht auch keine Flachdachsanierung.

Persönliche Kriterien

Kunden und Interessenten – ja auch die professionellsten und coolsten Einkäufer unter diesen – haben persönliche Vorlieben und Neigungen bezüglich der Produkte, die sie kaufen. Es gibt also auch persönliche Kriterien. Geht es um eines der »Lieblingskinder« oder um Produkte, die dem Käufer helfen, sich innerhalb eines Projekts zu profilieren, wird sein Entscheidungsprozess sicher anders verlaufen als bei Produkten, die routinemäßig und mit geringem persönlichem Interesse eingekauft werden. Manche Kaufentscheidungen sind sogar unangenehm, weil der Käufer unsicher ist und sich nicht auskennt. So ist der Kauf einer Lebensversicherung für die meisten ein Problem, da das Angebot groß ist, die Verpflichtung, die man eingeht, lange andauert und man dies nicht jeden Tag tut.

Systembedingte Kriterien

Wer entscheidet im Verkaufsprozess? Vorsicht! Nicht immer handelt es sich um den, der letztendlich bezahlt. Die sogenannten grauen Eminenzen, die Sekretärin als Vertrauensperson, der spätere Anwender des Produkts, der zukünftige Abteilungsleiter und viele andere können ihren Einfluss geltend machen. Je mehr dieser Personen bekannt sind, desto gezielter kann argumentiert und überzeugt werden. Gerade bei größeren Investitionen ist ein Wissen um die politischen Konstellationen innerhalb des Unternehmens von besonderer Bedeutung, da diese häufig eine wichtigere Rolle spielen als die Wettbewerbsvorteile der Produkte. Hier spricht man von systembedingten Kriterien.

Last, not least sind die finanziellen Kriterien zu nennen. Was ist ein Unternehmen oder der zuständige Einkäufer wirklich bereit zu zahlen? Diese zentrale Frage hängt nicht unwesentlich von den anderen zuvor genannten Kriterien ab. Es ist wichtig, bereits in der Phase der Bedarfsanalyse herauszufinden, wie weit der Prozess der Budgetierung schon vorangeschritten ist. Einfach ausgedrückt: Ist die Anschaffung geplant und ist Geld dafür vorhanden oder wird es bereitgestellt? **Finanzielle Kriterien**

Achtung: Die Kriterien lassen sich nicht trennen und einzeln abhaken. Die emotionalen und sachlichen Kriterien wirken ineinander. Ein Kunde, der ängstlich ist, weil ihm sein Entscheidungsspielraum nicht klar ist, wird in der Kaufentscheidung zögerlich sein und finanziell keine großen Sprünge wagen.

Fragen, Fragen, Fragen

Der professionelle Outbound-Mitarbeiter beherrscht die zwei wichtigsten Techniken in der Phase der Bedarfsanalyse: *Fragen* und *Zuhören!* Er verzichtet auf einen eigenen Monolog und erhält stattdessen die notwendigen Informationen. Und genau diese bilden die Basis für sein maßgeschneidertes Angebot. Er berücksichtigt dabei, dass sich der Bedarf im Laufe einer Zusammenarbeit verändern kann, und fragt auch bei Bestandskunden immer wieder nach.

> **PRAXISTIPP**
>
> Wichtig ist nicht, was Sie anzubieten haben, sondern was der (potenzielle) Kunde tatsächlich braucht!

Neugier begründen

Ein Outbound-Profi kann zielgerichtet Bedarfsanalysen durchführen – er fragt, ob er fragen darf. Er überfällt seinen Ansprechpartner nach der Aufwärmphase nicht mit Fragen. Spätestens nach der zweiten Frage würde der Kunde unsicher und misstrauisch (»Was will der wirklich von mir?«). Demgegenüber fragt der Profi, ob er ein paar Fragen stellen darf, und begründet diese Neugier noch kurz. Es überrascht ihn dann nicht mehr, dass sein Gesprächspartner geduldig und auskunftsfreudig reagiert und selbst ins Erzählen kommt. Deshalb fragt er ganz direkt zum Beispiel: »Damit wir wissen, ob unsere Neuentwicklung für Sie interessant ist – darf ich Ihnen ein paar Fragen stellen?« Wendet der Kunde jetzt ein, dass er keine Zeit hat, dann insistiert er auf keinen Fall, sondern vereinbart einen Termin für einen späteren Anruf.

Ein Outbound-Profi nutzt die Macht der Fragen und beherrscht unterschiedliche Fragetypen. Der professionelle Outbound-Mitarbeiter weiß, dass er durch Fragen Informationen erhält, sowohl sachlicher Art als auch über Hintergründe und situationsspezifische Gegebenheiten. Darüber hinaus ist ihm bewusst, dass er mit Fragen seinen Gesprächspartner aktivieren kann, sodass dieser im günstigsten Fall sogar selbst eine Lösung findet. Je mehr er erfährt, umso besser kann er das Gespräch aktiv steuern. Es gilt die alte Regel: Wer fragt, führt und schafft den Weg vom Monolog zum Dialog.

Fragetypen

Relevant sind für den Outbound-Mitarbeiter vor allem vier Fragetypen: Informationsfragen, Aktivierungsfragen, Zukunftsfragen und Abschlussfragen.

Informationsfragen: Durch diese Fragen erlangt man Wissen über den anderen und sein Umfeld. Sachliche Informationen, die vom anderen relativ einfach erteilt werden können, werden abgefragt. »Wann haben Sie die Bestellung storniert?« »Wie viele Fahrzeuge umfasst Ihr Fuhrpark?« Die meisten Informationen erhält man mit offenen Fragen, also mit Fragen, die nicht mit Ja oder Nein beantwortet werden können.

Aktivierungsfragen: Hier geht es darum, den Partner in den direkten Dialog einzubeziehen. Eine Reaktion wird provoziert und auch schweigsame Partner werden zum Sprechen gebracht. Eine Aktivierungsfrage zielt nicht auf abrufbares Wissen im Kopf des Gesprächspartners, sondern fordert zum Nachdenken auf. Er soll reflektieren und seine Meinung äußern: »Was tun Sie bisher, um das Problem zu lösen?« »Wie ist Ihre Meinung zu unserem Vorschlag?« »Wie verhalten sich Ihre Kollegen in der IT zu der Entwicklung?«

Zukunftsfragen: Durch diese Fragen können Hindernisse und Hemmnisse im Entscheidungsprozess entdeckt werden. Festgefahrene Gespräche können wieder auf ein neues Ziel ausgerichtet werden. Durch Zukunftsfragen wird der Gesprächspartner aufgefordert, sich eine Situation, einen Zustand in der nahen Zukunft vorzustellen und sich diesen aus der Distanz der Gegenwart in Ruhe anzuschauen. So kann vor allem Angst vor Veränderung transparent gemacht und abgebaut werden. Zum Beispiel: »Stellen Sie sich vor, in Ihrer Abteilung XY wird eine neue Software-Lösung umgesetzt: Was wird sich verändern? Wie wird die Reaktion der Mitarbeiter sein? Wie werden die anderen Abteilungen darauf reagieren?« Oder: »Angenommen, Sie treffen diese Kaufentscheidung – wie wird Ihr Management auf die Veränderung reagieren? Wen wird die Veränderung betreffen? Wer wird noch mitreden wollen?« Durch Zukunftsfragen wird der Gesprächspartner angeregt, sich die Auswirkungen seines Handelns zu überlegen.

Abschlussfragen: Abschlussfragen sind hilfreich, wenn das Gespräch oder eine Problemstellung zu Ende gebracht werden soll. Viele Verkaufs- und Beratungsgespräche dauern viel zu lange, weil sie nicht zu einem Schluss gelangen. Um »zum Punkt zu kommen«, eignen sich besonders Alternativfragen oder geschlossene Fragen.

Zum Beispiel: »Möchten Sie den blauen oder den roten Rock?« »Sollen wir vor Ostern oder danach liefern?« »Machen Sie es möglich, dass der Monteur noch heute kommt?« »Ist das Budget für die Erneuerung genehmigt worden?«

Mit Informations-fragen beginnen

Ein Outbound-Profi beginnt mit der Analyse der sachlichen Kriterien. Er stellt Informationsfragen, also offene Fragen, denn es geht darum, das Umfeld des Interessenten einzuschätzen und die Anwendungsmöglichkeiten für seine Produkte auszuloten. Fragen für sachliche Kriterien sind hier: »Wie viele Mitarbeiter hat Ihr Unternehmen?« »Wo liegt der Schwerpunkt Ihrer Projekte?« »Wie groß ist Ihre Schaufensterfläche?« »Wie hoch ist Ihr monatlicher Verbrauch von ...?« »Welche Anwendungsmöglichkeiten des Geräts brauchen Sie?« Der professionelle Outbound-Mitarbeiter stellt in dieser Phase auch geschlossene Fragen, denn diese helfen ihm, klare Auskünfte zu bekommen: »Denken Sie über die Anschaffung neuer Software in der Buchhaltungsabteilung nach?«

Er achtet darauf, dass er den Gesprächspartner nicht monoton ausfragt. Vielmehr integriert er seine Fragen in einen Dialog, indem er auf die Antworten seines Gesprächspartners eingeht. Am Ende seiner Fragen senkt er deshalb seine Stimme, statt sie zu heben.

Meinung und Bewertung erfragen

Ein Outbound-Profi fragt nach den persönlichen Bedürfnissen. Durch Aktivierungsfragen erfährt er, wie sein Gesprächspartner über den Produktbereich seines Unernehmens denkt und welchen Wert er ihm beimisst. »Wie wichtig (wie dringend, wie notwendig) ist Ihnen (schätzen Sie ein) die neue Ausstattung der Arbeitsplätze?« »Was halten Sie von ...?« »Wie sind bisher Ihre Einkaufsgewohnheiten?« »Welches sind für Sie persönlich die wichtigsten Entscheidungskriterien bei der Auswahl Ihrer Lieferanten?«

Er findet die persönlichen Vorlieben und Neigungen seines zukünftigen Käufers heraus und vertieft das Gespräch in den Bereichen, in denen er sich auskennt und wohlfühlt. Wenn er merkt, dass sein Gesprächspartner unsicher wird, lässt er ihn spüren, dass er ihm den Kauf möglichst bequem machen und ihm durch entsprechende Informationen mehr Sicherheit für die Entscheidung geben wird.

Ein Outbound-Profi erfragt systembedingte Einflussfaktoren. Durch Informations- und Zukunftsfragen erhält der professionelle Outbound-Mitarbeiter Einblick in das Funktionieren des Unternehmens seines potenziellen Käufers und den Ablauf der Entscheidungsprozesse. »Angenommen, es kommt zum Kauf einer …, wer wird in diesem Prozess mitreden? Wer wird das Geld dafür zur Verfügung stellen? Wie verläuft in Ihrem Haus die Budgetierung für ein solches Projekt? Wer hat in Ihrem Unternehmen außer Ihnen noch ein Interesse daran, dass ein solches Produkt angeschafft wird? Wer wird das Produkt benutzen, damit arbeiten und wie ist dessen Einfluss auf die Entscheidung?«

Einblick ins Unternehmen

Ein professioneller Outbound-Mitarbeiter notiert sich alle Namen und Funktionen, sodass er das Buying-Center, das heißt den Kreis der Entscheider, kennt. Wenn es um größere Investitionsentscheidungen geht, nimmt er sich die Zeit, eine Art Landkarte mit allen beteiligten »Spielern« in seinem Spiel zu malen. Wer hat was zu sagen, was hat auf wen welche Auswirkung, wie wichtig ist die Stimme der Einzelnen, auf wessen Meinung wird wie viel Wert gelegt?

Ein Outbound-Profi fragt mutig nach den finanziellen Möglichkeiten und Entscheidungskriterien. Im Gegensatz zu so manchem Verkäufer scheut sich der professionelle Outbound-Mitarbeiter nicht, Fragen zu stellen, die das Budget des Kunden betreffen. Und jammert nicht wie diese darüber, dass der Preis so oft die entscheidende Rolle spielt. Er zögert nicht, zu fragen: »Welche Rolle spielt der Preis bei Ihrer Entscheidung?«, und erhält darauf oft facettenreiche Antworten. Denn nach dem ersten »Selbstverständlich ist für uns der Preis von großer Wichtigkeit …« kommen oft viele andere Kriterien zum Vorschein.

Über den Preis reden

»Wie viel Geld gibt Ihr Unternehmen jährlich für … aus?« »Ist das Budget für diese Anschaffung schon bereitgestellt?« Durch diese Fragen erkennt er, wie ernst es einem Interessenten mit seiner

Kaufabsicht ist beziehungsweise in welcher Phase des Kaufprozesses sich dieser gerade befindet.

Ein Outbound-Profi führt eine regelmäßige Bedarfskontrolle durch. Wenn der professionelle Outbound-Mitarbeiter zum Beispiel Versicherungen verkauft, fragt er kontinuierlich, ob sich im Leben der Versicherungsnehmer etwas verändert, das einen neuen oder veränderten Bedarf an Versicherungen schafft. Plant der Versicherungsnehmer einen Umzug? Wird eines seiner Kinder heiraten? Wird er sich beruflich verändern? Er ist mit seinen Bestandskunden im kontinuierlichen Dialog über ihre Pläne.

Hintergründe der Kaufabsicht *Ein Outbound-Profi argumentiert von der Bedarfsanalyse zum Angebot.* Die Bedarfsanalyse führt zu den objektiven und subjektiven Entscheidungskriterien des Interessenten und zu seinen Bedürfnissen und Kaufmotiven – kurz: zu den Hintergründen seiner Kaufabsicht.

Der Profi hört zu und fragt, um herauszufiltern, welche besonderen Bedürfnisse seine Gesprächspartner jeweils haben. Er weiß, dass gerade in Telefonaten, in denen man sehr routiniert agiert, die Gefahr besteht, die unterschiedlichen Interessen und Wünsche der Kunden nicht zu erkennen. Zusätzlich erschwert wird die Situation, wenn wenig Zeit für das Gespräch zur Verfügung steht.

Der professionelle Outbound-Mitarbeiter weckt durch eine detaillierte Bedarfsanalyse das Interesse des Kunden für sein Anliegen beziehungsweise das Produkt. Seine Fragen sind die ersten Schritte zur Entwicklung eines Vertrauensverhältnisses, denn der Gesprächspartner merkt, dass man ihm nicht »auf Teufel komm raus« etwas andrehen will. Vielmehr erlebt er ein echtes Interesse an seiner individuellen Situation.

Endphase

Der Kunde erwartet nun ein Angebot, das für ihn passt! Er möchte die Lösung eines Problems. Er erwartet ein spezielles Eingehen auf seine (Firmen-)Situation und eine persönliche Beratung. Selbstverständlich ist für ihn auch das Preis-Leistungs-Verhältnis entscheidend.

Kundenerwartung

Der professionelle Outbound-Mitarbeiter vermeidet es, am Telefon die Eigenschaften eines Produkts aufzuzählen oder die Art einer Dienstleistung zu beschreiben, denn damit würde er diesen Kundenansprüchen nicht gerecht. Vielmehr formuliert er ein Angebot, das der individuellen Bedarfssituation seines potenziellen Käufers gerecht wird, und macht so den Interessenten zum Kunden. Das Angebot berücksichtigt gegebenenfalls auch das spezielle Umfeld (Mitentscheider, Widerstände im Unternehmen usw.).

> **PRAXISTIPP**
>
> Je bedarfsorientierter Ihr Angebot formuliert wird, umso näher sind Sie dem Verkaufsabschluss!

Ein Outbound-Profi fasst nach der Bedarfsanalyse die Resultate zusammen. Selbst noch so gute Fragen und konzentriertes Zuhören garantieren nicht, dass der Kunde sachlich richtig verstanden und seine Bedürfnisse richtig herausgehört wurden. (»Gesagt ist nicht gehört, gehört ist nicht verstanden und verstanden ist nicht einverstanden!«) Der professionelle Outbound-Mitarbeiter vergewissert sich deshalb durch die Zusammenfassung des bisher Besprochenen, ob er auch richtig liegt. »Im Moment haben also nur zehn Außendienstmitarbeiter einen Black Berry. Die neuen Anforderungen machen es notwendig, dass jeder seine E-Mails kontinuierlich abrufen kann. Jeder der insgesamt fünfundzwanzig Außendienstmitarbeiter soll also einen Black Berry vom Unternehmen gestellt bekommen. Bei der Entscheidung

Sich rückversichern durch eine Zusammenfassung

sind die Bereichsleiter und die IT-Abteilung noch einzubeziehen. Ihre Hauptauswahlkriterien sind ... Ist das so richtig?« Durch die Zusammenfassung fühlt sich der Kunde verstanden und hat die Möglichkeit, korrigierend einzugreifen, falls er missverstanden wurde.

Ein Outbound-Profi formuliert individuelle Nutzenargumente. Er entwickelt aus den Merkmalen der Produkte, die er verkaufen will, Nutzenformulierungen, denn allein die Eigenschaften eines Produkts überzeugen nicht. Das Aufzählen von Produkteigenschaften erschlägt einen Gesprächspartner eher, da dieser ja in der Regel Laie ist. Nicht die Größe des Kofferraums wird gekauft, sondern die Tatsache, dass viel Gepäck hineinpasst und man deshalb bequem mit der ganzen Familie in Urlaub fahren kann. Nicht der Reifen mit dem XY-Profil wird gekauft, sondern die Sicherheit, die der Reifen bei nassem Wetter bietet.

Nutzen ist immer individuell

Nicht jeder Nutzen passt zu jedem Gesprächspartner. Ein Single, der im Urlaub keine Familie transportieren muss, legt wahrscheinlich weniger Wert auf einen großen Kofferraum. Ihm ist möglicherweise ein schnittiges kleines Auto wichtiger als die geräumige Limousine. Der professionelle Outbound-Mitarbeiter weiß, dass es auch hier keine »Schubladen« gibt. Er richtet die Nutzenargumentation auf die Motive und Bedürfnisse aus, die er in der Bedarfsanalyse erfahren hat. Dabei helfen Brückenformulierungen: »Das bedeutet für Sie ...«, »Sie gewinnen dadurch ...«, »Sie senken Ihre Kosten durch ...«.

Für den professionellen Outbound-Mitarbeiter sind Nutzenargumente kein Streusalz. Er achtet in seinen Formulierungen darauf, dass sie sich am Bedarf des Kunden ausrichten, statt zu viele Argumente zu »streuen«. Durch das Herunterspulen von ungezielten Produktargumenten, die alle dem Kunden Nutzen bringen sollen, provoziert man eher Einwände wie »Brauch ich nicht, will ich nicht, bringt mir nichts«.

Vom richtigen Zeitpunkt

Ein Outbound-Profi macht das richtige Angebot zur richtigen Zeit. Das beste Angebot verpufft, wenn die Zeit dazu noch nicht reif ist.

»Wir sind im Geschäftsjahresabschluss und haben nicht die Ruhe, um uns mit dem Thema auseinanderzusetzen …« Der professionelle Outbound-Mitarbeiter achtet darauf, dass der Kunde wirklich empfänglich für sein Angebot ist. Denn wenn dieser noch durch viele andere Dinge blockiert ist oder wichtige Entscheidungen noch ausstehen, wird sein Angebot nicht beachtet.

Es erfordert besonders viel Sensibilität, diesen Zeitpunkt herauszufinden. Hierfür gibt es nämlich kein Patentrezept. Nur das richtige Zuhören, Fragen und Zwischen-den-Zeilen-Lesen hilft dabei, nicht zu früh oder zu spät, sondern eben genau zum richtigen Zeitpunkt anzubieten.

Ein Outbound-Profi nutzt Einwände als Kaufsignale. Der professionelle Outbound-Mitarbeiter stellt in der Angebotsphase die Antennen auf Empfang, denn die Reaktion des Kunden in der Angebotsphase ist entscheidend für den Verkaufserfolg. Einwände sind dabei für ihn kein »Nein«, sondern der Kunde überlegt, ob er und was er wie kaufen soll. Einwände sind ein natürlicher Teil seines Entscheidungsprozesses. In der Regel hat er einen Bedarf und der professionelle Outbound-Mitarbeiter schmettert seine Einwände nicht nieder. Im Gegenteil hinterfragt er diese mit viel Verständnis und Geduld im Gespräch.

Sich selbst fragen

Sich selbst fragt er: Warum habe ich den Kunden noch nicht überzeugt? Hat er möglicherweise schlechte Erfahrungen gemacht? Welche internen Schwierigkeiten muss mein Gesprächspartner noch überwinden? Trifft mein Angebot den Bedarf des Kunden nicht richtig? Hat er Angst vor einer Veränderung, die mein Produkt oder meine Dienstleistung bewirken würde?

Der Preis

Ein Outbound-Profi filtert den Hintergrund des Kaufwiderstands heraus. »Ihr Angebot ist zu teuer« – dieser Einwand ist für die meisten Telefonverkäufer ein Albtraum. Der professionelle Outbound-Mitarbeiter aber weiß: Wenn der Kunde sich mit dem Preis beschäftigt – und sei es in Form eines Einwands –, steht er kurz vorm Kaufabschluss. Ist der Mitbewerb im Spiel, kann dies allerdings bedeuten, dass er noch überlegt, bei wem er am besten kauft.

Jedenfalls hat er einen akuten Bedarf, unser Angebot ist auch »angekommen«, er ist nur noch nicht restlos überzeugt, dass das Preis-Leistungs-Verhältnis stimmt. Oder der Kunde will sich jetzt, zum Schluss des Gesprächs, noch einmal in den Mittelpunkt stellen und wichtig genommen werden. Oder er muss seiner Führungskraft beweisen, dass er ein guter Einkäufer ist, der noch ein paar Rabatte heraushandeln kann. Hinter dem Preiseinwand stecken also auch Hintergründe, die es zu erfragen gilt.

Ein Outbound-Profi erkennt Kaufsignale. Er achtet nach seiner Angebotspräsentation genau darauf: Welche Fragen stellt der Kunde nun? Die Art seiner Fragen gibt ihm Auskunft darüber, wie groß die Distanz des Kunden zur Kaufentscheidung ist. Je allgemeiner die Reaktion und die Fragen, desto weiter entfernt ist der Kunde vom Kauf (»Haben Sie noch andere Produkte in Ihrem Angebot?«). Je detaillierter und konkreter die Fragen (zum Beispiel »Haben Sie die Türgriffe auch in derselben Farbe, die unser Logo hat?« »Wie sehen Ihre Zahlungsbedingungen aus?«), desto näher rückt der Abschluss. Die Preisfrage, ja sogar der Preiseinwand »Das ist zu teuer« signalisiert, dass der Kunde kurz vor einer Entscheidung steht. Es liegt nun am Outbound-Mitarbeiter, geschickt »den Sack zuzumachen«.

Die Abschlussfrage stellen

Ein Outbound-Profi nutzt Kaufsignale als Aufhänger für den Abschluss. In vielen Telefonaten kann man erleben, dass die Verkäufer so stark auf Einwände vorbereitet sind, dass sie diese Kaufsignale des Kunden gar nicht mehr wahrnehmen. Fragt der Kunde beispielsweise: »In welchen Packungseinheiten gibt es dieses Produkt?«, antworten sie folgerichtig, indem sie die Packungseinheiten angeben. Der professionelle Outbound-Mitarbeiter jedoch nutzt dieses Signal, um die Abschlussfrage zu stellen: »Soll ich Ihnen den 20er- oder den 40er-Pack notieren?«

Der Profi greift also die konkreten Fragen des Gesprächspartners auf, um Schritt für Schritt auf den Abschluss hinzuarbeiten und endgültig die Abschlussfrage zu stellen. Hier ein Beispiel:

Kunde: »*Wie sehen Ihre Lieferzeiten aus?*«
Verkäufer: »*Angenommen, Sie beziehen unser Produkt regelmäßig, wie schnell brauchen Sie die einzelnen Posten?*«
Kunde: »*Nach Abruf innerhalb von zwei Tagen.*«
Verkäufer: »*In Ordnung, das machen wir gern. Sind Sie damit einverstanden, dass wir Ihnen die Ware unter diesen Bedingungen liefern?*«

Je besser es gelingt, die Kaufsignale des Kunden aufzugreifen, desto einfacher gestaltet sich der Weg zum Abschluss.

Ein Outbound-Profi hat den Mut zur Abschlussfrage. »Die Angst des Torwarts vorm Elfmeter« ist bei Telefonverkäufern ebenso verbreitet wie bei den meisten Mitarbeitern im Vertrieb. Das »Abschlusssyndrom« besteht vor allem in der Befürchtung, dass der Kunde Nein sagen kann. Der professionelle Outbound-Mitarbeiter weiß allerdings: Selbst wenn der Kunde Nein sagt, wird er in der Regel einen Grund nennen. Und damit ergibt sich immer die Möglichkeit, daran anzuknüpfen und das Verkaufsgespräch weiterzuführen:

Die Angst des Torwarts vorm Elfmeter

Kunde: »*Nein, die Erfüllung dieser Lieferbedingungen reicht mir noch nicht. Ich habe von Ihrer Konkurrenz ein günstigeres Angebot vorliegen, und die liefern auch innerhalb der von mir gewünschten zwei Tage ...*«
Verkäufer: »*Herr XY, das ist gut zu wissen. Lassen Sie uns doch einmal die beiden Angebote und die darin enthaltenen Konditionen vergleichen ...*«

Für den Outbound-Profi ist es also einfach, den Weg zum Abschluss zu finden, weil er gut hinhört und die Kaufsignale erkennt: Der Kunde fragt nach allen möglichen Details (Lieferform, Farben, Verpackungseinheiten, Speziallösungen, Einsparungen usw.) oder nach »Dingen nach dem Kauf« (»Wer ist mein Ansprechpartner bei Serviceleistungen?«) oder er will Referenzen und weitere Beweise (»Wo haben Sie diese Lösung bereits erfolgreich verwirklicht?«).

Detailfragen sind Kaufsignale

Der professionelle Outbound-Mitarbeiter verpasst diese Kaufsignale des Kunden nicht und steuert deshalb zielgerichtet auf den Verkaufsabschluss zu.

> **PRAXISTIPP**
>
> Kaufwiderstände und Kaufsignale sind die direkten Wege zum Abschluss.

Ein Outbound-Profi lässt sich Zeit bei Preisverhandlungen. Er lässt sich auch vom hartnäckigsten Preisdrücker nicht zeitlich unter Druck setzen. Er wird einem geforderten Preisnachlass oder Rabatt in der Regel nicht im gleichen Telefongespräch nachgeben. Das Telefon bietet hier die Möglichkeit, Zeit zu gewinnen: »Herr ..., Sie fordern viel von mir. Dies muss ich nochmals durchkalkulieren und mit unserem Controller/mit meinem Chef durchsprechen. Darf ich Sie dazu morgen früh wieder zurückrufen?«

An einen Kollegen oder den Teamleiter abgeben

Dieses Vorgehen zeigt einem Gesprächspartner, dass es keinesfalls eine alltägliche Sache ist, Preisnachlässe zugeben. Er sieht, dass es gar nicht so einfach ist, sondern dass dies auf der anderen Seite eine »Prozedur« erforderlich macht. Der professionelle Outbound-Mitarbeiter hat im Sinne des Erfolgs auch kein Problem damit, »abzugeben«. Denn es ist in manchen Fällen sinnvoll, den Kunden von einem anderen Mitarbeiter oder dem Teamleiter zurückrufen zu lassen. Dies wird als Aufwertung empfunden und reicht – in Verbindung mit einem kleinen Zugeständnis – oft aus, um ihn zufriedenzustellen. In jedem Fall gewinnt das Unternehmen Zeit, sich zu überlegen, an welchen Punkten und wie weit man dem Kunden entgegenkommt. Zu schnelle Zugeständnisse wirken unglaubwürdig, da der Kunde möglicherweise glaubt, er wäre ansonsten übervorteilt worden.

Einwände sind Kaufsignale

Nehmen wir an, Ihr Kunde bringt den folgenden Einwand vor: »Wir sind ja ein umweltbewusstes Unternehmen (Achtung: Kaufsignal) und versuchen, möglichst wenig Kopien zu erstellen. Deshalb brauchen wir auch wenig Kopierpapier.« Der Hintergrund ist dann gewöhnlich eine Anweisung »von oben«, aufgrund der Firmenphilosophie und aus Kostengründen so wenig Kopien wie möglich zu machen. Der Gesprächspartner ist außerdem stolz auf diese Besonderheit seines Unternehmens.

Doch was bedeutet das positiv formuliert? Der Kunde hat Bedarf an Kopierpapier, man muss nachfragen, wie hoch dieser tatsächlich ist (denn »wenig Bedarf« ist relativ). Außerdem ist er eine hervorragende Zielgruppe für »Umwelt-Kopierpapier« und wird sich von dem etwas höheren Preis kaum abschrecken lassen.

Arbeitsblatt Kapitel 5

Wo stehen Ihre Outbound-Mitarbeiter in der Entwicklung? Vergleichen Sie ihre Qualifikationen mit den in diesem Kapitel skizzierten Anforderungen:

Positive, offene Grundeinstellung

❏ Sehr gut ❏ gut ❏ mäßig ❏ schlecht

Finden des richtigen Ansprechpartners

❏ Sehr gut ❏ gut ❏ mäßig ❏ schlecht

Überwindung der Vorzimmerbarriere

❏ Sehr gut ❏ gut ❏ mäßig ❏ schlecht

Erzeugen von Interesse / Aufmerksamkeit

❏ Sehr gut ❏ gut ❏ mäßig ❏ schlecht

Zielsichere Bedarfsanalyse

❏ Sehr gut ❏ gut ❏ mäßig ❏ schlecht

Kenntnis und Nutzung der vier Entscheidungskriterien im Kaufprozess

❏ Sehr gut ❏ gut ❏ mäßig ❏ schlecht

Richtiger Einsatz der verschiedenen Fragetypen

❏ Sehr gut ❏ gut ❏ mäßig ❏ schlecht

Sachliche Analyse der Kriterien

❏ Sehr gut   ❏ gut   ❏ mäßig   ❏ schlecht

Interesse an den persönlichen Bedürfnissen des Gegenübers

❏ Sehr gut   ❏ gut   ❏ mäßig   ❏ schlecht

Kenntnis der systembedingten Einflussfaktoren

❏ Sehr gut   ❏ gut   ❏ mäßig   ❏ schlecht

Mut zur Frage nach den finanziellen Möglichkeiten

❏ Sehr gut   ❏ gut   ❏ mäßig   ❏ schlecht

Fähigkeit zur gezielten Bedarfskontrolle

❏ Sehr gut   ❏ gut   ❏ mäßig   ❏ schlecht

Saubere Argumentationskette vom Bedarf zum Angebot

❏ Sehr gut   ❏ gut   ❏ mäßig   ❏ schlecht

Formulierung von individuellen Nutzenargumenten

❏ Sehr gut   ❏ gut   ❏ mäßig   ❏ schlecht

Richtiger Umgang mit Kaufsignalen und Einwänden

❏ Sehr gut   ❏ gut   ❏ mäßig   ❏ schlecht

Mut zur Abschlussfrage

❏ Sehr gut   ❏ gut   ❏ mäßig   ❏ schlecht

6. Einarbeitung und Qualifizierung der Mitarbeiter

Wie bereits erwähnt, gilt auch im Outbound: Es ist noch kein Meister vom Himmel gefallen. Daher stellt sich die Aufgabe, die Talente und Anlagen der Mitarbeiter frühzeitig auszubauen und zu erweitern. Aus den Rohdiamanten, die mithilfe eines Anforderungsprofils gefunden wurden, müssen nun echte Brillanten geschliffen werden. Die ersten Ziele sehen folgendermaßen aus:

Integration ins Unternehmen

1. Zunächst geht es um die Einarbeitung und Integration der Mitarbeiter in das Unternehmen unter Berücksichtigung:

    - des Gesamtunternehmens, seiner Produkte und Dienstleistungen,
    - der Kultur, der Gepflogenheiten und des Umgangs miteinander,
    - der Struktur, der Abläufe und der allgemeinen Prozesse,
    - der verwendeten CRM- und Outbound-Funktionalitäten (Dokumentation und Reporting, Selektionen und Auswertungen, Wiedervorlagesystem),
    - der fachlichen Grundlagenqualifizierung entsprechend der Aufgabenstellung der Teams (vertieftes Wissen über spezielle Produkte oder Produktbereiche, Mitbewerber und deren Angebote, Besonderheiten der Zielgruppen, Kundenstrukturen und -segmente, Vorteilsargumentation zu Produkten).

Hemmschwellen abbauen

2. Darüber hinaus müssen Hemmschwellen überwunden und eine positive innere Haltung aufgebaut werden, insbesondere zum Telefonverkauf. Die Aufmerksamkeit gilt dabei:

- dem berühmten »Sprung ins kalte Wasser« – der Erkenntnis und dem Erlebnis, dass Telefonakquisition und Telefonverkauf beim Kunden durchaus positiv aufgenommen werden,
- dem Aufbau von Selbstvertrauen und einer »Verkäuferidentität«,
- der Entwicklung von Gelassenheit und Authentizität bei gleichzeitiger Zielorientierung.

3. Ein weiteres Ziel ist das Training einer kunden- und zielorientierten Gesprächsführung unter Berücksichtigung:

Kunden- und zielorientierte Gesprächsführung

- der Arbeit mit dem Telefonskript,
- von Ausdruck, Stimmführung und Wortwahl,
- der aktiven Steuerung des Dialogs und des flexiblen Umgangs mit unterschiedlichen Gesprächssituationen,
- der Unterscheidung zwischen sachlicher und emotionaler Gesprächsebene,
- der vertriebsorientierten Ausrichtung der Gespräche.

In der Konzeption der Trainings kommt dem Überwinden der Hemmschwelle, jemanden am Telefon aktiv anzusprechen, besondere Bedeutung zu. Selbst sehr engagierte Bewerber, die bewusst und gern in den Telefonverkauf einsteigen wollen, zaudern am Anfang in der Praxis. Verschaffen Sie Ihrem Team möglichst früh echte Erfolgserlebnisse. Fangen Sie mit einfachen Aktionen und Kampagnen an und erhöhen Sie die Anforderungen schrittweise. Das positive Feedback und die Erkenntnis »Ich kann das und ich bin erfolgreich dabei!« sind entscheidend für die Motivation der einzelnen Mitarbeiter. Nur wer dieses Aha-Erlebnis im Laufe der Entwicklung zum Outbound-Crack für sich verbuchen kann, wird langfristig ein verlässlicher Bestandteil Ihres Telefonvertriebs werden können.

Ein Trainingsplan für Outbound-Mitarbeiter könnte beispielsweise folgendermaßen aussehen:

Trainingsplan

Ausbildungsprogramm Outbound-Mitarbeiter

Einführung	Lernsequenzen	Praxissequenz	Praxissequenz	Lernsequenzen
Startworkshop Die Mitarbeiter lernen das neue Unternehmen kennen. Sie machen sich vertraut mit der Vertriebsstrategie und der Zielsetzung. Sie erhalten einen ganzheitlichen Überblick und wissen, was sie erwartet.	**Produkttraining** **IT-Schulung** inkl. Software Kundenkontaktmanagement **Aktiver Telefonverkauf Teil 1** inkl. Live-Telefonate oder: **Telefonische Terminvereinbarung** Basis, inkl. Live-Telefonate	**Live-Sequenz** inkl. Aktionsnachsteuerung und Skript-Orientierung	**Training on the Job** Begleitung am Arbeitsplatz	**Aktiver Telefonverkauf Teil 2** inkl. Live-Telefonate **Oder:** **Aufbautraining** z. B. neue Aktionen mit neuer Zielsetzung

Der Startworkshop

In einem Startworkshop lernen die neuen Mitarbeiter das Unternehmen und ihren zukünftigen Arbeitsplatz kennen. Die ersten Kontakte zu den neuen Kollegen werden hierbei natürlich auch geknüpft, der Teamentwicklungsprozess startet automatisch. Das Unternehmen wird vorgestellt, ebenso die Produktgruppen und Dienstleistungen im Überblick. Die Mitarbeiter erhalten die ersten Eindrücke zur Unternehmensphilosophie und -kultur.

Dem Startworkshop können die üblichen Einarbeitungsmaßnahmen folgen, zum Beispiel die weitere Begleitung durch einen Paten, der dem Neuling den Einstieg in sein neues Unternehmen erleichtert.

Paten

Das Produkttraining

Dieses startet mit allgemeinen Grundlagen zu den Unternehmensprodukten. Für Telesales-Mitarbeiter folgt ein Baustein mit Detailwissen, insbesondere für die Produkte, die die Mitarbeiter im ersten Schritt verkaufen sollen. Es geht hierbei nicht nur darum, die Produkte möglichst genau zu kennen, sondern für diese jeweils Verkaufsargumentationsketten nach dem Muster »Merkmal – Vorteil – Nutzen« bilden zu können. Da dies selbst erfahrene Produktmanager oder Außendienstverkäufer oftmals nicht können, macht es Sinn, das Produkttraining gemeinsam mit einem professionellen Verkaufstrainer zu gestalten.

Die Mitarbeiter kennen nach dem Training die Merkmale / Eigenschaften der wesentlichen Produkte, können daraus Vorteile ableiten, die die Produkte haben, und sie können dann den daraus resultierenden Nutzen für den Kunden entsprechend seinem Bedarf aufzeigen. Beispiel: Dieser Reifen hat ein XY-Profil, das hat den Vorteil, dass er auch auf nasser Straße besser greift. Für Sie bedeutet das, dass Sie auch mit höherer Geschwindigkeit bei Regenwetter sicher durch eine Kurve fahren können. – Bei einem so gestalteten Produkttraining ist der Übergang zum Gesprächsführungstraining fließend.

IT, Prozesse und Kundenkontaktmanagement-Software

Richtig dokumentieren Die Mitarbeiter lernen, soweit nötig, den Umgang mit der unternehmensspezifischen EDV. Auch die Prozesse vor, während und nach dem Telefonat, wie zum Beispiel der Bestellprozess, werden hier vorgestellt und trainiert. Die Mitarbeiter begreifen Sinn und Umsetzung des Reportings und lernen richtig zu dokumentieren.

Das Training »Aktiver Telefonverkauf« oder »Telefonische Terminvereinbarung«

Das Training ist auf den jeweiligen Schwerpunkt und die Zielsetzung konzentriert. Die Ausbildung der zukünftigen Direktverkäufer am Telefon sollte anhand einer Kampagne geschehen, die den Kunden auf den Direktverkauf vorbereitet. Dies kann beispielsweise das Qualifizieren (Bedarfs- und Potenzialanalyse) von Interessenten sein, das Verschicken von Unterlagen an diese und die Ankündigung eines nächsten Anrufs (der dann das Ziel des Verkaufs hat).

Das Training für Mitarbeiter, die den Vertrieb unterstützen sollen, ist ebenfalls praxisorientiert und entlang einer Kampagne konzipiert. Hier können zum Beispiel Termine mit Kunden auf einer Messe als erste Umsetzung vereinbart werden.

Ran ans Telefon! Mit oder ohne Skript?

Mit »echten« Kunden telefonieren Möglichst schnell sollten die Mitarbeiter Telefonate mit echten Kunden und Interessenten führen. Dies ist die beste Methode, um bestehende Hemmschwellen zu überwinden und durch Erfolgserlebnisse sicherer zu werden. Sicher kann man zunächst noch das eine oder andere Rollenspiel als Übung vorschalten. Doch Achtung: Je länger der Sprung ins kalte Wasser hinausgezögert wird, umso mehr wächst die Spannung und umso mehr Ängste bauen sich auf.

Die Mitarbeiter werden auf dieses Ereignis zielgerichtet und sorgfältig vorbereitet. Sie lernen, wie eine Aktion konzipiert ist, und zwar direkt am Beispiel ihrer »Echtaktion«. Je besser die Mitarbeiter die Planung der Aktion kennen, umso höher ist die Identifikation mit der Kampagne und dem Unternehmen. Darüber hinaus lernen die künftigen Outbound-Mitarbeiter, wie ein Skript aufgebaut ist und wie sie mit diesem Gesprächsleitfaden umgehen.

Ob Outbound-Mitarbeiter mit einem Skript arbeiten sollten oder nicht – dazu gibt es unterschiedliche Meinungen. Hat man doch die heruntergeleierten Skripts von schlechten Telefonverkäufern im Ohr … **Telefonskript – ja oder nein?**

Wir meinen: Ein guter Telefonleitfaden ist eine große Hilfe auf dem Weg zu den ersten Erfolgserlebnissen. An einem Skript kann sich der Mitarbeiter stets entlanghangeln; es stellt sozusagen ein Sicherheitsnetz dar.

Weiterhin hilft das Skript dabei, die eigentliche Aufgabenstellung nicht aus den Augen zu verlieren. Gerade bei den ersten Aktionen besteht die Gefahr, dass sich die Mitarbeiter in ihren Gesprächen »verzetteln« und den Blick für das Wesentliche verlieren. Hier führt der Telefonleitfaden schnell wieder auf den Boden der Tatsachen zurück. Detaillierte Informationen zur Entwicklung eines Leitfadens finden Sie in Kapitel 9 im Abschnitt »Das Telefonskript – Rückgrat der Telefonaktion«. **Sich nicht verzetteln**

Es geht beim Lernen entlang des Gesprächsleitfadens also darum, die Outbound-Mitarbeiter in die Lage zu versetzen, ein strukturiertes Gespräch mit den entsprechenden Bausteinen oder Stufen zu führen. Die Gesprächsstruktur, wie sie auch das Skript vorsieht, gestaltet sich in der Regel wie folgt:

Gesprächsstruktur

- Begrüßung
- Ansprechpartner klären
- Weiterverbinden lassen
- Begrüßung
- Interesse wecken
- Bedarfsermittlung
- Angebot
- Klärungsfrage
- Abschlussfrage
- Vereinbarung der nächsten Schritte
- Verabschieden / bedanken

Die einzelnen Bausteine dieser Gesprächsstruktur werden mit den Mitarbeitern gemeinsam erarbeitet. Dabei sind vor allem die Bausteine »Interesse wecken«, »Bedarfsermittlung«, »Angebot« und »Abschlussfrage« wichtig. Damit gerade neue Mitarbeiter die entsprechende Sicherheit erhalten, ist es ratsam, diese einzelnen Gesprächsbausteine vor den ersten Live-Gesprächen intensiv in Rollenspielen zu üben.

Wichtig vor allem für den Anfang

Sind diese Stufen beim Outbound-Profi später einmal verinnerlicht, braucht er kein ausführliches Skript mehr, dann genügen vorbereitete Formulierungshilfen für die verschiedenen Stufen. Der Outbound-Profi kann außerdem problemlos zwischen den Stufen wechseln, ohne den Faden zu verlieren oder etwas zu vergessen. Für die Newcomer hingegen wird ein ausführliches Skript vorformuliert und im Training besprochen. Dabei soll den Mitarbeitern bewusst gemacht werden, welchen Sinn und Zweck ein Skript hat und wie es in der Praxis einzusetzen ist.

Argumentationshilfen bei Einwänden

Auch wenn es darum geht, auf Einwände zu reagieren, vermittelt ein Telefonskript den neuen Outbound-Mitarbeitern viel Sicherheit. Die zu erwartenden Einwände werden zu diesem Zweck schon einmal vorformuliert. Da Einwände Kaufsignale sind, werden die Mitarbeiter darauf trainiert, nicht zu erschrecken, wenn der Kunde »Widerstand« zeigt, sondern die Antennen auszufahren und den Bedarf beziehungsweise das Problem hinter den Einwänden zu erkennen und darauf einzugehen.

Selbstverständlich werden die Trainingsteilnehmer auch mit dem allgemeinen Kommunikationshandwerkszeug vertraut gemacht. Insbesondere lernen sie, »zwischen den Zeilen zu lesen« und zwischen emotionalen und sachlichen Botschaften zu unterscheiden.

Der Sprung ins kalte Wasser

So vorbereitet, führen die Trainingsteilnehmer jeweils einige Originalgespräche mit Kunden. Diese werden aufgezeichnet und dann gemeinsam in der Gruppe ausgewertet. Und das ist in der Regel dann auch das erste Erfolgserlebnis. Die Mitarbeiter erkennen, dass die Gesprächsstruktur und eine gute Vorbereitung die halbe Miete im Outbound sind. Immer wieder sind die Teilnehmer von der Offenheit der Angerufenen überrascht und stellen fest, dass ihr Fragenkatalog zur Bedarfs-/Potenzialanalyse bereitwillig beantwortet wird und interessante Gespräche mit den Kunden oder Interessenten zustande kommen.

Live-Sequenzen

Nach dem Training telefonieren die Outbound-Mitarbeiter nun richtig los. Mit jedem Telefonat wachsen die Sicherheit und der Spaß am Outbound und der Verkaufserfolg stellt sich ein. Während der Aktion werden die Erfahrungen und Auswertungen besprochen, die Mitarbeiter werden aktiv in Optimierungen, zum Beispiel was das Skript betrifft, einbezogen.

Fachcoach und Kommunikationscoach
Während der Live-Sequenzen sollten sowohl ein fachlicher Coach als auch ein Kommunikationscoach als Ansprechpartner zur Verfügung stehen, die in die Gespräche der Mitarbeiter hineinhören, motivierende Tipps geben und gemeinsam auftretende Schwierigkeiten besprechen. Sie sorgen auch dafür, dass die ersten Erfolge gebührend wertgeschätzt werden.

Training on the Job

Am Anfang erhalten die neuen Outbound-Mitarbeiter wöchentlich mindestens ein individuelles zweistündiges Training on the Job. Geleitet wird dies entweder von einem externen Trainer, dem Teamleiter oder einem erfahrenen Outbound-Mitarbeiter, der dafür ausgebildet wurde. Bei diesem Coaching am Arbeitsplatz werden Telefonate mitgehört (zum Beispiel über ein zweites Headset) beziehungsweise aufgezeichnet und besprochen. Durch aufmerksames Zuhören und entsprechende Eingriffe werden gerade in den ersten Tagen Fehler korrigiert, die sich ansonsten schnell einschleifen würden. Der Telefonmarketing-Mitarbeiter erhält konkrete Hilfen in der Gesprächsführung, seine Erfahrungen werden besprochen und fließen gegebenenfalls in die Optimierung der Kampagne ein.

Mithören oder mitschneiden?
Das Mitschneiden bietet die Gelegenheit, die Gespräche für eine spätere Auswertung zu nutzen. Die Telefoncoachs oder Trainer können sich das Gespräch zusammen mit dem entsprechenden Mitarbeiter zu jedem Zeitpunkt in aller Ruhe anhören und be-

sprechen. Der Lerneffekt ist dabei sehr hoch, nicht zuletzt weil einzelne Passagen des Gesprächs beliebig oft bearbeitet werden können. Die Mitarbeiter für das Mitschneiden von Gesprächen zu gewinnen und ihr Einverständnis hierfür zu erhalten ist in der Regel einfach, denn Rollenspiele sind eben nur Rollenspiele und nie die wirkliche Welt. Die Mitarbeiter schätzen im Coaching die Livesituation.

Besonders interessante Gespräche können außerdem – das Einverständnis des Mitarbeiters vorausgesetzt – als Präzedenzfälle aufbewahrt und für Schulungszwecke verwendet werden.

Was den Kunden angeht, ist folgende rechtliche Voraussetzung zu beachten: Der angerufene Kunde muss vor dem Gespräch darüber in Kenntnis gesetzt werden, dass mitgeschnitten wird. Und er muss die Möglichkeit haben, dies abzulehnen.

Einverständnis des Kunden einholen

Aufbautraining »Aktiver Telefonverkauf« oder »Neue Aktion mit neuer Zielsetzung«

Das Aufbautraining bereitet die Outbound-Mitarbeiter auf die nächste Aktion oder Kampagne vor. Die Telesales-Mitarbeiter trainieren den zweiten Anruf beim Kunden, dessen Zielsetzung nun der »wirkliche« Verkauf ist. Die Trainingsschwerpunkte sind dementsprechend: gezielt auf Produkte ansprechen, die Argumentationskette »Merkmal – Vorteil – Nutzen« anwenden und vor allem den Verkauf zum Abschluss bringen.

Die Mitarbeiter im Outbound-Team, die verkaufsunterstützend arbeiten sollen, lernen die nächste Aktion im Rahmen der Kampagne (zum Beispiel Nachfass-Calls von Leads nach der Messe) oder eine neue Kampagne kennen und bereiten sich auf diese vor. Auch hier werden die ersten Live-Gespräche im Seminar geführt und ausgewertet.

Kontinuierliches Coaching

Qualitätsstandard sichern Auch nach der Lernphase sollten die Mitarbeiter im Telefonvertrieb in ihrem Arbeitsalltag begleitet werden. Das kontinuierliche Training on the Job (mindestens zweimal monatlich je zwei Stunden) ist notwendig, um einen einheitlichen Qualitätsstandard in Ihrem Outbound-Team zu gewährleisten. Durch das Mithören von Telefongesprächen erhalten die Teamleiter beziehungsweise Coachs schnell ein Bild vom Entwicklungsstand des jeweiligen Mitarbeiters.

Teamfeedback Eine weitere Möglichkeit des Coachings ist das Teamfeedback. Im Regellauf der Kampagne soll Ihr telefonisches Vertriebsteam als Einheit agieren und sich gegenseitig unterstützen. Deshalb ist es wichtig, schon frühzeitig Maßnahmen zu ergreifen, die Teambuilding und Zusammenarbeit unterstützen. Setzen Sie Termine an, bei denen sich die Mitarbeiter in einer offenen Gesprächsrunde über ihre kleinen und großen Erfolge austauschen können. Es bietet sich an, dafür einmal in der Woche eine Stunde oder aber jeden Morgen/Abend fünfzehn Minuten zu veranschlagen.

Externe Trainingsagenturen

Ein fundiertes Training ist in jedem Fall unbedingt empfehlenswert. Wenn Ihre Personalentwicklung das entsprechende Know-how nicht zur Verfügung hat: Der Markt bietet viele gute Trainingsagenturen, die Ihrem Outbound-Team innerhalb eines definierten Zeitraums die notwendigen Grundlagen vermitteln.

Auswahlkriterien Worauf Sie bei der Auswahl eines externen Trainers achten sollten:

- Wie lange arbeitet der Trainer oder Coach bereits erfolgreich? Wie lange davon im Spezialgebiet Outbound?

- Welche konkreten Erfahrungen hat der Trainer bei der Begleitung von Outbound-Teams? Wie viele Outbound-Teams hat er schon betreut?
- Welche Zielsetzungen hatten diese Teams? Hat Ihr zukünftiger Trainer bisher eher vertriebsunterstützende Aufgabenstellungen oder auch Telesales trainiert?
- Kennt der Coach die speziellen Anforderungen, die ein Outbound-Telefonat an die Mitarbeiter stellt?
- Verfügt er über eigene Erfahrungen im Outbound?

In einem oder mehreren persönlichen Gesprächen können Sie Ihren potenziellen Partner dann auf Herz und Nieren prüfen, um zu entscheiden, ob Sie ihm Ihre Mitarbeiter anvertrauen können.

Internes Training

Sie wollen die Entwicklung Ihrer Mitarbeiter am Telefon selbst in die Hand nehmen und inhouse realisieren? Prüfen Sie, ob und wie die Personalentwicklung Ihres Unternehmens Sie unterstützen kann. Überlegen Sie, ob Sie gleich einen Trainer einstellen, der sich um die (Weiter-)Entwicklung Ihrer Mannschaft kümmert. Ob sich eine solche Lösung für Sie rentiert, hängt vor allem von der Größe Ihres zukünftigen Outbound-Teams ab. Es macht wenig Sinn, für ein Team von drei bis fünf Mitarbeitern einen eigenen Coach einzustellen. Es sei denn, er erfüllt eine Doppelfunktion als Coach und Teamleiter und kümmert sich mithin gleichzeitig um Ressourcenplanung, Controlling und Auswertung Ihrer Outbound-Aktivitäten.

Ob intern oder extern: Gewährleisten Sie, dass die Mitarbeiter nicht nur am Anfang geschult, sondern kontinuierlich trainiert und gecoacht werden. Planen Sie die hierfür notwendigen Ressourcen ein.

Arbeitsblatt Kapitel 6

Der folgende Coachingbogen ist dazu gedacht, die Leistung der Outbound-Mitarbeiter zu evaluieren und Verbesserungsmöglichkeiten aufzuzeigen.

COACHINGBOGEN

Datum: Supervisor/Trainer:

Agent:

KRITERIUM	BEMERKUNGEN
Ansprechpartner erfragen	
Dialog mit Telefonzentrale/Sekretärin	
Freundlichkeit, angenehmer Tonfall, positive Wortwahl	
Namentliche Ansprache (Begrüßung mit VN/NN), Vorstellung Unternehmen	
Bedarfsanalyse Frage 1 Frage 2 …	
Richtige Produktlösung anbieten	
Vorteils-/Nutzenargumentation	

Verkaufsorientierung, Produkte werden nach aktueller Zielvorgabe angeboten	
Aktive Gesprächsführung Mit konkreten Fragen durch das Gespräch führen	
Einwandbehandlung: aktives Zuhören, Quittung geben, Lösung anbieten	
Abschlussfrage stellen	
Zusammenfassung geben	
Verabschiedung Dank/Auftrag	
Richtige Codierung in CRM-System Beschwerde/Auftrag/…	
Rückrufnummer in CRM eintragen	

KRITERIUM	BEMERKUNGEN

VERBESSERUNGSVORSCHLÄGE, TIPPS UND HINWEISE

Unterschrift Teamleiter/Trainer   **Unterschrift Agent**

7. Mitarbeiterführung

Wie bei allen Teams gilt insbesondere für das Outbound-Team: Mit der richtigen Führung steht und fällt der Erfolg. Die Qualifikation, Motivation und Entwicklung der oft individualistischen Outbound-Stars stellt für die Führungskräfte eine spezielle Herausforderung dar, insbesondere für die Teamleiter, an die die Mitarbeiter direkt berichten. Diese Aufgabe wird nicht gerade erleichtert dadurch, dass die Teamleiter in der Regel erst einmal eine neue Einheit aufbauen und mit dem entsprechenden Know-how ausrüsten müssen, die dann im Unternehmen ihre Position noch finden muss.

Die ambivalente Rolle des Teamleiters

Mit seinen Aufgaben in der Kampagnenplanung und -umsetzung, der Führung, des Managements, der Entwicklung des Teams und der Vertretung des Teams nach außen befindet sich der Teamleiter in einer bedeutenden Schnittstellenfunktion. Er steht in seiner Tätigkeit immer zwischen den Outbound-Mitarbeitern, dem Management, an das er berichtet, den anderen Abteilungen – insbesondere dem Außendienst – und dem Kunden.

Schnittstellenfunktion

Der Teamleiter ist für die Leistung seines Teams und für das Reporting der Ergebnisse in Richtung des Managements verantwortlich. Er hat die Verantwortung für die Unterstützung und Motivation der Mitarbeiter und muss gleichzeitig Qualität und Zielerreichung sicherstellen. Ein Spagat, der nicht immer einfach ist.

Auftraggeber Der Teamleiter fungiert auch als Ansprechpartner für den (internen) Auftraggeber. Er bespricht mit diesem die Kampagnen, berät den Auftraggeber bei der Zielsetzung und Vorbereitung. Er bereitet Auswertungen auf und ist auch dem Auftraggeber gegenüber verantwortlich für die Umsetzung der Kampagne entsprechend den qualitativen und quantitativen Vorgaben.

Andere Abteilungen Darüber hinaus muss er den reibungslosen Ablauf der Prozesse nach den Telefonaten zusammen mit den anderen Abteilungen umsetzen und die Einhaltung der Schnittstellenvereinbarungen und Servicelevel nachhalten. Auch wenn der Großteil der Dialoge von den Outbound-Mitarbeitern abgewickelt wird, muss der Teamleiter doch immer wieder selbst zum Hörer greifen. Beispiele hierfür sind spezielle Anfragen seitens der Kunden oder aber Eskalationen, welche die Intervention eines Vorgesetzten erfordern. Dieses ambivalente Rollenmodell stellt erhebliche Anforderungen an die Position des Teamleiters.

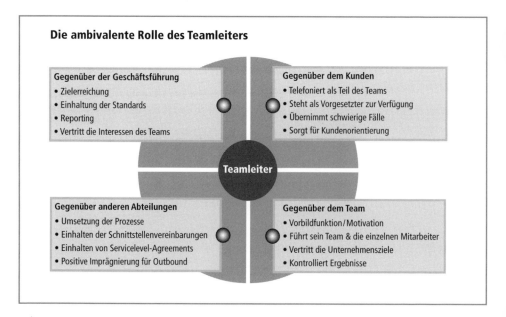

Führung und Motivation von »Beziehungsarbeitern«

Die den Teamleiter immer wieder neu fordernde Planung, Vorbereitung und Umsetzung von Kampagnen vor allem in Teams, die nicht kontinuierlich die gleiche Aufgabenstellung im Outbound bearbeiten, verführt leicht dazu, sich nach der Recruiting- und Schulungsphase verstärkt der Prozessplanung, dem Reporting und den Marketingaspekten der Kampagnen zuzuwenden. Die Mitarbeiter fühlen sich zu diesem Zeitpunkt häufig alleingelassen und fallen in ein Motivationsloch. Die Führung und Motivation des Outbound-Teams spielen jedoch alltäglich eine zentrale Rolle. Gerade beim persönlichen Kontakt mit Kunden ist eine hohe Motivation unmittelbar spürbar. Die Stimmung des Mitarbeiters wirkt sich unmittelbar und ungefiltert auf das Gegenüber und letztlich auf die Ergebnisse seiner Tätigkeit aus.

Von einem Mitarbeiter im Outbound wird hohe Kompetenz in der Beziehungsarbeit mit dem Kunden verlangt. Er darf kein »Hardseller« sein, sondern sollte sensibel und authentisch die Bindung zu seinen Kunden aufbauen und das positive Image des Unternehmens nach außen und innen darstellen.

Beziehung zum Kunden

Diese Beziehungskompetenz, die letztlich den (Umsatz-)Erfolg des Outbound-Mitarbeiters ausmacht, kann der Mitarbeiter nur entwickeln und leben, wenn sein Umfeld dies zulässt und fördert. Ob der Mitarbeiter Erfolg hat, hängt stark von der Wertschätzung ab, die er selbst erlebt. Und wenn sich die Erfolge einstellen, dann hängt deren Kontinuität wiederum von der Anerkennung ab, die der Mitarbeiter erfährt.

Wertschätzung demonstrieren

Hören Sie daher nie auf, den Outbound-Mitarbeiter zu loben! Betrachten Sie die Erfolge und Ergebnisse, die er bringt, nicht als selbstverständlich, sondern immer wieder als etwas Besonderes, als ein Geschenk, das er dem Unternehmen (und damit Ihnen beziehungsweise seiner Führungskraft) macht. Misserfolge treffen den erfolgsverwöhnten Outbound-Mitarbeiter besonders hart. So sehr er sich die Erfolge an die eigene Brust heften will, so sehr nimmt er Misserfolge persönlich. Die Begleitung bei der Verarbeitung von Niederlagen ist deshalb besonders wichtig. Sonst ist der Mitarbeiter blockiert und nicht mehr in der Lage, »seine Instrumente zu spielen«.

Die kontinuierliche Wertschätzung ist der Schlüssel zur anhaltenden Motivation der Mitarbeiter des Outbound-Teams. Deutlich wird dies vor allem zu Beginn der Kampagne, da der Start des Teams im Unternehmen oft skeptisch oder sogar ablehnend gesehen wird. Abfällige Bemerkungen und die mehr oder weniger verborgene Skepsis sollten für das Team dann eine Herausforderung sein, möglichst schnell »Flagge zu zeigen«, was in der Regel auch gelingt.

Nah an den Mitarbeitern Aber selbst wenn das Team sich seine Position im Unternehmen erkämpft hat: Der Teamleiter muss immer dicht an seinem Team dran sein und im Dialog in Erfahrung bringen, was im Tagesgeschäft passiert. Er reagiert sensibel auf Konfliktsituationen und deeskaliert nötigenfalls. Für die Probleme der Gruppe hat er immer ein offenes Ohr und fungiert als Ratgeber oder »Kummerkasten«.

Freiraum sichern Andererseits benötigen Outbound-Mitarbeiter auch einen Freiraum mit Selbstständigkeit, Entscheidungskompetenz und Flexibilität. Ähnlich wie die Vertriebsmitarbeiter im Außendienst zeichnet sich ein Outbound-Team durch eigenverantwortliches Arbeiten aus. Häufig genug müssen direkt am Telefon Entscheidungen getroffen werden, die den Vertriebsprozess betreffen. Je verkaufsorientierter das Team arbeitet, umso wichtiger sind Entscheidungskompetenzen, um gegebenenfalls im Telefonat Preise zu verhandeln oder andere verbindliche Abmachungen zu treffen.

Der Mitarbeiter braucht in der Regel (wenn er nicht kontinuierlich die gleichen Produkte an die gleichen Kunden verkauft oder Termine für den Außendienst in der immer gleichen Aktion vereinbart) genügend Flexibilität, um sich auf veränderte Aufgabenstellungen und unterschiedliche Kampagnen einzustellen. Zu Beginn einer neuen Kampagne sieht sich der Mitarbeiter einer neuen Zielsetzung und oft genug auch einem neuen Produkt und einer neuen Zielgruppe gegenüber. Darüber hinaus verändern sich die Anforderungen aber auch innerhalb einer Kampagne ständig. Jedes Gespräch trägt zum Lernprozess bei und erweitert den Erfahrungsschatz und damit die dialogischen Fähigkeiten des Outbound-Mitarbeiters.

Das bedeutet: Die Mitarbeiter brauchen einerseits klar die »Leitplanken«, innerhalb deren sie agieren dürfen, und andererseits das offensichtliche Vertrauensbekenntnis zu ihren Aktivitäten und ihrem Expertentum im Verkauf.

Vertrauen zeigen

Um eine kontinuierliche Wertschätzung und Motivation der Outbound-Mitarbeiter sicherzustellen, können Sie im Team oder in Einzelgesprächen folgende Themenstellungen und Fragen besprechen:

Gespräche zur Motivation

- *Motivatoren identifizieren:* Was trägt dazu bei, dass ich Freude an meiner Arbeit empfinde? In welchen Situationen macht mir die Arbeit besonders Spaß?

- *Demotivatoren beseitigen:* Was hält mich davon ab, Spaß am Verkaufsprozess zu haben?

- *Erfolge feiern:* Womit belohne ich mich selbst für einen erfolgreichen Abschluss? Was gibt mir die meiste Anerkennung nach einem Erfolg?

- *Sich selbst unterstützen:* Würdige ich meine Fortschritte oder hemme ich mich durch überzogene Selbstkritik?

- *Die Wichtigkeit der Arbeit verdeutlichen:* Habe ich das Ziel / den Zweck meiner Arbeit immer klar vor Augen? Was »treibt« mich selbst, meine Arbeit zu verrichten?

Einen wesentlichen Teil der Wertschätzung bildet selbstverständlich die Vergütung. Da die Vergütungsstufen in den verschiedenen Branchen und Unternehmen sehr unterschiedlich sind, verzich-

Vergütung

ten wir an dieser Stelle darauf, konkrete Zahlen zu nennen oder gar Empfehlungen auszusprechen.

Ein Teil der Entlohnung sollte allerdings variabel und von der Erreichung der vereinbarten Ziele abhängig sein. Besondere Prämien bei wirklich außergewöhnlichen Leistungen steigern natürlich die Motivation. Hier sollte man nicht unbedingt nur auf pekuniäre Aspekte setzen. Ein edler Kugelschreiber, der einem Mitarbeiter als Dank für eine besondere Leistung überreicht wurde, bleibt weitaus besser in Erinnerung als der Gegenwert in bar. Und wenn Sie das Geld gleich in einen Event für Ihr gesamtes Team investieren, sorgen Sie nicht nur für bleibende gemeinsame Erinnerungen, sondern steigern die Motivation jedes Einzelnen.

Instrumente zur Mitarbeiterführung im Outbound

Noch mehr als in den anderen Serviceabteilungen ist im Outbound-Team die vertrauensvolle Zusammenarbeit die Grundlage für jede Entwicklung, sei es der einzelnen Teammitglieder oder des Teams. Ein offener und fairer Umgang miteinander bildet eine solide Basis für gegenseitige Loyalität.

Eindeutige Zielvereinbarungen

Wesentlich für die Mitarbeiterführung sind klare Zielvereinbarungen. Dem Team muss transparent vermittelt werden, was von ihm erwartet wird. Nur dann können diese Erwartungen auch erfüllt werden. Vor allem die eindeutige Formulierung der Ziele ist wichtig. Besser das Kind beim Namen nennen als schwammige Formulierungen.

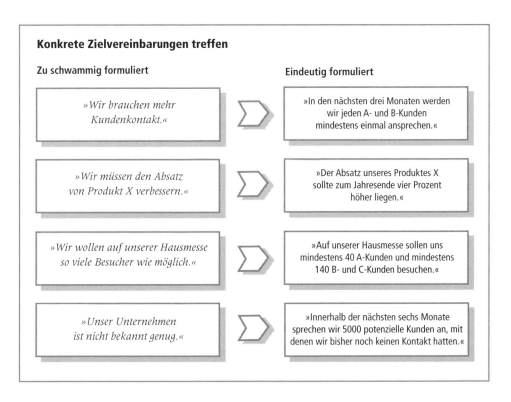

PRAXISTIPP

Legen Sie die Messlatte auf die richtige Höhe!
Wenn Sie erreichbare, aber sportliche Ziele setzen,
stärken Sie Motivation und Selbstvertrauen des Teams.

Das Gesamtziel sollte in kleinere Zwischenziele aufgeschlüsselt sein. Damit liegt der nächste Schritt immer in erreichbarer Nähe und das angestrebte Gesamtergebnis der Kampagne wird anschaulicher.

Mitarbeitergespräche Ein anderes zentrales Element der Mitarbeiterführung ist das Mitarbeitergespräch. Der direkte Dialog ist immer sinnvoll und dies gilt besonders für die Individualisten Ihres Outbound-Teams. Die Teamleiter sollten sich immer Zeiten frei halten, die für Teammeetings oder Einzelgespräche genutzt werden. Sowohl die Führungskraft als auch die Mitarbeiter profitieren von solchen Gesprächen. Teamleiter müssen in der Lage sein, das Feedback aufzunehmen, das ihnen ihre Leute geben. Die wichtigsten Informationen verstecken sich dabei häufig zwischen den Zeilen.

In Einzelgesprächen gibt der Teamleiter detailliertes Feedback zu der Arbeit der Mitarbeiter, lobt sie und greift gegebenenfalls korrigierend ein. Individuelle Zielvereinbarungen werden im Rahmen eines Einzelgesprächs getroffen und schriftlich vereinbart. Hier ist auch Zeit für die Wünsche und Vorstellungen des Mitarbeiters, die seine Entwicklung innerhalb des Unternehmens betreffen. Wundern Sie sich nicht, wenn gerade Outbound-Mitarbeiter sich nicht immer an die gesetzten Termine halten. Wenn ihnen etwas wichtig erscheint, zögern sie weniger als andere Mitarbeiter, ein Gespräch mit ihren Führungskräften einzufordern – zu einem Zeitpunkt, der für sie selbst gerade richtig erscheint.

Teamgespräche Im Vergleich zu Einzelgesprächen haben Teambesprechungen allein schon wegen der größeren Anzahl der Teilnehmer einen formaleren Charakter. Je interaktiver die gemeinsamen Besprechungen gestaltet sind, desto größer der positive Effekt auf die Leistung der Mannschaft. Reine Vorträge und die Bekanntgabe von Daten und Ergebnissen wirken nicht nur einschläfernd, damit wird vielmehr auch die Chance verpasst, von den unschätzbaren Erfahrungen der Outbound-Mitarbeiter zu profitieren. Die Mitarbeiter erleben im Teammeeting, dass ihre Vorschläge und Ideen gehört und dass sie Einfluss auf die Ziele und Abläufe haben.

Umso wichtiger ist es, die Besprechung strukturiert vorzubereiten. Eine klare zeitliche Beschränkung sorgt für einen effektiven Dialog. Im moderierten Austausch zwischen den einzelnen Mitarbeitern wird vorhandenes Wissen vervielfacht. Eine Teambesprechung hat deshalb immer auch Schulungscharakter. Der Teamleiter positioniert sich in diesen Teamgesprächen als Führungskraft und festigt seine Kompetenz und persönliche Akzeptanz. Planen Sie die Besprechungen rechtzeitig im Voraus oder legen Sie am besten feste Zeiten fest. Gerade bei Teams mit Teilzeitkräften stellen Sie so die Teilnahme aller sicher.

Und so könnte die Planung für den Mitarbeiterdialog aussehen:

Mitarbeiter- und Teamgespräche

Häufigkeit	Gespräch	Inhalte	Dauer
Täglich	Feedback-Runde	Gesprächsergebnisse des Tages, Sonderfälle, Notwendigkeit von kurzfristigen Änderungen	ca. 15 Minuten
Wöchentlich	Wochenmeeting	Überprüfung der bisherigen Zielerreichung (Zwischensteps – siehe »Zielvereinbarungen«), Auswertung der Wochenergebnisse, Planung der nächsten Woche	ca. 45 Minuten
Halbjährlich	Beurteilungsgespräch	Entwicklung des einzelnen Mitarbeiters, persönliche Zielerreichung, Belobigung, eventuell Vereinbarung von Trainingsmaßnahmen	ca. 30–60 Minuten
Unregelmäßig	Informelle Gespräche	Auffangen von Stimmungsbildern, Motivation	ca. 1–5 Minuten

Innenansichten eines Outbound-Teams im Callcenter – Interview mit einer Teamleiterin

Patricia Wegenbach ist seit zwei Jahren Teamleiterin bei adm am Standort Mannheim. Im Rahmen eines Interviews stand sie den Autoren dieses Buches für Fragen zur Verfügung.

■ **Worin unterscheidet sich die Führung eines Outbound-Teams von der anderer Fachabteilungen?**

Die größten Unterschiede werden durch die Art der Arbeit definiert. Meine Mitarbeiter arbeiten im Vergleich zu anderen Abteilungen sehr autark. Am Telefon kann man den Arbeitsprozess nicht einfach unterbrechen, wenn man nicht weiterweiß. Der Kunde wartet ja auf eine Antwort. Deshalb spielen natürlich Selbstbewusstsein und Eigenmotivation eine große Rolle. Die Kunst ist es meiner Ansicht nach, für die notwendige Unterstützung der Mitarbeiter zu sorgen und sie gleichzeitig zur Eigenverantwortlichkeit zu »erziehen«. Natürlich muss das formale Ergebnis der Arbeit, wie zum Beispiel Verkäufe oder die individuelle Gesprächsdauer, kontrollierbar sein, aber wie ein Agent zu diesem Ergebnis kommt, entscheidet er meistens selbst. Solche Fähigkeiten müssen durch einen Vorgesetzten gefördert werden.

■ **Worin liegen die besonderen Herausforderungen?**

Die besondere Aufgabe des Teamleiters liegt meiner Ansicht nach darin, die Haftung zum Team nicht zu verlieren. Gerade bei den vielfältigen Aufgaben im Outbound nehmen administrative Dinge schnell den größten Teil des Tages ein. Die Kunst besteht darin, sich zu vergegenwärtigen, dass der Teamleiter in erster Linie für seine Leute greifbar sein muss. Die richtige Priorisierung der Verantwortungsbereiche hilft hier weiter. Auch Faktoren wie die räumliche Nähe des Arbeitsplatzes zu denen des Outbound-Teams wirken unterstützend.

Natürlich ist auch der menschliche Faktor ein bestimmendes Element. Es erfordert ganz besonderes Fingerspitzengefühl, sich im Dreieck zwischen Kunden, Mitarbeitern und Vorgesetzten zu bewegen und dabei alle Schnittstellen zufriedenzustellen. Ein guter Teamleiter schafft es, hier die Balance zu halten. Er ist Vorgesetzter, Teamplayer, Dompteur und Freund in einem.

- **Wie setzt sich Ihr Team zusammen?**

In unserem Unternehmen arbeiten wir mit einer Mischung aus fest angestellten Mitarbeitern und Studenten auf Zwanzig-Stunden-Basis. Während die Vollzeitkräfte häufig den Kern eines Teams bilden, werden die Studenten eingesetzt, um Randzeiten abzudecken. Diese Zusammensetzung garantiert die Flexibilität, die wir brauchen. In der Regel sind natürlich der Kenntnisstand und die Identifikation mit den Produkten bei Vollzeitmitarbeitern höher.

- **Welche Rolle spielt der Teamleiter in Ihrem Unternehmen?**

Zunächst einmal stellt der Teamleiter das wichtige Bindeglied zwischen dem Management unseres Callcenters und den Kunden am Telefon dar. Er bereitet Informationen auf und gibt sie an seine Agents weiter. Gegenüber seinem Vorgesetzten erstattet er Bericht und dokumentiert die Leistung seines Teams. Innerhalb dieser Kernaufgaben erhalten die Teamleiter – je nach Erfahrung – durchaus gewisse Spielräume. Die Entscheidungskompetenz vergrößert sich von Projekt zu Projekt.

- **Gibt es weitere Hierarchiestufen?**

Die Hierarchien in unserem Unternehmen sind sehr flach. Das ist auch so erwünscht und soll so bleiben. Manchmal überschreitet aber die Größe eines Outbound-Teams einen gewissen Schwellenwert. Dann kann es notwendig sein, sogenannte Supervisoren einzusetzen. Diese Positionen werden in der Regel mit besonders erfahrenen Telefonmitarbeitern besetzt und dienen dazu, die gesamte Mannschaft in überschaubare Organisationseinheiten aufzuteilen. Der Teamleiter muss dann nicht allen gleichzeitig als Ansprechpartner zur Verfügung stehen. Bis zu einer Gruppengröße von etwa zehn Mitarbeitern ist diese Aufgabe aber ohne Weiteres vom Teamleiter selbst zu bewältigen.

- **Welche Möglichkeiten der Motivation werden in Ihrem Unternehmen genutzt?**

Die Motivation unserer Agents spielt natürlich eine zentrale Rolle. In vielleicht keiner anderen Branche sind engagierte Mitarbeiter so wichtig. Denn am Telefon kommt alles ungefiltert rüber. Anders als zum Beispiel bei Mitarbeitern im Innendienst ist eine gute Stimmung für das Gegenüber sofort bemerkbar. Wir bieten unseren Mitarbeitern bereits beim Gehalt Anreize, indem wir, wo immer es das Projekt erlaubt, erfolgsorientiert vergüten. Besonders interessant für die Agents: Wer sich für zusätzliche Weiterbildungsmaßnahmen einschreibt, kann damit direkt sein Gehalt beeinflussen. Das bestärkt den Einzelnen in seinem Wunsch, sein Portfolio an Möglichkeiten ständig zu erweitern. Außerdem haben wir eine Fülle von internen Maßnahmen, die den Zusammenhalt im Team und den Spaß an der Arbeit fördern. Wir organisieren Ausflüge, Veranstaltungen und Mitarbeiter-Events.

Sicherlich am wichtigsten ist aber die Nähe der Teamleiter zu ihrer Mannschaft und die offene Unternehmenspolitik. Es gibt nur wenige verschlossene Türen und gerade die Mitarbeiter finden immer einen Ansprechpartner für ihre Fragen, Sorgen und Nöte. Das schafft Vertrauen und motiviert.

- **Gibt es von Ihrer Seite Empfehlungen an »Outbound-Anfänger«?**

Sicherlich unterscheidet sich die Situation eines internen Outbound-Teams in vieler Hinsicht von der Arbeit eines Callcenters. Es gibt aber auch viele wichtige Parallelen. Gerade bei der Auswahl, Entwicklung und Führung des Teams kann man vieles von Anfang an richtig machen. Man sollte sich vor allem die Zeit nehmen, sein Outbound-Projekt auf ein solides Fundament zu stellen. Das Team sollte von Anfang an auf eine gewisse Größe von mindestens vier Mitarbeitern ausgelegt werden. Nicht nur, um später in den Kampagnen auch einen guten Durchsatz an Calls zu haben, sondern auch damit man nicht alle sechs Monate neue Mitarbeiter einstellen muss, die sich dann erst ins Team einfinden müssen.

Auch sehr wichtig ist ein möglichst umfassendes Wissen über die relevanten Produkte oder Dienstleistungen. Je besser sich das Outbound-Team damit auskennt, desto erfolgreicher wird es agieren. Dieses Wissen lässt sich bei einem internen Team natürlich besser aufbauen als bei einem externen Dienstleister.

Was die Planung einer Outbound-Kampagne betrifft, so mangelt es oft weniger am Enthusiasmus als vielmehr an der konkreten Zielsetzung. Gar nicht so selten müssen wir unsere Kunden fragen, was sie eigentlich erreichen wollen. Deshalb ist es entscheidend, zu Beginn der Kampagnenplanung klare Ziele zu setzen und für die Erreichung dieser Ziele feste Zeiträume zu veranschlagen. Nur dann lässt sich auch eine Erfolgskontrolle umsetzen.

Arbeitsblatt Kapitel 7

Nutzen Sie dieses Arbeitsblatt, um die wichtigsten Fragen rund um die Mitarbeiterführung zu beleuchten:

Die Teamleitung

Folgende Aufgaben wird der Teamleiter gegenüber dem Kunden übernehmen:

_____

_____

_____

Folgende Aufgaben wird der Teamleiter gegenüber den Mitarbeitern übernehmen:

_____

_____

_____

Folgende Aufgaben wird der Teamleiter gegenüber der Geschäftsführung übernehmen:

_____

_____

_____

Folgende Aufgaben wird der Teamleiter gegenüber anderen Abteilungen übernehmen:

_____

_____

Motivation	Ja	Nein
Sind die größten Motivatoren für mein Team bekannt?	❏	❏

_____

_____

Habe ich die größten Demotivatoren im Griff?	❏	❏

_____

_____

Zielvereinbarungen	Ja	Nein
Zielvereinbarungen entwickelt?	❏	❏

Folgende Vereinbarungen habe ich bereits entwickelt:

_____

_____

Zielvereinbarungen kommuniziert und verabschiedet?	❏	❏
Art und Häufigkeit von Mitarbeitergesprächen festgelegt?	❏	❏

8. Ziel- und Prozessplanung von Kampagnen

Definition »Kampagne«

Als Kampagne bezeichnen wir im Rahmen dieses Buches eine eigenständige Vertriebs- oder Marketingmaßnahme, mit der

- innerhalb eines definierten Zeitraums
- bei einer definierten Zielgruppe
- unter Einsatz von Direktmarketinginstrumenten

ein Gesamtziel erreicht werden soll. Der Ablauf der Kampagne ist in einem Kampagnenprozess festgelegt.

Eine Kampagne ist immer überprüfbar und messbar und mit definierten Ressourcen ausgestattet.

In der Regel ist eine Kampagne eine Abfolge von mehreren Kampagnenphasen, den Aktionen. In diesen Aktionen sollen Teilziele zur Erreichung des Gesamtziels der Kampagne umgesetzt werden. Die Aktionen können über verschiedene Medien laufen.

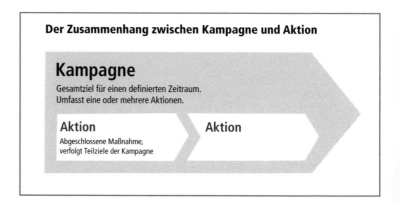

So werden zum Beispiel Kunden, die länger nicht gekauft haben, mit einer Mailingaktion angeschrieben. In dieser Aktion wird ein bestimmtes Produkt beworben. Die Rückläufer aus dieser Aktion erhalten einen Anruf und es wird ihnen ein Produktmuster geschickt. In einer weiteren Aktion wird dann nachtelefoniert, um die Erfahrungen des Kunden mit dem Muster zu erfragen.

Abfolge von Aktionen

Passt das Produkt für den Bedarf des Kunden, soll er dann natürlich überzeugt werden, es auch zu kaufen. Die Käufer werden nach einer definierten Zeit erneut angerufen, um zu erfahren, ob sie mit dem Handling des Produkts zurechtkommen und zufrieden sind. Die noch zögernden Kunden, die aber deutlich Bedarf haben, werden ebenfalls nach einer gewissen Zeit wieder angerufen, um die Hintergründe ihres Widerstands zu erfahren, auf diese einzugehen und Überzeugungsarbeit zu leisten.

Die Gruppe derer, die auf das Mailing nicht reagiert hat, wird in einer weiteren Telefonaktion angesprochen, um herauszufinden, ob noch Kunden darunter sind, die Potenzial/Bedarf für das Produkt haben, sich aber nicht gemeldet haben. Die Kunden mit Potenzial/Bedarf werden dann nochmals kontaktiert, um sie zu einem Test des Musters und schließlich zum Kauf zu bewegen.

Ein anderes Beispiel für eine Kampagne: Kontakte von einer Messe werden nachtelefoniert, um sie bezüglich des vorhandenen Potenzials und ihres aktuellen Bedarfs zu qualifizieren. Identifizierte »Prospektesammler« werden aussortiert. Bei lohnenden potenziellen Kunden kann im Nachgang zu einer solchen Vorqualifizierung durch das Outbound-Team der Außendienst gezielt und ressourcenschonend eingesetzt werden. Andere Interessenten mit aktuellem, aber geringem Bedarf werden weiter durch das Outbound-Team betreut, verbunden mit anderen Direktmarketing-Aktionen wie etwa Mailings. Die Aktionen und der Medieneinsatz bauen – abhängig von den jeweiligen Ergebnissen – sinnvoll aufeinander auf.

Beispiel für eine Kampagne

Diese Einbettung Ihrer Outbound-Maßnahmen in Vertriebs- und Direktmarketing-Maßnahmen hat auch den Vorteil, dass Ihre Aktivitäten strukturiert und integriert erfolgen. »Telefonieren, wenn gerade Zeit dafür ist« birgt ebensolche Risiken wie die unkoordinierte Ansprache verschiedener Zielgruppen zu unterschiedlichen Themen. Die Gefahr bei der telefonischen Kundenbetreuung, das eigentliche Ziel aus den Augen zu verlieren, ist groß. Die stringente Kampagnenplanung ist vor allem wegen des Zwangs zur Zielformulierung und der Abstimmung der Aktionen eine Maßnahme, die dazu diszipliniert, längerfristig vorauszuplanen. Gleichzeitig macht sie das Medium Outbound messbar. Unterschiedliche Kampagnen können unvoreingenommen unter Kosten-Nutzen-Gesichtspunkten verglichen werden.

Zielgruppendefinition für die Kampagne

Konkrete Zahlen nennen

Definieren Sie ganz konkret die Zielgruppe, die Sie kontaktieren wollen. Eine Aussage wie »Meine Kunden« ist hier zu unspezifisch. Besser ist »Alle Kunden, die bereits mindestens 30 000 Euro Umsatz gemacht haben, die aber in den vergangenen drei Monaten noch nichts gekauft haben«.

Selektionsfaktoren sind zum Beispiel Umsatz, Unternehmensgröße, Intensität der Geschäftsbeziehung und Absatzmöglichkeit für bestimmte Produktgruppen oder Dienstleistungen. Diese Faktoren sollten in Ihrer Datenbank hinterlegt sein, um eine Selektion zu ermöglichen. Für Ihre erste Kampagne oder die Neukundenakquise in einer neuen Sparte oder Branche können Sie die Adressen über einen Adressverlag beziehen.

Ziel- und Ablaufplanung für die Kampagne

Unterscheiden Sie zwischen dem Gesamtziel der Kampagne und den Teilzielen der einzelnen Kampagnenphasen, also den Aktionen. Definieren Sie zuerst das Gesamtziel und dann die Schritte, mit denen Sie dieses erreichen möchten.

Jede Aktion im Rahmen der Kampagne hat ein Teilziel, das zur Gesamtzielerreichung hinführt. Formulieren Sie sowohl das Gesamtziel als auch die Teilziele als Ergebnisse, die unmittelbar mess- und bewertbar sind. Je mehr Zeit Sie sich für die sorgfältige Operationalisierung Ihrer Ziele nehmen, desto klarer werden die Vorgaben für die einzelnen Kampagnenphasen und desto besser lässt sich der Erfolg der Kampagne beurteilen. Achten Sie darauf, dass Sie die Kampagne nicht mit unterschiedlichen oder sich widersprechenden Zielen überfrachten.

Messbare Teil- und Gesamtziele

Achtung: Von der sorgfältigen Zieldefinition – sowohl der Kampagne als auch der jeweiligen Phasen – hängt der Erfolg ab.

Fordern Sie eine Unternehmensberatung oder Ihren Outsourcer als Sparringspartner für diese Aufgabe – deren Qualifikation können Sie so schon zu Anfang testen, denn professionelle Berater und Dienstleister legen auf diese Zielformulierungen großen Wert. Sie lassen nicht locker, bis diese detailliert genug formuliert, in sich rund, aufeinander aufbauend und real erreichbar sind.

Sparringspartner

Ein Beispiel: Herr Marquard, der bereits zu Beginn dieses Buches genannte Anbieter von IT-Dienstleistungen, plant für das kommende Jahr für sein Geschäftsfeld »Server-Komplettsysteme mit Wartungsvertrag« eine Umsatzsteigerung von vier Prozent bei seinen aktiven Bestandskunden. Diese möchte er ausschließlich über sein neu geschaffenes Outbound-Team realisieren. Das ist das Gesamtziel, das Herr Marquard für den Zeitraum von zwölf Monaten mit seiner Kampagne verfolgt. Die Kampagne hat er in vier Aktionen aufgeteilt, die sich jeweils durch ein Teilziel auszeichnen:

Aufteilung einer Kampagne in Teilziele

Gesamtziel der Kampagne:
vier Prozent Umsatzsteigerung im Geschäftsfeld

Erste Aktion der Kampagne – »Zielgruppenselektion«:
Teilziele: Potenzialanalyse des vorhandenen Adressmaterials. Selektion und Clusterung der Kundendaten entsprechend ihrer Eignung für den Verkauf der Dienstleistung »Serverkomplettsysteme mit Wartungsvertrag«

Zweite Aktion der Kampagne – »Information«:
Teilziele: Umfassende Information der selektierten Kunden über die Dienstleistung »Serverkomplettsysteme mit Wartungsvertrag«. Anbahnung des Verkaufs und Identifizierung der Leads. Vorgezogener Direktverkauf bei deutlichem Interesse

Dritte Aktion der Kampagne – »Verkauf«:
Teilziele: Direktverkauf der Dienstleistung »Serverkomplettsysteme mit Wartungsvertrag« durch das Outbound-Team. Beratung, Vorteilsargumentation und Abschluss erfolgen direkt am Telefon

Vierte Aktion der Kampagne – »Aftersales«:
Teilziele: Bestätigung und Nachbereitung der abgeschlossenen Verträge. Telefonisches Cross- und Upselling. Erfolgskontrolle und Auswertung

Erarbeiten Sie einen Prozess für die Kampagne, der die Aktionen transparent macht und eine Vorgehensweise entsprechend den unterschiedlichen Ergebnissen in den Aktionen vorsieht. Der Prozess gibt einen Überblick über die unterschiedlichen Handlungsalternativen, die sich aus den Ergebnissen der einzelnen Steps logisch ergeben. Das Prozessschema fungiert als Standard und hilft die Verbindlichkeit der Abläufe innerhalb der Kampagne zu gewährleisten.

Wie könnte eine Kampagnenplanung konkret aussehen? Schauen wir uns als Musterbeispiel die Firma »Medtec« an:

Ausgangssituation: Das Healthcare-Unternehmen Medtec ist einer der größten Anbieter von Blutzucker-Messgeräten und den zugehörigen Teststreifen. Um das Geschäft weiter auszubauen, realisiert Medtec eine Outbound-Kampagne.

Beispiel für eine Kampagnenplanung

Definition der Zielgruppe: Ärzte, die nicht vom Außendienst betreut werden und pro Quartal mindestens zwanzig insulinpflichtige Diabetiker versorgen.

Definition des Gesamtziels: Erhöhung der Anzahl von Anwendern des Messgeräts Medtec 2100 und damit Ausweitung des Marktes für passende Teststreifen, die das eigentliche Umsatzpotenzial darstellen. Erreicht werden soll dieses Ziel durch die Gewinnung von Ärzten und Arzthelferinnen als Multiplikatoren, die das Gerät kostenfrei an den Patienten abgeben und ihn zur Nutzung motivieren.

Definition der Teilziele:
- Verifizierung und Aktualisierung aller vorhandenen Adressdaten
- Identifikation des richtigen Ansprechpartners und der für Diabetiker zuständigen Arzthelferin
- Selektion aller Arztpraxen mit mindestens zwanzig insulinpflichtigen Diabetikern pro Quartal durch eine telefonische Potenzialanalyse
- Überzeugung des Arztes vom Nutzen, der sich durch die Verwendung des Medtec 2100 für seine Patienten und ihn selbst ergibt
- Motivation des Arztes zur Abgabe des Medtec 2100 an seine Patienten
- Motivation von Arzt und zuständiger Arzthelferin, die Patienten zur Nutzung anzuhalten

Kampagnenprozess: Die Phasen und Aktionen, um die definierten Ziele der Kampagne zu erreichen, werden in einem Prozess visualisiert.

Kampagnenprozess Medtec

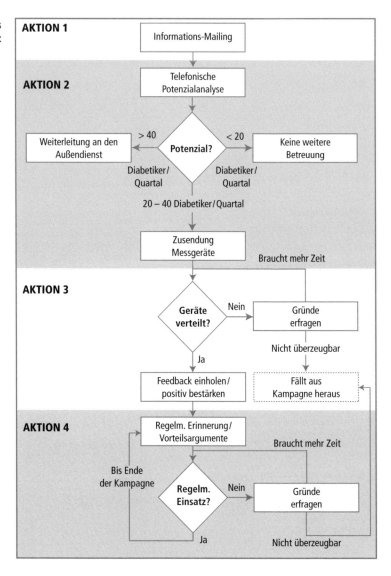

Anhand dieses Beispiels wird deutlich, wie das Unternehmen Medtec seine Kampagnenplanung realisiert. Durch die Prozessdarstellung werden die unterschiedlichen Phasenziele dargestellt und deren Logik nochmals gegengeprüft.

Arbeitsblatt Kapitel 8

Als Kampagne wird eine abgeschlossene Outbound-Maßnahme bezeichnet, die aus mehreren Aktionen besteht. Folgende Fragen dienen als Anhaltspunkte für die Kampagnenplanung:

Meine Zielgruppe in der Kampagne wird durch folgende Parameter eindeutig definiert:

_____

_____

_____

Eine Zielsetzung für die Gesamtkampagne ist:

_____

_____

_____

Meine Kampagne gliedert sich in folgende Aktionen auf:

Aktion 1

_____

Aktion 2

_____

Aktion 3

___

Aktion 4

___

Aktion 5

___

Anmerkungen:

___

___

___

Die zeitliche Planung der Kampagne sieht wie folgt aus:

___

___

___

___

9. Planung und Umsetzung einer Outbound-Aktion

Wie bereits erläutert, erfolgt die Umsetzung der Kampagnenziele in einzelnen Phasen, die wir Aktionen nennen.

In der Planung der einzelnen Phasen der Kampagne wird das Gesamtziel in Teilziele, die in der jeweiligen Aktion realistisch erreichbar sind, heruntergebrochen. Jede Aktion ist wieder in sich geschlossen und wird dementsprechend eigenständig geplant, umgesetzt und kontinuierlich ausgewertet.

Jede Aktion ist in sich geschlossen

Die Phasen einer Aktion

Aktionsplanung
- Definition der Zielgruppe
- Adressbeschaffung
- Grund des Anrufs
- Zielsetzung
- Entwicklung Leitfaden / Skript
- Entwicklung Reportbogen
- Aufsetzen des Controllings (Kennzahlen, Zeiträume etc.)
- Kapazitätsplanung
- Ressourcenplanung

Umsetzung
- Schulung der Mitarbeiter
- »Lernen« des Skripts
- Testlauf (Rollenspiele etc.)
- Führen der Telefonate
- Kontinuierliche Optimierung von Skript und Gesprächsführung
- Dokumentation

Auswertung & Learnings
- Statistiken
- Sammeln und Auswerten der Ergebnisse
- Überprüfung der Zielerreichung
- Was hat gut funktioniert?
- Was hat nicht funktioniert?
- Abschließendes Feedback vom Team
- Falls nötig: Änderung in der Vorgehensweise / Umsetzung (Learnings für nächste Aktion)

Definition der Ziele einer Aktion

Für Telefonaktionen, die in die Kampagne integriert sind, gilt jeweils: Je klarer die Anrufe der Aktion auf das Teilziel ausgerichtet sind und je konkreter dieses an die Mitarbeiter kommuniziert ist, umso erfolgreicher ist die Aktion. Geht es erst einmal darum, Interesse für ein Produkt oder eine Dienstleistung zu erwecken? Oder steht die Vereinbarung möglichst interessanter Termine für Ihren Außendienst im Vordergrund? Vielleicht sollen ja auch Angebote am Telefon direkt in Aufträge umgewandelt werden.

Definieren Sie Ihr Ziel und richten Sie Ihre Planung danach aus. Geben Sie also Ihrem Outbound-Team einen guten Grund, den Hörer in die Hand zu nehmen.

Gute Aufhänger finden Je besser der »Aufhänger« für Ihren Anruf ist, desto einfacher haben es Ihre Mitarbeiter. Denn ein gutes Angebot erzeugt beim Angerufenen echtes Interesse und steigert die Gesprächsbereitschaft. Für den Outbound-Mitarbeiter wiederum bietet ein thematischer und inhaltlicher Schwerpunkt einen Fixpunkt innerhalb des Dialogs, an dem er sich orientieren und um den herum das Gespräch sich kristallisieren kann.

Wenn es später darum geht, einen Telefonleitfaden zu erstellen, beeinflusst die Zielsetzung maßgeblich den Gesprächsverlauf.

Mengen- und Zeitplanung für eine Aktion

Konkrete Fragen, konkrete Zahlen Wie viele Ansprechpartner der definierten Zielgruppe sollen erreicht werden? Wie viele Adressen werden gebraucht, um die nötige Anzahl Nettokontakte zu schaffen, und wie viel Zeit ist dafür anzusetzen? Welche Anzahl Outbound-Mitarbeiter ist einzuplanen, um dieses Ziel zu erreichen? Detaillierte Hilfe zur Berechnung benötigter Mitarbeiter und Arbeitsstunden finden Sie in Kapitel 3.

Beachten Sie, dass Sie den für die Umsetzung der Aktion benötigten Zeitraum nicht beliebig kurz gestalten können, egal wie viele Mitarbeiter Ihnen zur Verfügung stehen. Die Erreichbarkeit Ihrer Kunden macht Ihnen hier einen Strich durch die Rechnung. Auch wenn Sie ausreichend Ressourcen haben, um die Adressen jeden Tag durchtelefonieren zu lassen, ist ein gewisser Prozentsatz Ihrer Ansprechpartner im Urlaub, krank, auf Geschäftsreise oder hat zu bestimmten Zeiten einfach keine Gelegenheit für ein längeres Telefonat. Deshalb ist es sinnvoll, für jede Aktion mindestens sechs Wochen einzuplanen. Dieser Zeitraum ist großzügig genug bemessen, um einen Großteil Ihrer Kunden zu erreichen.

Erreichbarkeit der Zielgruppe

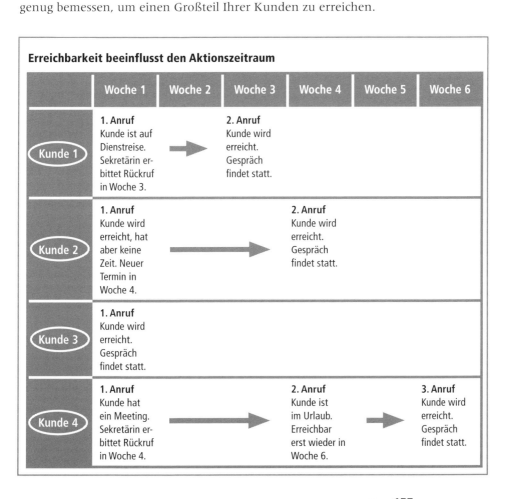

Erreichbarkeit beeinflusst den Aktionszeitraum

	Woche 1	Woche 2	Woche 3	Woche 4	Woche 5	Woche 6
Kunde 1	1. Anruf Kunde ist auf Dienstreise. Sekretärin erbittet Rückruf in Woche 3.		2. Anruf Kunde wird erreicht. Gespräch findet statt.			
Kunde 2	1. Anruf Kunde wird erreicht, hat aber keine Zeit. Neuer Termin in Woche 4.			2. Anruf Kunde wird erreicht. Gespräch findet statt.		
Kunde 3	1. Anruf Kunde wird erreicht. Gespräch findet statt.					
Kunde 4	1. Anruf Kunde hat ein Meeting. Sekretärin erbittet Rückruf in Woche 4.			2. Anruf Kunde ist im Urlaub. Erreichbar erst wieder in Woche 6.		3. Anruf Kunde wird erreicht. Gespräch findet statt.

Wann anrufen? – Der richtige Zeitpunkt

Branchenabhängig Neben der Planung des Zeitbedarfs spielt auch der Zeitraum eine Rolle. Wann sind Ihre Kunden am ehesten zu erreichen und vor allem: Wann sind sie bereit für ein Gespräch? Hier bestehen von Branche zu Branche erhebliche Unterschiede. Sie haben Friseurgeschäfte als Kunden? Dann können Ihre Mitarbeiter montags getrost den Hörer liegen lassen. Sehr gut stehen dagegen Ihre Chancen, wenn Sie Arztpraxen an einem Mittwochnachmittag anrufen. Dann machen in Deutschland die meisten Ärzte Verwaltungsarbeiten und sind gut erreichbar.

Vielleicht wollen Sie mit Entscheidern aus dem Management oder mit Geschäftsführern beziehungsweise Inhabern von mittelständischen Unternehmen sprechen? Dann können Sie Ihre Outbound-Aktion auch noch nach siebzehn Uhr ansetzen. Diese Klientel ist dann meist noch im Büro und einem freundlichen Telefonat gegenüber wesentlich aufgeschlossener als am Vormittag, wenn ein Meeting das nächste jagt.

Wochenübersicht erstellen Stellen Sie also am besten eine Wochenübersicht auf, in die Sie die Zeiten eintragen, die den meisten Erfolg versprechen. Planen Sie anhand dieser Wochenübersicht Ihren Zeitbedarf und erstellen Sie einen Personaleinsatzplan.

PRAXISTIPP

Fragen Sie Ihren Außendienst nach seinen Erfahrungswerten. Ihre Vertriebsmitarbeiter wissen ganz genau, wann ein Kunde am besten zu erreichen ist!

Das Adressmaterial und die Kundendaten

Zuverlässiges Adressmaterial bildet die Grundvoraussetzung für erfolgreiche telefonische Vertriebsunterstützung. Leider ist es noch immer nicht selbstverständlich, dass Unternehmen gut gepflegte Adressen und Kundendaten besitzen. Unvollständige Adressdatensätze lassen sich sehr gut durch eine Outbound-Aktion aktualisieren. Wenn die Adress- und Kundendatenpflege nicht kontinuierlich stattfindet, sammeln sich schnell Unmengen von Dateileichen an.

Ob es Sinn macht, alte Datenbestände zu qualifizieren, muss gut kalkuliert und eventuell mit einer Testaktion überprüft werden. Zum einen gilt es natürlich zu vermeiden, Geld aus dem Fenster zu werfen, zum anderen kann das Nachtelefonieren von schlechten, veralteten Adressen – seien es eigene oder gekaufte – ein demotivierendes Frusterlebnis für das Outbound-Team sein. Nur festzustellen, dass Telefonnummern falsch sind, die Ansprechpartner nicht mehr stimmen, Unternehmen gar nicht mehr existieren usw., vermittelt noch keine Erfolgserlebnisse. Füttern Sie also Ihr Team möglichst mit qualitativ hochwertigen Adressen, bei denen auch Ergebnisse erreicht werden können.

Ist es sinnvoll, alte Datenbestände zu qualifizieren?

Beim Ansprechen von neuen Adressen sollte der Adressdatensatz zumindest den Tätigkeitsbereich und die Positionsbezeichnung des Ansprechpartners beinhalten. Und vor allem natürlich die Telefonnummer. Jede zusätzliche Information ist von Nutzen – umso besser können die Zielgruppen selektiert und die Zielsetzungen fokussiert werden.

Bei der Selektion von Daten für eine bestimmte Aktion nehmen Sie sich am besten zuerst eigene Bestände unter die Lupe.

Es gibt daneben auch die Möglichkeit, Adressen über Adressverlage zu beziehen. Bei Adressverlagen (List-Broker) handelt es sich um Unternehmen, die sich ganz auf den Verkauf und die Vermietung von Adressen für Direktmarketing-Aktionen (also auch für den Outbound) spezialisiert haben. Seit dem Direktmarketing-

Adressverlage

Boom Mitte der Neunzigerjahre gibt es eine Vielzahl von Anbietern, die sich teilweise auf Adressmaterial bestimmter Branchen spezialisiert haben. Wenn Sie in neue Zielgruppen vorstoßen und neue Kunden gewinnen möchten, macht es Sinn, sich mit dem Angebot der Adressanbieter auseinanderzusetzen.

Ein guter Adressbroker bietet Ihnen eine umfassende Beratung, in deren Verlauf Ihr genauer Bedarf ermittelt wird. Diese Beratung bildet die Basis für die darauf folgende Zusammenstellung Ihrer Adressen. Auch bereits vorliegende Daten aus Ihrer Datenbank können Sie durch einen Adressverlag überprüfen und aktualisieren lassen. Hier werden Ihre Kundeninformationen mit dem Pool des Adressbrokers abgeglichen.

Wie teuer ist der Adresskauf? Der Preis einer Adresse setzt sich in der Regel zusammen aus dem Grundpreis (hier sind meistens die Basisdaten wie Anschrift und Telefonnummer enthalten) und den zusätzlichen Merkmalen, die Sie für jede Adresse dazukaufen möchten. Merkmale sind Eigenschaften, die den Datensatz weiter definieren, zum Beispiel die Positionsbezeichnung des Ansprechpartners oder die E-Mail-Adresse. Auch die Auswahl vertriebsrelevanter Merkmale wie Größe des Unternehmens, Anzahl der Mitarbeiter und »Umsatzklasse« lassen sich buchen.

PRAXISTIPP

Achten Sie darauf, einen seriösen Adressanbieter auszuwählen, dessen Adressmaterial der aktuellen Rechtslage entspricht (Opt-in/Opt-out). Beachten Sie hierzu unseren Hinweis auf die rechtliche Situation am Ende dieses Buches.

Das Telefonskript – Rückgrat der Telefonaktion

Das Telefonskript ist ein Leitfaden, anhand dessen sich ein Mitarbeiter am Telefon zuverlässig orientieren und durch das Gespräch bewegen kann. In einem korrekt entwickelten Leitfaden werden alle »Stationen« des Gespräches aufgeführt. Damit erfüllt das Skript gleich mehrere Funktionen: Es

- ist eine psychologische Stütze für den Mitarbeiter,
- stellt sicher, dass alle relevanten Themen angesprochen werden,
- unterstützt den Anrufer mit Textbausteinen,
- bewahrt davor, vom Hauptziel des Gesprächs abzuweichen,
- beschränkt die Gesprächsdauer auf eine geplante Zeitspanne.

Wie detailliert ein Skript ist, hängt von vielen Faktoren ab – letztlich ist es Ihre Entscheidung, ob Sie Ihren Mitabeitern ein stark vorformuliertes Skript in die Hand geben (was in der Einarbeitungsphase bestimmt sinnvoll ist) oder es Ihnen wichtiger ist, dass diese die Struktur des Gesprächsablaufs internalisiert haben und selbst in der Lage sind, Skriptbausteine entlang entsprechender Gesprächsphasen und deren Ergebnisse zu formulieren. Letzteres ist in der Regel erst mit erfahrenen Outbound-Profis möglich, aber unter Anleitung lernen die Outbound-Mitarbeiter, von Aktion zu Aktion selbstständig zu formulieren.

Wie detailliert soll das Skript sein?

Schließlich kann ein Skript nie alle Situationen im Gespräch abdecken; der Kunde hält sich nun mal nicht an die von uns vorgegebene Linie und ist für Überraschungen immer gut. Für den lebendigen Dialog mit dem Kunden ist es daher wichtig, innerhalb der Gesprächsphasen »springen« zu können, spontan Humor zu zeigen und die Geschichten des Kunden mitzuerleben und auch aus diesen die entsprechenden Infos ziehen zu können. Und auch hier soll das gut strukturierte Skript eine Hilfe sein.

Das Skript ist chronologisch aufgebaut und orientiert sich an folgender Grundstruktur:

Struktur des Telefonskripts

Grundstruktur Telefonleitfaden

Meldung/ Vorstellung	Grund des Anrufs/ Thema	Dialog zum Thema	Vereinbarung/ Verabschiedung
• Begrüßung • Nennung des vollen Namens • Nennung des Unternehmens Beispiel: »Einen schönen guten Tag, mein Name ist Petra Müller von Marquard IT-Services.«	• Nennung des Anrufgrundes • Interesse wecken • Ersten Nutzen verdeutlichen Beispiel: »Gerne würde ich Sie kurz über unseren neuen Wartungsservice informieren, der genau auf Ihren Bedarf zugeschnitten ist.«	• Vorteilsargumentation zu Produkt oder Dienstleistung • Einwandsargumentation • Kunden überzeugen • Bedenken ausräumen	• Gespräch zusammenfassen • Eckpunkte bestätigen lassen • Dem Kunden ein »Ja!« entlocken • Vereinbarung treffen • Verabschiedung

Unternehmensimage kann beim Start helfen

Meldung/Vorstellung: Zu einer korrekten Meldung gehört der volle Name (Vor- und Nachname) genauso wie die Nennung des Unternehmens. Landen Sie zuerst bei einer Assistentin/Sekretärin oder einem Kollegen, muss die Meldung nach dem Durchstellen zum Ansprechpartner natürlich wiederholt werden. Die Meldung und Vorstellung des Unternehmens ist nicht nur eine sachliche Information. Sind Ihr Unternehmen und seine Produkte bekannt, schafft Image und Marke gleich Vertrauen beim Partner.

Überwinden der Vorzimmerbarriere: Zu Beginn sollten unbedingt Formulierungen vorbereitet sein, die geeignet sind, die Sekretärin davon zu überzeugen, Sie zum Chef oder zur Chefin durchzustellen.

Zuständigkeit: Zuerst sollte die Zuständigkeit des Ansprechpartners abgeklärt werden, auch wenn man schon eine entsprechende Information vorliegen hat. Diese Klärung gibt mehr Sicherheit und ist zudem ein Baustein der Aufwärmphase, um den Kunden auf das Gespräch vorzubereiten.

Grund des Anrufs/Thema und Zeit: Bauen Sie Vertrauen auf, indem Sie gleich am Anfang den Grund Ihres Anrufs nennen und erklären. Wenn Sie dies gleich zu Beginn des Dialogs tun, kann Ihr Gegenüber entscheiden, ob das Gespräch zum gegebenen Zeitpunkt interessant für ihn ist. Aus diesem Grund sollten Sie an dieser Stelle auch einen Nutzen herausstellen, den der Anrufer von diesem Gespräch haben kann. Damit wecken Sie das Interesse Ihres Gesprächspartners.

Vertrauen aufbauen

Dialog zum Thema: Der Dialog zum Thema bildet das Herzstück des Telefonskripts. Es umfasst die Dialogführung gemäß der zuvor gestellten Aufgabe. Je nachdem, ob es nur um eine kurze Information oder um einen komplexen Vertriebsdialog geht, kann die Länge des Leitfadens stark variieren. Ziel ist es, einerseits Informationen zu bekommen und andererseits entlang dieser Informationen – und nicht etwa von seinen Bedürfnissen und Vorstellungen abgehoben – mit dem Kunden ins Gespräch zu kommen.

In der Regel erfolgt zuerst die Analyse des Bedarfs und Potenzials. Die hierfür notwendigen Fragen sind sorgfältig zu erarbeiten. Aus der Bedarfsanalyse entwickelt sich das (Produkt-)Angebot, das im Rahmen dieser Aktion geplant ist und über das dann der eigentliche Dialog mit dem Kunden erfolgt. Hier werden auch Einwände und Widerstände bearbeitet.

Muten Sie Ihren Mitarbeitern und den Kunden nicht zu viel zu. Das Gespräch sollte nicht mehr als drei bis sieben zentrale Punkte umfassen. Eine Ausnahme bilden Marktforschungen, bei denen viele Fragen abgearbeitet werden. Erarbeiten Sie diese Kernpunkte des Leitfadens unbedingt parallel zum dazugehörigen Reportingbogen! Dort finden sich diese Aussagen und Fragen in Kurzform wieder.

Mitarbeitern und Kunden nicht zu viel zumuten

Vereinbarung/Verabschiedung: Für die Abschlussphase werden Formulierungen benötigt, die »den Sack zumachen«. Denn die Abschlussphase sollte in eine Vereinbarung zwischen den Gesprächspartnern münden. Eine solche Vereinbarung kann ganz unterschiedlich ausfallen: Es kann um den nächsten Telefontermin gehen, um Datum und Uhrzeit eines persönlichen Besuchs, um die Bestellung, die Zusendung von Unterlagen oder ein Muster zum Ausprobieren. Dieser »virtuelle Handschlag« bringt Sie und Ihren Kunden näher zusammen und sorgt dafür, dass Ihre Geschäftsbeziehung in Bewegung bleibt.

Beispiel Autoleasing

Musterbeispiel für ein Telefonskript

Zielsetzung: Potenzial- und Bedarfsanalyse eines Autoleasing-Unternehmens (»XL Leasing«, Berlin) und Terminvereinbarung bei Fuhrparkleitern oder Fuhrparkverantwortlichen.

An der Telefonzentrale, wenn Ansprechpartner bekannt, aber keine Durchwahl

Guten Tag, mein Name ist ... von XL Leasing in Berlin. Ist es richtig, dass Herr/Frau ... in Ihrem Hause für den Fuhrpark verantwortlich ist, also für die Autos der Mitarbeiter und andere Autos, die Sie in Ihrem Unternehmen haben?

Wenn ja:

Bitte verbinden Sie mich mit Herrn/Frau ...

Wenn nein:

Wer ist denn dann verantwortlich für den Fuhrpark in Ihrem Haus?

Herr/Frau ...

In welcher Abteilung arbeitet Herr/Frau ... denn? Vielen Dank, dann bitte verbinden Sie mich mit Herrn/Frau ...

Entweder über Telefonzentrale oder Durchwahl im Sekretariat:

Guten Tag, mein Name ist ... von der XL Leasing in Berlin.

(Wenn nötig Ansprechpartner verifizieren, wenn nicht schon an Telefonzentrale geschehen).

Worum geht es?

Es geht um spezielle Vorteile im Bereich Schadensmanagement, die Ihnen die Abwicklung Ihres Fuhrparkmanagements erleichtern und besser planbar machen. – Bitte sind Sie so nett und verbinden Sie mich mit Herrn / Frau …

Mit Ansprechpartner verbunden:

Guten Tag, mein Name ist … von der XL Leasing in Berlin.

Wenn noch nicht über Telefonzentrale und Sekretariat verifiziert, sondern Durchwahl gewählt:

Herr / Frau … – ist es richtig, dass Sie in Ihrem Hause für die Firmenfahrzeuge verantwortlich sind, also für die Autos der Mitarbeiter und andere Fahrzeuge, die Sie in Ihrem Unternehmen haben?

Wenn nein:

Oh, tut mir leid, dass ich Sie störe. Sicher können Sie mir sagen, an wen ich mich da wenden muss?

Herr / Frau …

In welcher Abteilung arbeitet Herr / Frau …?

…

Vielen Dank! Können Sie mich auch gleich verbinden oder haben Sie die Durchwahl von Herrn / Frau … für mich?

Wenn ja:

Herr / Frau … – ist Ihnen die XL Leasing schon bekannt?

Ja, davon habe ich schon gehört.

Dann wissen Sie ja wahrscheinlich, dass die XL Leasing eine der renommierten Fahrzeugleasinggesellschaften ist. Wir sind vor allem auf individuelle, prozessorientierte Lösungen im Bereich Full Service spezialisiert.

Oder:

Herr / Frau … – ist Ihnen die XL Leasing schon bekannt?

Nein, kenne ich nicht.

Herr/Frau ..., die XL Leasing ist eine der renommierten Fahrzeugleasinggesellschaften. Wir sind vor allem auf individuelle, prozessorientierte Lösungen im Bereich Full Service spezialisiert. Leasen Sie zurzeit Ihre Autos oder sind diese finanziert?

Kein Leasing, sondern Kauf / Finanzierung

Welchen speziellen Grund gibt es hierfür und verraten Sie mir diesen auch? Und wie viele Fahrzeuge, Pkws oder Transporter haben Sie denn in Ihrem Unternehmen?

Fuhrpark > x Fahrzeuge

Herr/Frau ..., dann ist es möglicherweise interessant für Sie, dass unser Außendienstmitarbeiter Ihnen einmal die speziellen, individuellen Serviceleistungen der XL Leasing vorstellt. Es gibt nämlich neue Möglichkeiten, die Ihnen Ihr Fuhrpark-Management erleichtern, besser planbar und effizienter machen.

...

Wann ist Ihnen denn ein solcher Termin möglich? Passt es Ihnen besser nächste Woche oder übernächste Woche, Herr/Frau ...?

...

Dann sagen wir doch am ... oder am ... ?

...

Darf ich Ihnen noch ein paar Fragen stellen, damit wir den Termin individuell für Sie vorbereiten können?

Bedarfsanalysefragen

Vielen Dank. Halten wir also fest. Herr/Frau ... wird am ... um ... Uhr zu Ihnen kommen. Ich bedanke mich herzlich für das Telefonat und wünsche Ihnen ein interessantes Gespräch mit Herrn/Frau ...!

Fuhrpark < x Fahrzeuge

Herr/Frau ... , wenn Sie planen, Ihre Fahrzeuge in Zukunft zu leasen, würden wir uns freuen, wenn Sie sich an die XL Leasing wenden.

Wir haben eine Hotline, die Sie jederzeit kostenlos anrufen können. Oder Sie finden uns im Internet. Darf ich Ihnen entsprechende Unterlagen zusenden? Sind Sie so nett und geben mir Ihre E-Mail-Adresse?

...

Vielen Dank für unser Telefonat und auf Wiederhören!

Leasing, und zwar mit anderen Leasinggesellschaften

Dann kennen Sie ja schon die allgemeinen Vorteile des Autoleasings, Herr/Frau ... Die XL Leasing ist die einzige Leasinggesellschaft, die Ihnen ... bietet. – Darf ich Ihnen zu Ihrem Fuhrpark noch ein paar Fragen stellen, um herauszufinden, ob die individuellen XL-Leasing-Serviceleistungen zum Beispiel im Schadensmanagement für Sie interessant sind?

Bedarfsanalysefragen

(Kurz-, mittel- oder langfristiger Bedarf. Nicht abgeneigt, Leasinggeber zu wechseln)

Herr/Frau ..., was halten Sie davon, einmal die speziellen, individuellen Serviceleistungen der XL Leasing mit denen Ihres Leasinggebers zu vergleichen? Unser Außendienstmitarbeiter stellt Ihnen gerne einmal neue Möglichkeiten vor, die Ihnen Ihr Fuhrpark-Management erleichtern, besser planbar und effizienter machen.

...

Wann ist Ihnen denn ein solcher Termin möglich? Passt es Ihnen besser nächste Woche oder übernächste Woche, Herr/Frau ...?

...

Dann sagen wir doch am ... oder am ...?

...

Halten wir also fest: Herr/Frau ... wird am ... um ... Uhr zu Ihnen kommen. Ich bedanke mich herzlich für das Telefonat und wünsche Ihnen ein interessantes Gespräch mit Herrn/Frau ...

Langfristiger Bedarf, sehr zufrieden mit Leasinggeber, lässt keine Bereitschaft erkennen, diesen infrage zu stellen

Herr/Frau ..., was halten Sie davon, wenn wir Sie kontinuierlich über die Serviceleistungen der XL Leasing informieren? Wir arbeiten immer weiter daran, Ihnen neue Möglichkeiten anzubieten, die Ihnen das Fuhrpark-Management erleichtern, besser planbar und effizienter machen. So können Sie dann immer wieder die speziellen Serviceleistungen der XL Leasing mit denen Ihres jetzigen Leasinggebers vergleichen.

...

Ich rufe Sie dann auch gerne noch mal an, um mit Ihnen über eventuelle neue Anforderungen zu sprechen. Soll ich mich besser in sechs Wochen oder in zwei Monaten wieder melden?

...

Vielen Dank für das nette Gespräch und noch einen schönen Tag!

Wenn sehr ablehnend

Schade, Herr/Frau ..., dass wir Sie im Moment nicht für eine persönliche Beratung/für einen kontinuierlichen Kontakt gewinnen können. Vielleicht unterhalten Sie sich ja mal mit jemandem, der schon Kunde bei der XL Leasing ist. Wenn Sie doch noch neugierig werden, zögern Sie nicht, uns anzurufen. Darf ich Ihnen meine Telefonnummer durchgeben? Ich würde mich freuen, wenn Sie sich melden.

...

Vielen Dank für das Gespräch und auf Wiederhören.

Die Bedarfsanalyse Fuhrpark könnte folgendermaßen aussehen:

Bedarfsanalyse Fuhrpark:

Beispiel:
Fragebogen zum
Telefonskript

Wie viele Autos und wie viele andere Fahrzeuge umfasst
Ihr Fuhrpark?
- Pkws: ....
- Lkws: ....
- Transporter: ....
- Sonstige (Gabelstapler, Räumfahrzeuge etc.): ....

Wer fährt die Fahrzeuge?
- GF: ....
- Vertrieb: ....
- Techniker: ....
- Sonstige: ....

Sind diese nach Standard oder individuell ausgestattet?
- Standard: ❏
- Individuell: ❏
- Anmerkungen:
  _____
  _____

Gibt es in Ihrem Unternehmen eine feste Carpolicy, also spe-
zielle Vorgaben für die Ausstattung von Dienstfahrzeugen?
- Ja: ❏
- Nein: ❏
- Anmerkungen:
  _____
  _____

Welche Autohersteller sind in Ihrem Fuhrpark vertreten?

- Audi: ❑
- Mercedes: ❑
- Ford: ❑
- BMW: ❑
- Opel: ❑
- VW: ❑
- Sonstige: ❑

_____

_____

Planen Sie in diesem Jahr die Reduzierung oder Erweiterung Ihres Fuhrparks?

- Reduzierung um .... Fahrzeuge
- Erweiterung um .... Fahrzeuge

Wenn bereits Leasing:
Mit wie vielen Leasinggesellschaften arbeiten Sie derzeit zusammen?

_____

Darf ich fragen, mit welchen?

_____

_____

Wie sind Ihre Erfahrungen mit Leasing? Was ist Ihnen im Leasing besonders wichtig? (Reden lassen, aktiv zuhören!)

_____

_____

Planen Sie den Wechsel Ihres Leasinggebers oder eine neue Ausschreibung?

_____

_____

Folgende Fragen helfen Ihnen dabei, einen effektiven Telefonleitfaden zu erstellen:

Fragen für das Telefonskript

- Welche Kunden werden angerufen? (Stammkunden / Geschäftskunden / Privatkunden?)
- Ist der Name des Ansprechpartners bekannt oder muss dieser erst noch erfragt werden?
- Wer hebt das Telefon zuerst ab? Gibt es eine Sekretärin oder bei Handwerkern zum Beispiel die Ehefrau?
- Worum geht es? (Anfrage, Angebot, Werbebrief, Musterversand ...)
- Was hat der Angerufene davon, dass er mit mir spricht?
- Wie stellt sich der Anrufer vor? (Ihr Mitarbeiter, ich rufe an im Auftrag der Firma ...)
- Welche Informationen brauchen Sie vom Ansprechpartner?
- Wann hat ein Interessent Bedarf / Potenzial?
- Was könnten die Motive der Zielperson sein? (Geld sparen, Zeit sparen, Qualität, Vertrauen ...)
- Welche Vorteile hat Ihr konkretes Angebot aus der Sicht des Kunden? (Kostenersparnis, Zeitersparnis, Qualität ...)
- Was unterscheidet Ihr Angebot von dem der Mitbewerber?
- Wie soll Ihre Zielperson angesprochen werden? (Persönlich-vertraulich, sachlich-neutral, modern, konservativ ...)
- Welche Einwände erwarten Sie beziehungsweise haben Sie schon gehört? (Einwands- und Vorteilsargumentation!)
- Was sind die Ziele Ihres Anrufs?
- Wie geht es nach dem Telefonat weiter, welche Vereinbarungen werden getroffen?

Die digitale Dokumentation

Dem Datensatz des Angerufenen ist eine Dokumentation zugeordnet. Darin werden die inhaltlichen Ergebnisse des Gesprächs festgehalten, insbesondere was die Antworten auf die Bedarfs- und Potenzialanalyse betrifft. Da die Dokumentation optimaler-

Dokumentation entsprechend der Gesprächsstruktur

weise während des Gesprächs direkt ausgefüllt wird, wird sie am besten so strukturiert, dass sie der Gesprächsstruktur folgt.

Die Bedarfs- und Potenzialanalyse ist also im System abgebildet, sodass die wertvollen Informationen, die der Outbound-Mitarbeiter erfragt, nicht verloren gehen. Dies ist umso bedeutender, als auf der Bedarfs- und Potenzialanalyse die weiteren Schritte und Maßnahmen, die für den Kunden folgen sollen, basieren. Die Aktion ist natürlich so auch besser auszuwerten, was die inhaltlichen Ergebnisse und den Erfolg angeht.

Wie Sie die Dokumentation genau strukturieren, hängt ganz von den Zielen Ihrer Aktion ab.

Beispiel für einen digitalen Checkbogen einer Outbound-Aktion:

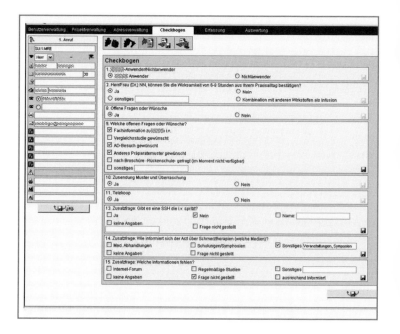

Aufsetzen von Reporting und Controlling der Aktion

Wir haben zum Anfang dieses Buches hervorgehoben, dass Telefonaktionen mit wenigen Anrufen pilotiert und nachjustiert beziehungsweise optimiert werden können, wenn die erwarteten Ergebnisse nicht eintreten. Im schlechtesten Fall kann die Aktion auch abgebrochen werden. Dies setzt allerdings voraus, dass Sie die Ergebnisse der Aktion einem kontinuierlichen Controlling unterziehen – und zwar mit quantitativen Kennzahlen (zum Beispiel Anzahl Gespräche pro Stunde, Erreichbarkeit der Ansprechpartner) und mit qualitativen Kennzahlen (zum Beispiel Anzahl brauchbarer Potenzialanalysen, Anzahl und Höhe der Verkäufe, Anzahl der Termine), die sich an der Zielerreichung Ihrer Aktion ausrichten.

Quantitative und qualitative Kennzahlen

Insbesondere um Ihre Aktion qualitativ zu bewerten, ist es zuerst notwendig, Ihre Zielsetzungen zu operationalisieren, also messbar zu machen. Dies ist nicht nur zur Ergebnismessung und Beurteilung interessant, sondern ebenso für die mentale Ausrichtung der Mitarbeiter auf die Zielerreichung. Die Mitarbeiter sind während und nach dem Gespräch angehalten, eine Bewertung sowohl entsprechend der Hard Facts (tatsächlicher Verkauf, Potenzial, zum Beispiel anhand der Anzahl Mitarbeiter des Unternehmens) als auch nach eigener Einschätzung (zum Beispiel eine Aussage zur Abschlusswahrscheinlichkeit) vorzunehmen.

Einordnung in Anrufkategorien als Gesprächsergebnis

Jedes geführte Gespräch und jeder Anrufversuch sollte in Ergebniskategorien A, B und C eingeordnet werden. In Kategorie A werden die positiven Ergebnisse festgehalten, in der Kategorie B sind die negativen Antworten dokumentiert und in Kategorie C die Fälle, in denen der Ansprechpartner nicht erreicht wurde.

Ergebniskategorien

Innerhalb der Kategorie A mit den positiven Ergebnissen werden hierarchisch geordnete Unterkategorien angelegt, die sich jeweils am Grad der Zielerreichung orientieren. Zum Beispiel beschreibt A 1 das bestmögliche Ergebnis. Die Unterkategorien können Sie in Abhängigkeit von der Aktion selbst festlegen.

Unterkategorien für A

Der Kategorie B werden diejenigen Kontakte zugeordnet, die am wenigsten interessant für die definierte Zielsetzung sind und gegebenenfalls aus der Kampagne ausgesteuert werden. Hier ist die Dokumentation der Gründe für das Nichterreichen der Zielsetzung wichtig.

In der Kategorie C werden die Gründe dafür aufgeführt, dass der richtige Ansprechpartner nicht erreicht wurde.

Eine Aufgliederung der Ergebniskategorien könnte folgendermaßen aussehen:

Zielsetzung: Bedarfs- und Potenzialermittlung und Terminvereinbarung

A Potenzial / Interesse vorhanden

A 1 Kurz- oder mittelfristiger Bedarf, Außendiensttermin mit Ansprechpartner ist vereinbart

A 2 Ansprechpartner, Hauptentscheider und Bedarf sind ermittelt; kurz- oder mittelfristiger Bedarf, keine Bereitschaft für Termin, aber Interesse an weiterem Kontakt

B Kein Potenzial beziehungsweise Interesse vorhanden

B 1 Kein Interesse, da »mit Mitbewerb verheiratet«

B 2 Reagiert aufgrund anderer Umstände (welche?) ablehnend auf das Produkt oder das Unternehmen

B 3 Zu geringes Potenzial; wird in einen anderen Vertriebskanal ausgesteuert

B 4 Kein Bedarf, kein Interesse; Aussteuern aus Kampagne

C Nicht erreicht

C 1   Falsche Rufnummer
C 2   Nicht mehr im Unternehmen
C 3   Nicht erreichbar im Aktionszeitraum
C 4   Von Sekretärin nicht durchgestellt

Musterbeispiel Versicherung für Aktionsplanung und Anrufkategorien

Zielsetzung der Aktion:

Motivation von inaktiven Vermittlern, auch im aktuellen Jahr Abschlüsse zu tätigen.

Zielgruppe:

Vermittler, die im Jahr 200x Versicherungsanträge geschrieben und im aktuellen Jahr noch keinen Antrag eingereicht haben.

Ansprechpartner/Entscheider:

Der Vermittler oder Inhaber der Vermittlungsagentur.

Anrufziele für diese Zielgruppe:

- Verifizierung des Ansprechpartners/Hauptentscheiders und der Kontaktdaten
- Wertschätzung für die Beziehung zeigen, Gründe für Nichtproduktion erfragen und erfassen, gegebenenfalls Reklamationsbehandlung

- Das Versicherungsunternehmen und insbesondere die Rentenprodukte in Erinnerung bringen
- Interesse für das neue Rentenprodukt wecken
- Bei Interesse: Versand von Unterlagen und Anträgen zu den Produkten
- Beratung und Service des Innendiensts anbieten, Telefonnummer des zuständigen Innendienstmitarbeiters mitteilen

Produkt/Dienstleistung:

Spezielles, auf eine bestimmte Zielgruppe zugeschnittenes Rentenprodukt

Anrufkategorien

A.a Rentenprodukte sind platziert, Anträge verschickt; Abschlusswahrscheinlichkeit > 75 Prozent

A.b Reklamation/Unzufriedenheit/andere Gründe identifiziert; Rentenprodukte sind dennoch platziert, Anträge verschickt; Abschlusswahrscheinlichkeit > 25 Prozent

B Reklamation/Unzufriedenheit/andere Gründe identifiziert; keine Verträge fürs neue Jahr in Aussicht, Daten sind qualifiziert

C Kontaktversuch

Anvisierter Zeitraum für die Anrufe:

9.00 – 15.00 Uhr

Vorbereitung:

Anzahl der Adressen ....
Anzahl Kontakte pro Tag/Woche ....
Ende der Aktion KW ....

Auswertung

Ist das Controlling richtig aufgesetzt, kann die Aktion kontinuierlich in definierten Phasen ausgewertet und beurteilt werden, um Optimierungen zu veranlassen.

In der Schlussauswertung geht es dann darum, Erkenntnisse aus der Aktion für zukünftige Maßnahmen zu gewinnen. Folgende Fragen bieten sich zur Beurteilung der Aktion an:

Fragen zur Beurteilung der Aktion

- Haben wir das Ziel erreicht (Abschlüsse, Termine etc.)? Und vor allem: Warum haben wir es erreicht beziehungsweise nicht erreicht?
- Wie war die Resonanz auf die Aktion seitens der Kunden? Wurde der Kontaktkanal angenommen, wurde das Anliegen / Angebot verstanden?
- Wie hat sich das Outbound-Team bewährt (Umsetzung der Vorgaben, Umgang mit Leitfaden und Argumentationshilfen, saubere Dokumentation, Umgang mit der Datenbank)?
- Wie war die Vorbereitung der Aktion?
- Welche Erfahrungen mit der Aktion sind festzuhalten, welche Schlüsse zu ziehen?
- Was hat sich bewährt? Was muss für die nächste Aktion geändert werden?

Je mehr Sie Ihre Mitarbeiter in die Auswertung der Aktion einbeziehen, desto genauere Informationen erhalten Sie. Fordern Sie ein offenes Teamfeedback ein und nehmen Sie Kritik und Anregungen ernst. Niemand war im Verlauf der Aktion dichter am Kunden als Ihre Vertriebsmitarbeiter am Telefon. Ihre Erfahrung ist deshalb unschätzbar.

Mitarbeiter in die Auswertung einbeziehen

Die Ergebnisse Ihrer Auswertung können Sie in einen Maßnahmenplan ummünzen. Sie verfügen damit gleich über die Grundlage für die nächste Aktion. Wie eingangs erwähnt, können Sie sich für diese nächste Aktion an dem in diesem Kapitel vorgestellten Schema orientieren, das Sie jetzt aber mit eigenen Erfahrungen anreichern können.

Die Erfahrungen direkt nutzen

Und so könnte ein Reportingbogen zum Beispiel aussehen:

			Report day = 30.04.2008	in % for day	Cumulative Report	% cum. Report
Positiv			**162**	**15,96%**	**2.627**	**18,88%**
A	1	Kreditkartenantrag versandt	162	15,96%	2.627	18,88%
		Kreditkartenantrag eingegangen	20		138	0,98%
Negativ			**853**	**84,04%**	**11.285**	**81,12%**
B	1	Kein Interesse an Kreditkarte	207	20,39%	3.039	21,84%
	2	besitzt / nutzt bereits andere Kreditkarte	283	27,88%	3.935	28,28%
	3	sieht keinen Nutzen/Vorteil der Kreditkarte	11	1,08%	126	0,91%
	4	Angebot zu teuer	2	0,20%	19	0,14%
	5	nutzt keine Kreditkarten	165	16,26%	2.179	15,66%
	6	nicht gesprächsbereit	55	5,42%	709	5,10%
	7	andere Gründe	99	9,75%	1.050	7,55%
	8	Blacklist	31	3,05%	228	1,64%
kein Kundenkontakt			**134**	**11,66%**	**1.118**	**7,44%**
	1	falsche / keine Telefonnummer	46	4,00%	691	4,60%
C	2	im Phasenzeitraum nicht erreichbar/ in AZ der Agentur nicht erreichbar	14	1,22%	161	1,07%
	3	6 x Person nicht erreicht	69	6,01%	173	1,15%
	4	sonstiges	5	0,44%	93	0,62%
Bruttokontakte						
		Busy	54		56	
		Wrong Number	77		2.548	
		Absent	427		10.906	
		Answering Machine	2		5	
		WA / PWA	3.087		7.390	
		Nettokontakte (NK)	1.084		14.085	
		abgeschlossene Datensätze (kein NK)	65		945	
		Abarbeitung (NK+abgeschlossene DS)	1.149		15.030	
		Abarbeitung (Nk) in % von gelieferten Datensätzen	2,99%		38,85%	
		Anzahl eingespielter Datensätze	36.259			

Beispiel für die Planung einer Outbound-Aktion

Der Ihnen bereits bekannte Herr Marquard, Geschäftsführer eines Unternehmens für IT-Dienstleistungen, bietet seit Neuestem einen besonderen Service an: eine quartalsweise erfolgende Wartung von kleinen bis mittleren Netzwerken zu einem festen Preis. Mit diesem Angebot möchte er sich in den nächsten drei Monaten im Markt positionieren. Er möchte sein Outbound-Team einsetzen, um potenzielle Kunden für das Angebot zu gewinnen.

Zunächst einmal wird das Ziel formuliert. Es gilt, während des Telefonats beim Kunden Interesse für eine quartalsweise erfolgende Wartung des Netzwerks durch die Firma von Herrn Marquard zu wecken und – wenn Bedarf und Potenzial vorhanden ist – einen konkreten Besuchstermin für den Außendienst zu vereinbaren.

Herr Marquard stellt fest, dass seine Kunden am ehesten die IT-Leiter von mittelständischen Unternehmen mit dreißig bis dreihundert Mitarbeitern sind. Diese definiert er als seine Zielgruppe. Er legt die Anzahl Anzurufender fest und nimmt diese zur Grundlage für seine Mengenplanung.

Bei der Zeitplanung für seine Aktion orientiert er sich an den anvisierten drei Monaten.

Die Frage Wann anrufen? ist nicht so leicht zu beantworten. Für IT-Leiter gibt es nicht unbedingt eine beste Anrufzeit. Sein Team telefoniert also an allen Tagen der Woche und hat dabei auch Abendtermine (zwischen 17 und 18.30 Uhr) eingeplant, da manche vielbeschäftigten IT-Leiter auch nach der normalen Arbeitszeit erreichbar sind.

Um entstehenden Bedarf auch abdecken zu können, entscheidet er sich, nur Unternehmen im Einzugsbereich seiner Außendienstmitarbeiter anzusprechen. Diese regionale Einschränkung berücksichtigt er bei der Selektion seiner Adressen. Da sich Herr Marquard nicht sicher ist, ob er alle wichtigen Unternehmen aus diesen Regionen bereits in seiner Datenbank hat, beauftragt er einen Adressverlag mit dem Abgleich und der Anreicherung seines Datenbestands.

Als Nächstes definiert Herr Marquard den Grund seines Anrufs. Er formuliert diesen schriftlich aus, um sicherzustellen, dass alle an der Aktion Beteiligten das gleiche Ziel anstreben.

Nun wird das Outbound-Team auf die Aktion vorbereitet: Ein Außendienstmitarbeiter und ein Produktspezialist machen die Mitarbeiter mit der neuen Dienstleistung vertraut, sie erläutern Hintergründe und Konditionen.

Gemeinsam mit Herrn Marquard machen sie sich dann an die Entwicklung eines Telefonskripts. Der Telefonleitfaden führt dabei von der Be-

grüßung über die Kernpunkte des Dialogs, die der Zielerreichung und dem Abschluss – in diesem Fall der Terminvereinbarung – dienen, bis zur Verabschiedung.

Sie entwerfen auch entsprechende Argumentationshilfen und Einwandbegegnungen.

In diesem Rahmen werden das Controlling und die Dokumentation konzipiert. Die zur Auswahl stehenden Gesprächsergebnisse werden anhand der Zielsetzung definiert. Im CRM-System werden gegebenenfalls noch die entsprechenden Felder eingefügt, um die Informationen elektronisch festzuhalten und auswertbar zu machen.

Die Vorbereitungen für die Aktion sind nun getroffen. Das Outbound-Team von Herrn Marquard beginnt mit seiner Arbeit.

Nach Abschluss der Umsetzungsphase erfolgt eine Auswertung *der Aktion. Die vorgesehene Anzahl an Gesprächen innerhalb des Aktionszeitraums konnte realisiert werden und die Resonanz auf das Angebot ist gut. Im Durchschnitt führt jeder fünfte Dialog zu einer Terminvereinbarung. Kleinere Kurskorrekturen wurden bereits während der Umsetzungsphase vorgenommen. So zeigte sich bereits nach einigen Tagen, dass für einen großen Teil der angesprochenen Entscheider nicht nur die Wartung, sondern auch der Aufbau eines Netzwerkes interessant war. Das Angebot wurde dementsprechend erweitert, Leitfaden und Reportingbogen modifiziert. Insgesamt ist Herr Marquard mit dem Ergebnis seiner Outbound-Aktion sehr zufrieden.*

Arbeitsblatt Kapitel 9

Dieses Arbeitsblatt zur Aktionsplanung dient Ihnen als Grundlage Ihrer Überlegungen und stellt sicher, dass Sie keinen Aspekt vernachlässigen.

Zielgruppe:

Meine Zielgruppe definiert sich wie folgt:

_____

_____

_____

Mengenvolumen

Anzahl Adressen: ....

Voraussichtliche Anzahl Nettokontakte pro Stunde: ....

Benötigte Personalkapazitäten: ....

Adresseinkauf notwendig?   ❏ Ja   ❏ Nein

Zeitplanung

Für die Planung und Umsetzung der Aktion plane ich .... Wochen ein.

Zielsetzung

Das Hauptziel der Aktion ist:

❏ Direktverkauf

❏ Produktangebot:

_____

☐ Terminvereinbarung
☐ Bestellung von Unterlagen
☐ Information des Kunden zu einem bestimmten Thema:

_____

_____

Grund des Anrufs

Aus folgendem Grund kontaktiere ich meine Kunden (konkretes Angebot):

_____

_____

_____

Bedeutung der einzelnen Ergebniskategorien:

A _____

B _____

C _____

Geplante unterstützende Maßnahmen:

☐ Versand eines oder mehrerer Mailings
☐ Versand anderer Unterlagen (Produktinformation, Anträge, Preislisten), und zwar

_____

Benötigte Informationen zur Potenzial- und Bedarfsermittlung:

_____

_____

_____

_____

Inhalte Skript und Argumentationshilfen:

_____

_____

_____

_____

Vorbereitung / Schulung der Mitarbeiter:

_____

_____

_____

_____

10. Make or buy – Wie finde ich den Outsourcing-Partner meines Vertrauens?

Schon gewusst? Mittlerweile arbeiten über 400 000 Menschen in Deutschland in der Callcenterbranche. Das entspricht über 1,2 Prozent der arbeitenden Bevölkerung in Deutschland!

Outsourcing: Tendenz steigend

Auf den ersten Blick mag es paradox erscheinen: Ging es bislang vor allem um den Aufbau eines eigenen Outbound-Teams, so ist jetzt ist auf einmal von Outsourcing die Rede? Doch hier liegt nur scheinbar ein Widerspruch vor. Denn genauso wichtig wie die Frage, ob sich Outbound lohnt, ist die Überlegung, ab wann es eventuell angezeigt ist, Prozesse durch Auslagerung zu optimieren. Vielleicht kommen Sie am Ende des Kapitels ja zu dem Schluss, dass nicht »Make or buy«, sondern »Make and buy« für Sie das Optimum darstellt.

Trend zum Outsourcing Immerhin: Der Trend zum Outsourcing ist in Deutschland deutlich erkennbar, selbst wenn unsere deutsche Mentalität nicht gerade vom Drang zur Prozessauslagerung durchsetzt ist. Noch vor einigen Jahren wären heute allgemein anerkannte Outsourcing-Ideen völlig undenkbar gewesen. Getreu dem Motto »Keiner versteht mein Geschäft so wie ich selbst« hütete jeder eifersüchtig seine Prozesse und Tätigkeitsfelder.

Die großen Unternehmen haben uns schon gezeigt, wie es besser geht. Tourismus und Versicherungen waren die ersten Branchen, die ihren Kommunikationsaufwand konsequent an Externe ausgelagert haben. Der Erfolg gibt ihnen recht. Heute konzentrieren sich international erfolgreiche Konzerne längst auf ihr Kerngeschäft und arbeiten mit einer ganzen Schar von Dienstleistern zusammen, die unterschiedlichste Geschäftsbereiche übernehmen.

Dennoch ist es sinnvoll, eine eigene Abteilung in Laborgröße im Haus zu behalten. Hier können Telefonskripts, Prozesse, Angebote und Produkte im Vorfeld auf Machbarkeit und Erfolgsaussichten geprüft werden. Unter dem Begriff »Business Process Outsourcing« werden nicht nur Abteilungen, sondern bewusst komplette Bestandteile der Ablauforganisation in externe Hände gegeben. Also alle Supportprozesse, die im Gegensatz zu den Kernprozessen nicht wettbewerbsdifferenzierend sind. Ihr persönliches »Testlabor« liefert Ihnen dabei vorab ein erstes Bild.

Internes Testlabor

Was bei den Großen funktioniert, lässt sich im Prinzip auf jedes Unternehmen übertragen, lediglich der Maßstab ist anders. Die Frage, die man sich stellen sollte, lautet: Wo liegen meine Kernkompetenzen – und wo liegen die Kompetenzen einer externen Agentur? Was andere besser können, sollen sie auch übernehmen. Allerdings können Sie sich alle Informationen, die Sie benötigen, um Dienstleister qualifiziert zu steuern, über Ihre kleine überschaubare Einheit selbst beschaffen.

Die Grenzen kennen

Wann genau man über die Zusammenarbeit mit einem professionellen Callcenter nachdenken sollte, lässt sich nicht an bestimmten Parametern festmachen, sondern ist von vielen Faktoren abhängig. Die Kunst besteht darin, die eigenen Kapazitäten einzuschätzen, die für den Aufbau eines Outbound-Teams notwendig sind. Eine Rolle spielen dabei nicht etwa nur die später tatsächlich am Telefon arbeitenden Mitglieder des Teams.

Denn irgendwann wird sich der Erfolg einstellen, sodass mehr Ressourcen nötig sind, um dem neu entstandenen Bedarf gerecht zu werden. Ausbauen oder outsourcen? Diese unvermeidliche Frage wird dann von verschiedenen Parametern bestimmt: insbesondere durch Managementkapazitäten, Aus- und Weiterbildung/Coaching, Schwanken der Volumina und die Beschränkung der Mitarbeiterzahl.

Managementkapazitäten

Managementkapazitäten: Neu gebildete Teams brauchen Führung – vor allem wenn sie wie im Falle einer Outbound-Einheit den Charakter einer eigenen Abteilung aufweisen. Eine erfolgreiche Eingliederung in die bestehende Unternehmensstruktur gelingt am besten, wenn dafür die nötigen Managementkapazitäten eingeplant werden oder idealerweise bereits vorhanden sind.

Personelle Ressourcen fürs Coaching

Aus- und Weiterbildung/Coaching: Gerade Teams, die eine gewisse Größe überschreiten, benötigen eine kontinuierliche Betreuung und Weiterbildung. Auch diese personellen Ressourcen müssen in die Entscheidung über ein eventuelles Outsourcing miteinbezogen werden.

Schwankender Bedarf

Stark schwankende Volumina: Eine Outbound-Kampagne verläuft selten kontinuierlich auf dem gleichen Auslastungsniveau. Im Gegenteil – die Auslastung eines Teams von Telefonmitarbeitern ist in der Regel großen Schwankungen unterworfen, die durch verschiedene Faktoren bedingt sind. In verschiedenen Phasen werden unterschiedliche Adressmengen kontaktiert. Auch die Dauer der Gespräche (die durch die Inhalte einzelner Aktionen/Phasen bestimmt wird) hat einen großen Einfluss auf die Auslastung. Dieser Umstand spricht sehr für einen Outsourcing-Partner. Denn ein solcher schneidet das Team auf den individuellen Bedarf zu. Eigene Mitarbeiter hingegen sind entweder vorhanden oder müssen bei gestiegener Auslastung neu eingestellt werden. Abgesehen vom dafür notwendigen Aufwand ist eine dauerhafte Auslastung bei einem späteren Rückgang der Calls oder zwischen einzelnen Kampagnen nicht immer gegeben.

Beschränkung der Mitarbeiterzahlen: Vielleicht wollen Sie die Mitarbeiterzahl in Ihrem Unternehmen gar nicht über ein gewisses Maß vergrößern? Hierfür kann es ganz unterschiedliche Gründe geben. Bei der Zusammenarbeit mit einem Callcenter profitieren sie natürlich von der personellen Flexibilität. Sie bezahlen nur die Ressourcen, die Sie für Ihre Kampagne tatsächlich benötigen.

Begrenzung der Mitarbeiterzahl

Leider werden die hier aufgeführten Faktoren in der Planungsphase oft nicht hinreichend oder gar nicht berücksichtigt. Das Ergebnis ist häufig ein enormer Aufwand an Ressourcen, der in diesem Umfang nicht kalkuliert wurde. Immer wieder werden euphorisch gegründete Outbound-Teams nach einigen Monaten unter der Leitung eines unglückseligen Teamleiters ungewollt ins Abseits bugsiert. Wirft dieser Verantwortliche dann irgendwann entnervt das Handtuch, wird das »Experiment Outbound« voreilig als Fehlschlag abgetan und zu den Akten gelegt.

Auch wenn die Planung des zu erwartenden Kommunikationsaufwands bei der Entscheidung über ein Outsourcing eine tragende Rolle spielt – vernachlässigen Sie nie die Unterstützung, die Ihnen ein Callcenter-Dienstleister im Bereich Planung, Management und Entwicklung bieten kann. Die echte Entlastung entsteht erst durch die Erfahrung der Agentur im hochspezialisierten Projekt- und Performancemanagement – Kompetenzen, die sie ansonsten erst aufwendig entwickeln müssten.

Es geht nicht nur um Kapazitäten

Die Empfehlung, die sich aus diesen Faktoren ergibt, ist eindeutig:

- *Schritt 1:* Bauen Sie ein überschaubares Team in Eigenregie auf und machen Sie sich mit den Möglichkeiten des Outsourcings vertraut. Feiern Sie Ihre ersten Erfolge!

- *Schritt 2:* Treffen Sie eine grundsätzliche Entscheidung. Wollen Sie mit der bestehenden Mannschaft weitermachen oder die Kapazitäten aufstocken?

- *Schritt 3:* Sie wollen ein größeres Team mit mehr Outbound-Kapazitäten? Dann machen Sie den nächsten Schritt und suchen Sie sich einen zuverlässigen Callcenter-Partner!

> **PRAXISTIPP**
>
> **Halten Sie Ihr Outbound-Team überschaubar und lagern Sie ab einer bestimmten Größe aus. Eine hausinterne Outbound-Mannschaft über einen gewissen Schwellenwert hinaus zu vergrößern ist weder zeitgemäß noch rentabel.**

Kenngrößen Bis zu welcher Größe ist ein Team mit eigenen Mitteln steuerbar? Orientieren Sie sich an einer Richtgröße von zehn Vollzeit-Arbeitsplätzen, FTEs genannt (Fulltime-Equivalents). Wenn Sie lieber mit dem Callvolumen rechnen, dann sind 5000 Nettokontakte im Monat ein Volumen, ab dem man ernsthaft darüber nachdenken kann, die Kampagne vertrauensvoll in die Hände einer Agentur zu legen.

Das Unternehmen Dentadeal GmbH ist ein seit mehreren Jahren etablierter Anbieter von Dentalbedarf. Die Produktpalette umfasst sowohl Verbrauchsmaterialien wie Füllzemente, Tupfer und Desinfektionsmittel als auch Bohrersysteme, Behandlungsstühle und sonstige Praxiseinrichtung. Von den insgesamt knapp 50 000 in Deutschland arbeitenden Zahnärzten zählen etwa 7500 zu den Kunden der Dentadeal GmbH. Bestellungen dieser Praxen werden in der Regel beim Außendienst aufgegeben oder über einen Online-Shop generiert. In allen Fällen geht die Bestellung vom Kunden aus. Ein aktiver Verkauf findet eher nicht statt.

Der Geschäftsführer von Dentadeal beschließt nun, das Medium Outbound zu nutzen, um Bestellungen aktiv anzubieten und dadurch Marktanteile auszubauen. Beginnend mit einem kleinen Team von zunächst vier FTEs (Fulltime-Equivalents) startet Dentadeal nach der Auswahl und Schulung der Mitarbeiter eine erste Outbound-Kampagne. Als Ziel-

gruppe definiert werden alle ehemaligen Kunden, die in den letzten sechs Monaten noch nicht bestellt haben. Die Berechnungen ergeben, dass insgesamt etwa 2100 Nettokontakte zu bewältigen sind.

Bereits nach wenigen Wochen zeigt sich ein positiver Effekt. Die angesprochenen Zahnärzte nehmen das telefonische Angebot an und bestellen häufiger und mehr bei Dentadeal. Die Outbound-Mannschaft agiert am Telefon zunehmend sicherer und die Prozesse laufen rund.

Aufgrund des Erfolgs beschließt das Management von Dentadeal, Adressen einzukaufen, um auch die Zahnarztpraxen einzubinden, die bisher noch nie bestellt haben. Schnell ist das Volumen auf etwa 7000 Nettokontakte angestiegen. Um der verstärkten Anfrage gerecht zu werden und das gestiegene Volumen bewältigen zu können, wird das Outbound-Team sehr kurzfristig auf zwölf bis fünfzehn FTEs aufgestockt.

Mit den Mitarbeiterzahlen potenziert sich auch die Komplexität des Projekts. Ein weiterer Teamleiter wird benötigt und die räumliche Infrastruktur muss hastig erweitert werden. Schulung und Coaching können nicht mehr von den eigenen Leuten übernommen werden, sondern erfordern einen externen Dienstleister. Das Team ist zu Spitzenzeiten ausgelastet, aber phasenweise eben auch ohne Beschäftigung. Das schwankende Volumen führt zur Freistellung einzelner Mitarbeiter, was sich – gepaart mit der aufkommenden Unsicherheit – negativ auf die Moral der Mannschaft auswirkt. Das Management von Dentadeal stellt fest, dass nicht nur die Kapazitätsplanung, sondern vor allem die fehlende Erfahrung mit callcentertypischen Prozessen viel Energie und Zeit kostet. Die Ergebnisse verschlechtern sich und es kommt vermehrt zu Beschwerden von unzufriedenen Zahnärzten, die sich schlecht beraten fühlen – die fehlende Betreuung der Agents macht sich bemerkbar.

Nachdem das Projekt aus dem Ruder zu laufen droht, entscheidet sich Dentadeal zu einem Schritt in eine andere Richtung. Das Outbound-Geschäft soll zukünftig zum Großteil von einem externen Callcenter-Dienstleister übernommen werden. Nachdem der richtige Partner ausfindig gemacht wurde, beschränkt sich die eigene Outbound-Abteilung nunmehr auf die empfohlene Größe von zehn FTEs. Das innerhalb von Kampagnen phasenweise auftretende große Volumen wird von der Agen-

tur übernommen. Das hausinterne Kernteam ist ganz auf die Betreuung wertvoller Stammkunden spezialisiert. Außerdem werden hier unter Laborbedingungen neue Ansätze getestet, bevor sie in der Breite umgesetzt werden.

Grundlagen des Outsourcings

Die Suche nach einem Callcenter-Dienstleister fällt streng genommen nur teilweise unter den Begriff des Outsourcings, da hier nicht etwa essenzielle Geschäftsbestandteile ausgelagert werden. Stattdessen realisiert Ihr zukünftiger Partner ein neues Geschäft, gegen dessen Umsetzung mit eigenen Mitteln Sie sich entschieden haben. Für diese Vorgehensweise wurde auch der Begriff »Outtasking« erschaffen. Dennoch lassen sich viele Erkenntnisse aus dem klassischen Outsourcing übertragen. Im Folgenden wird deshalb auch weiterhin der Begriff Outsourcing verwendet.

Die Grundidee des Outsourcings

Grundgedanke ist in beiden Fällen, Prozesse außerhalb des eigenen Kerngeschäfts von einem Dienstleister umsetzen und managen zu lassen. Das Ziel: eine Rationalisierung der Geschäftsprozesse und eine möglichst geringe Prozesskomplexität. Alles, was nur mit erheblichem Aufwand an Zeit und Geld selbst umzusetzen wäre, wird an einen spezialisierten Dienstleister abgegeben. Zumindest in der Anfangsphase eines Projektes und/oder bei zeitlich begrenzten Aktivitäten sind die Kosten weitaus geringer und oft besser kontrollierbar. Denn eine eigene Infrastruktur erübrigt sich für ein solches Projekt meistens. Auch das Risiko von Ausfällen oder Abweichungen von der Planung verbleibt zum größten Teil beim Dienstleister.

Die Rolle meines Outsourcing-Partners

Was kann ich von meinem Partner erwarten? Welche Rolle kommt ihm zu und wo liegen die Grenzen? Diese Frage stellt man sich im Laufe der Planung immer wieder. Wichtig ist es, zu erkennen, dass ein ernst zu nehmender Outsourcing-Partner viele Rollen übernimmt – und in jeder Rolle klar definierte Aufgaben hat.

Ganz einfach ausgedrückt, sucht man beim Outsourcing natürlich zunächst einmal jemanden, der einem Arbeit abnimmt. Diese Rolle ist deshalb sicherlich die vorrangigste Aufgabe des Callcenters. Ein Kommunikationsbedarf entsteht und muss adäquat umgesetzt werden.

Der klassische Outsourcing-Partner

Scheuen Sie im Laufe der Zusammenarbeit mit Ihrem Dienstleister nicht vor intensiven Diskussionen zurück. Aus den unvermeidlichen Hürden entstehen die Ansätze für Optimierungen. Nehmen Sie Einwände und Vorschläge durchaus ernst. Schließlich haben Sie sich auch für Outsourcing entschlossen, um Kompetenz einzukaufen! Bauen Sie auf diese Kompetenz und fordern Sie sie ein. Gerade was die rechtlichen Rahmenbedingungen angeht, verfügt ihr Callcenter über enormes Know-how und leistet Ihnen wertvolle Hilfestellung. Ein Callcenter ist immer Berater und Unterstützer zugleich. Auch wenn es von Zeit zu Zeit Klärungsbedarf gibt – kein Grund, an der Beziehung zum Dienstleister zu zweifeln.

Der Partner auf Augenhöhe

Schnell auf unvorhergesehenen Kommunikationsbedarf zu reagieren – hier können Callcenter ganz groß auftrumpfen. Abhängig davon, welches Geschäftsmodell Sie mit Ihrem Partner vereinbart haben, fungiert er als Feuerwehr. Und das kann schneller notwendig sein, als Sie vielleicht denken. Je breiter die Basis ist, auf der Sie mit Ihren Kunden in Kontakt stehen, desto eher entsteht ein Bedarf an Informationstransfer, der mit »Bordmitteln« nicht zu bewältigen wäre.

Die Feuerwehr

Ein Zulieferer für die Automobilindustrie hat unvorhergesehene Probleme mit seinen Qualitätsstandards und muss eine Rückrufaktion durch-

führen. Die Produkte des unmittelbaren Mitbewerbers sind nicht von den Schwierigkeiten betroffen. Er kann weiter liefern. Reagiert dieser zweite Anbieter jetzt schnell, dann kann er mittels einer kurzfristig anberaumten Outbound-Kampagne wertvolle Marktanteile gewinnen.

Outsourcing bedeutet nicht immer gleich Callcenter. Wer sein Outbound-Team ganz oder teilweise außer Haus »parken« möchte, hat dazu mehrere Möglichkeiten. Für welche Sie sich entscheiden, hängt von Ihren Plänen ab. Geht es um eine einmalige, zeitlich klar begrenzte Kampagne, bietet sich die Abwicklung komplett durch einen Dienstleister an. Am anderen Ende des Spektrums steht die Zusammenarbeit mit einer Unternehmensberatung, die lediglich unterstützend arbeitet.

Eine andere Outsourcing-Form: Mitarbeiterleasing

Wer Planung, Entwicklung und Steuerung einer Outbound-Kampagne komplett in seiner Hand behalten möchte, aber für die Umsetzung nicht dauerhaft Personal einstellen will, der kann sich Outbound-Mitarbeiter auch für einen vorher vereinbarten Zeitraum leihen. Das wäre dann ein Mitarbeiterleasing. Im Vergleich mit eigenen Arbeitskräften ist bei dieser Variante des Outsourcings zu beachten, dass die Identifikation mit dem Produkt oder der Aufgabenstellung bei externen Mitarbeitern natürlich nie so ausgeprägt sein kann.

Wird das Leasing von Callcenter-Agents erwogen, so besteht zum einen die Möglichkeit, über Personalleasing-Firmen einzelne Agents zu suchen. Es gibt aber auch Leasing-Unternehmen, die ganze Callcenter-Teams zur Verfügung stellen. So können Mitarbeiter aller Hierarchieebenen – also auch Projektleiter – gebucht werden.

Callcenter

Die umfassendste, aber auch bequemste Art des Outbound-Outsourcings besteht darin, gleich die Zusammenarbeit mit einem professionellen Callcenter zu suchen. In diesem Fall obliegt Ihnen neben dem Briefing der Agentur lediglich das Controlling Ihrer Kampagne. Personaleinsatzplanung, Vorbereitung und das Tagesgeschäft liegen in den Händen Ihres Dienstleisters.

Vor allem wenn Sie sich nicht mit dem Aufbau eines Outbound-Teams befassen wollen oder können, ist die Beauftragung eines Callcenters sicher die bequemste Methode. Ein weiterer Entscheidungsfaktor kann der Umstand sein, dass zwischen den einzelnen Kampagnen längere Zeiträume liegen, in denen festangestellte Agents finanziert und beschäftigt werden müssten. Die Zusammenarbeit mit einem Callcenter bietet also auch ein hohes Maß an Flexibilität.

Auf den nächsten Seiten erfahren Sie mehr über die Auswahl des richtigen Dienstleisters.

Vor- und Nachteile verschiedener Formen des Outsourcings

Form des Outsourcings	Vorteile	Nachteile
Mitarbeiterleasing	• Personell flexibel • Zeitlich flexibel	• Geringere Identifikation der Mitarbeiter mit Produkt und Unternehmen • Nur vorübergehende Lösung • Gewisser »Integrationsaufwand« der Leasingkräfte
Callcenter	• Geringer Administrationsaufwand • Kein Personalaufwand • Risiko lastet auf mehreren Schultern	• Teurer als eigene Mitarbeiter • Gewisse Abhängigkeit vom Dienstleister

Der Auswahlprozess

Maximal drei Monate suchen

Klare Deadlines, die man sich selbst setzt, strukturieren den Vorgang der Sichtung und Auswahl einer Agentur erheblich. Nehmen Sie sich für die Suche nach einem passenden Callcenter maximal drei Monate Zeit und entscheiden Sie sich dann. Sieben Sie zu Anfang großzügig aus und konzentrieren Sie sich dann auf drei oder vier vielversprechende Bewerber.

Je genauer Sie die Aufgabenstellung definieren, desto präzisere Angebote erhalten Sie. Und damit stehen Ihnen auch mehr Parameter und Entscheidungskriterien zur Verfügung, um Ihre Auswahl sicher zu treffen.

Auswahlkriterien für ein Callcenter

Niemand gibt gerne sein Geschäft aus der Hand. Sie können also ganz beruhigt sein – Unsicherheit und Zweifel sind immer mit im Spiel, wenn man im Begriff ist, die persönliche Kommunikation mit potenziellen oder bestehenden Kunden an »Fremde« zu delegieren. Ein gutes Callcenter wird Ihre Situation verstehen und Sie in dieser wichtigen Entscheidungsphase unterstützen. Das beste Mittel gegen Unsicherheit und Zweifel ist erfahrungsgemäß eine größtmögliche Transparenz aufseiten Ihres Partners. Vor allen anderen Kriterien ist es deshalb wichtig, dass Sie das Gefühl haben, die Agentur spielt Ihnen gegenüber »mit offenen Karten«.

Affinität zum Outbound-Geschäft

Callcenter ist nicht gleich Callcenter. Eine wichtige Frage ist die nach dem Tätigkeitsschwerpunkt, um die *Affinität zum Outbound-Geschäft* einzuschätzen. Denn eine Agentur, die vor allem auf Hotlines spezialisiert ist, betritt mit der Übernahme eines Outbound-Projekts vielleicht völliges Neuland. Gerade der aktive Anruf beim Kunden ist nicht zu unterschätzen. Im Gegensatz zum Inbound sind Sie es ja, der etwas vom Kunden will. Ihr Team hat die Nummer gewählt und steht zunächst einmal in der Bringschuld, das Gespräch durch ein gutes Angebot zu rechtfertigen.

Bekanntheit und Referenzen

Ein anderes Kriterium sind der *Bekanntheitsgrad* und die *Referenzen*. Wie sind Sie auf die Agentur aufmerksam geworden? Finden sich in den wichtigen Branchenblättern Anzeigen dieses Unternehmens oder ist das Callcenter sogar durch Beiträge und Artikel vertreten? Ein Blick in Branchenorgane wie die Zeitschriften *W&V, CallCenter Profi* oder *Teletalk* bieten einen ersten Eindruck.

Lassen Sie sich durch die bloße Größe oder den Bekanntheitsgrad eines Callcenters allerdings auch nicht zu sehr beeindrucken. Mitarbeiterzahlen sind nicht unbedingt ein Hinweis auf gute Qualität, und wer »in aller Munde ist«, hat das nicht immer nur dem Erfolg zu verdanken. Vielleicht hat er einfach nur einen guten PR-Berater. Auch neue Agenturen oder aber mittlere und kleinere Auftragnehmer können – je nach Aufgabenstellung – gerade die richtigen für Sie sein.

> **PRAXISTIPP**
>
> Fragen Sie bei etablierten Callcentern explizit nach dem Anteil an Stammkunden am gesamten Auftragsvolumen des Callcenters. Wer eine Agentur auch noch im dritten Jahr bucht, ist offensichtlich zufrieden.

Mitgliedschaft in Verbänden

Wie dies in vielen anderen Branchen auch üblich ist, organisieren sich Callcenter in verschiedenen Dachverbänden. Eine *Mitgliedschaft in Verbänden* ist zwar nicht automatisch ein Garant für den Erfolg einer Zusammenarbeit, weist jedoch auf eine professionelle Arbeitsweise hin, da die Verbände bestimmte Anforderungen an ihre Mitglieder stellen.

Einen hohen Stellenwert genießt der Ehrenkodex Telefonmarketing des Call Center Forum Deutschland. Hier handelt es sich um eine freiwillige Übereinkunft führender Dienstleister. Geregelt werden in diesem Kodex die Grundlagen ethisch vertretbarer und ehrlicher Callcenter-Arbeit. Sowohl Kunden als auch Mitarbeiter und Verbraucher sollen so vor unlauteren Geschäftspraktiken geschützt werden. Die Anerkennung des Kodex verweist auf einen seriösen und etablierten Dienstleister.

Zertifizierungen Für Callcenter gibt es mittlerweile verbindliche Qualitätsstandards, die ein guter Indikator für die Leistungsfähigkeit des Unternehmens sind. Am weitesten verbreitet ist hier – wie in vielen Branchen – die *Zertifizierung gemäß DIN EN ISO 9001*. Diese Norm beschreibt modellhaft das gesamte Qualitätsmanagementsystem und ist Basis für eine umfassende Qualitätssicherung.

Die Norm umfasst acht Hauptkapitel, wobei die ersten drei Kapitel Vorwort und Allgemeines enthalten. In den Kapiteln 4 bis 8 geht es um: Qualitätsmanagementsystem (allgemeine Anforderungen, dokumentierte Anforderungen, QM-Handbuch, Lenkung von Dokumenten, Lenkung von Aufzeichnungen), Verantwortung der Leitung, Management von Ressourcen, Produktrealisierung und schließlich Messung, Analyse und Verbesserung.

Branchen- Neben der DIN-Norm gibt es auch mehrere Auszeichnungen, die
spezifische branchenspezifisch sind. Beispielhaft zu nennen ist das Qualitäts-
Zertifizierungen siegel für Call- und Customer Service Center, das vom TÜV Nord vergeben wird. Hierbei geht es vorrangig um die Einhaltung vorgegebener Qualitätsstandards für strukturierte, effiziente Prozesse zur kontinuierlichen Verbesserung im Callcenter-Management sowie das Recruiting und die Ausbildung von qualifiziertem Personal. Das Qualitätssiegel fordert die Einhaltung grundlegender Standards in den Bereichen Management, Datenschutz, Personal und technische Ausstattung.

Fragen Sie im Gespräch detailliert nach, ob und wie das Unternehmen zertifiziert ist und wann das letzte unabhängige Audit durchgeführt wurde.

Unternehmens- Genau wie bei der Planung eigener personeller Ressourcen spielt
größe die *Anzahl der verfügbaren Mitarbeiter* auch bei einem externen Dienstleister eine gewisse Rolle. Wenngleich Sie mit Ihren Projekten wohl kaum den Leistungsrahmen eines durchschnittlichen

Callcenters sprengen werden, sollten Sie sich dennoch vergewissern, dass zu jeder Zeit genug Mitarbeiter zur Verfügung stehen, um ein Projekt gegebenenfalls auch erweitern zu können.

Es ist hilfreich, wenn Sie den ungefähren Bedarf an Mitarbeitern bereits ermittelt haben. Einige Hinweise hierzu finden Sie in Kapitel 8. Auch wenn die von Ihnen beauftragte Agentur sicher eigene Methoden zur Berechnung anwendet, bieten Ihnen diese Formeln einen guten Anhaltspunkt.

Je größer die *Erfahrung in vergleichbaren Projekten* und je mehr eine Agentur bereits über Ihr Geschäft weiß, desto höher sind die Erfolgschancen für das anvisierte Outbound-Projekt. Die Vorbereitung der Kampagne nimmt weniger Zeit in Anspruch, da das notwendige Know-how – zumindest teilweise – bereits vorhanden ist. Die im Vorfeld einer Zusammenarbeit anstehenden Briefings fallen kürzer aus. Fundierte Kenntnisse des Geschäftsfelds erlauben es den später für Sie zuständigen Agents und Projektleitern, schneller Erfolge zu erzielen.

Erfahrung in vergleichbaren Projekten

PRAXISTIPP

Fragen Sie in den Verhandlungen mit Ihrem zukünftigen Dienstleister nicht nur nach der Branchenerfahrung der Agentur, sondern auch danach, ob die entsprechenden Mitarbeiter tatsächlich für Ihr Projekt verfügbar sind.

Erkundigen Sie sich deshalb bereits beim ersten Kontakt nach eventuellen Erfahrungen in Ihrer Branche oder mit ähnlich gelagerten Aufgabenstellungen. Wichtig ist dabei nicht immer eine Übereinstimmung auf Produktebene, vielmehr geht es vor allem um eine Ähnlichkeit in der Art der Kampagne. Hier bietet die Referenzliste einen ersten Überblick.

Gezielt nachfragen Fragen Sie im Gespräch gezielt nach. Denn häufig wird auf Kunden Bezug genommen, für die nur auf den ersten Blick branchenspezifische Aufgaben erfüllt wurden. Wer für einen Sanitärgroßhandel einen Katalogversand nachtelefoniert hat, ist noch lange kein Fachmann für die fachliche Kommunikation mit Installateuren. Und wer die Bestellannahme für einen Kontaktlinsenanbieter betreut, ist nicht automatisch für den Dialog mit Augenärzten qualifiziert. Entscheidend ist vor allem, dass der Anbieter sich mit ähnlichen Herausforderungen beschäftigt hat und auf diese Weise einen Erfahrungsvorsprung aufweisen kann.

Mitarbeiter Bereits in der Auswahlphase sollte man sich genau über die Zusammensetzung des zukünftigen Outbound-Teams Gedanken machen. Das gilt natürlich auch für die *Mitarbeiter* eines Dienstleisters, mit dem man eine Zusammenarbeit anstrebt.

Wie setzt sich die Belegschaft im Callcenter zusammen? Der Trend geht in den letzten Jahren zu immer mehr fest angestellten Mitarbeitern. Zwar liegen die Personalkosten für die Agentur dann höher, doch dafür wirkt sich dies positiv auf die Motivation der einzelnen Agents aus. Freie Mitarbeiter und Studenten gehören zum Callcenter-Alltag dazu, aber es sollten nicht mehr als zwanzig Prozent des Personals aus diesem Pool stammen.

Fluktuationsrate Fragen Sie nach der Fluktuationsrate. Der Branchendurchschnitt für Callcenter lag 2006 bei 18,76 Prozent (Quelle: Deutscher Direktmarketing Verband e.V.). Dieser im Vergleich zu anderen Branchen sehr hohe Wert liegt unter anderem in der Tatsache begründet, dass Callcenter für viele Arbeitnehmer ein »Sprungbrett« in andere Unternehmensbereiche oder Branchen darstellen. Liegt der Wert in einer Agentur weit über dem Schnitt, ist Vorsicht geboten. Zumindest bietet es sich dann an, die Gründe hierfür zu erfragen. Eine sehr niedrige Fluktuationsrate wiederum weist auf eine hohe Mitarbeiterzufriedenheit hin.

Auch die Frage nach den Aus- und Weiterbildungsmaßnahmen bringt Klarheit. Suchen Sie hier das Gespräch mit einem Trainer, fragen Sie nach dem Trainingskonzept und lassen Sie sich erklären, wie häufig Nachschulungen stattfinden und was noch unternommen wird, um die Leistungsfähigkeit einzelner Mitarbeiter kontinuierlich zu steigern.

Preisfragen

Die *Kosten* spielen bei der Beauftragung eines Dienstleisters immer eine zentrale Rolle. Der sorgfältige Vergleich mehrerer Angebote ist geboten. Dennoch sollte der Preis nicht immer das allein ausschlaggebende Auswahlkriterium sein: einerseits, weil sich bei der Zusammenarbeit mit Agenturen die Aussage »Qualität hat ihren Preis« oftmals bewahrheitet, und andererseits, weil die Höhe der Investition immer auch in Relation zum erwirtschafteten Umsatz steht. Wer erfolgreich agiert, darf mehr kosten, weil er auch mehr erwirtschaftet.

Hinzu kommt, dass häufig sehr unterschiedliche Berechnungsgrundlagen zum Tragen kommen, wenn Callcenter ihre Leistungen anbieten. Wiewohl sich seriöse Agenturen um transparente Angebote bemühen, sind diese häufig schwer vergleichbar. Niedrige Festkosten werden allzu häufig durch hohe Kosten »nach Aufwand« relativiert.

Erfolgsorientierte Vergütung?

Früher oder später wird die *Form der Vergütung* zur Sprache kommen. Nur allzu attraktiv erscheint hier – aus Sicht des Auftraggebers – eine erfolgsorientierte Bezahlung. Entscheidet das Kampagnenergebnis maßgeblich über die Bezahlung des Dienstleisters, entsteht einerseits ein Anreiz für die Agentur, ihr Bestes zu geben. Auf der anderen Seite verringert sich bei mangelndem Erfolg das Ausfallrisiko.

Diese Rechnung geht aber nur scheinbar so einfach auf. Bei der erfolgsorientierten Vergütung sind einige Faktoren zu bedenken:

Die Leistung wurde erbracht: Zunächst einmal bezahlen Sie ein Callcenter dafür, dass es eine zuvor vereinbarte Leistung erbringt. Nämlich eine Anzahl von Adressen innerhalb eines bestimmten Zeitraums mit einer definierten Aufgabenstellung zu erreichen. Und diese Leistung wird – vorausgesetzt, die Agentur erfüllt ihren Vertrag – ja auch realisiert und sollte vergütet werden. Schließlich entstehen auch aufseiten der Agentur nicht unerhebliche Kosten.

Was bedeutet eigentlich Erfolg? Wer entscheidet darüber, wie genau der Erfolg einer Kampagne aussieht? Vielleicht haben Sie nicht die zuvor angestrebten Verkaufszahlen erreicht, dafür aber unschätzbare Informationen über einen zuvor unentdeckten Aspekt in Ihrer Kundenkommunikation erhalten. War diese Kampagne nun erfolgreich oder nicht?

Jeder ist in der Pflicht: Den Preis bei Nichterfolg zu senken ist einfach. Was aber, wenn der Auftragnehmer überdurchschnittlich gute Zahlen »eingefahren« hat? Sind Sie in diesem Fall bereit, entsprechend mehr zu bezahlen? Die Regel ist: Wo ein Malus lauert, sollte auch ein Bonus warten! Und wo dies so ist, zahlen nicht wenige Unternehmen nach Abschluss nämlich plötzlich bedeutend mehr als eingeplant. Ein fest vereinbarter Preis wäre hier günstiger gewesen.

Vertrauen ist der Schlüssel: Eine erfolgsorientierte Vergütung ist ein zweischneidiges Schwert. Wenn hier eine echte Win-win-Situation entstehen soll, dann ist Vertrauen der entscheidende Faktor. Geben Sie Ihrer Agentur deshalb bei den ersten Projekten die Chance, Ihren Markt und Ihre Kunden kennenzulernen. Dann ist sie bei Folgeprojekten sicher gern bereit, das Risiko in gewissem Umfang mitzutragen. Hingegen ist der Versuch, das komplette unternehmerische Risiko vom Auftraggeber auf den Dienstleister zu übertragen, weder angebracht noch zielführend.

Der persönliche Eindruck

Ein weiteres Auswahlkriterium ist auch der *persönliche Eindruck*. Ihr Bauchgefühl darf – genau wie bei der Auswahl eigener Mitarbeiter – durchaus mitbestimmen. Damit zwischen Ihnen und einer Agentur ein echtes Vertrauensverhältnis entstehen kann, müssen schließlich beide Seiten ein gutes Gefühl haben.

Ein Besuch vor Ort ist die zuverlässigste Methode, um einen Eindruck von der Arbeitsweise des zukünftigen Partners zu erlangen. Gerade Details geben Auskunft über die Qualifikation und lassen

Rückschlüsse auf die Arbeitsphilosophie zu. Dieser erste Eindruck beginnt bereits vor dem eigentlichen Besuchstermin. Wie kompetent und freundlich erscheinen die Empfangsmitarbeiter am Telefon? Wie schnell wird Ihre Bitte um einen Rückruf weitergeleitet? Und wie kurzfristig können Sie beim Callcenter Ihrer Wahl einen Besichtigungstermin vereinbaren? Machen Sie den Test und rufen Sie Ihren Ansprechpartner an. Erzählen Sie ihm, dass Sie gerade in der Gegend sind und in zwei Stunden gern »auf einen Sprung vorbeischauen« würden!

Achten Sie vor Ort auf die Einzelheiten. Wie sieht der Besprechungsraum aus? Ist gegebenenfalls schnell ein Laptop oder ein Beamer zur Hand, wenn danach gefragt wird? Werden Besucher durch alle Bereiche des Callcenters geführt? Und wie viele Agenten kommen auf einen Projektleiter – gerade diese Frage beeinflusst später die Führung Ihres Outbound-Teams. Es bietet sich an, ganz bewusst das Gespräch mit einzelnen Callcenter-Agents zu suchen. Wirken diese selbstbewusst und locker oder eher angespannt und gezwungen?

Auf die konkreten Details achten

Anschließend bringen Sie ihren subjektiven Eindruck mit den objektiven Fakten zur Deckung. Aus diesem Prozess erwächst eine Entscheidung, die Sie später dann auch nicht bereuen werden.

Das Angebot richtig lesen

Auf den ersten Blick mag das Angebot eines Callcenters ein wenig undurchschaubar wirken – begegnet man doch einigen neuen Begriffen und Ausdrücken. Ist das Grundprinzip eines solchen Dokuments aber erst einmal verstanden, dann wird die Beurteilung des Angebots zusehends leichter. Dreh- und Angelpunkt eines Callcenter-Angebots ist die Unterscheidung von einmaligen Fixkosten, monatlichen Fixkosten, variablen Kosten und Kosten nach Aufwand. Welche Preise gemeinhin welcher Kategorie zugeordnet werden, kann sich von Agentur zu Agentur teilweise erheblich unterscheiden. Um zwei oder mehrere Outsourcing-

Partner vergleichen zu können, lohnt also der genaue Blick auf die Details.

Einmalige Fixkosten

Ein gewisser Anteil der Gesamtsumme entfällt in jedem Fall auf die Position der *einmaligen Fixkosten*, da auch bei kleinen Kampagnen ein gewisser Initialaufwand anfällt. Hier handelt es sich in der Regel um die Kosten für die Auswahl und Schulung der Mitarbeiter sowie für die Einrichtung der technischen Infrastruktur (Datenbanken, Programmierung der ACD-Anlage etc.). Die Kosten für die Schulung der Agents variieren je nach Komplexität der zu erwartenden Aufgabenstellung. Die technische Seite kann sich erheblich verteuern, wenn umfangreiche Datenmasken eigens programmiert werden sollen oder eine Web-Anbindung an die Internetpräsenz des Kunden gewünscht wird.

Monatliche Fixkosten

Solange eine Kampagne läuft, fallen laufende Kosten an. Dies sind die *monatlichen Fixkosten*. Vor allem die Arbeit des Projektleiters (und seiner eventuell notwendigen Mitarbeiter im Management Ihres Outbound-Teams) will bezahlt sein. Denn schließlich bewältigt er die täglich anfallenden Arbeiten und steht Ihnen im Kampagnenverlauf als Ansprechpartner zur Verfügung. Die Personalkosten des eigentlichen Telefonteams werden in der Regel über den Preis der Calls abgerechnet und sollten nicht als monatliche Fixkosten im Angebot erscheinen. Schließlich wird ein Callcenter in erster Linie nach Aufwand bezahlt, wobei die Anzahl der durchgeführten Telefonate die Berechnungsgrundlage darstellt.

Variable Kosten

Die *variablen Kosten* sind abhängig vom Projektvolumen. Das Projektvolumen wird durch die Anzahl der Adressen, die für die Kampagne vorgesehen sind, und durch die Summe der geplanten Gespräche bestimmt. Hieraus ergibt sich die Anzahl der gesamten Anrufe.

Zum Beispiel können für eine bestimmte Zielgruppe 3000 Adressen vorliegen. Innerhalb der geplante Kampagne sind drei Aktionen vorgesehen. Die Zahl der Calls liegt insgesamt bei 6700 (nach Ausfilterung).

Der einzelne Call wiederum ist die wichtigste Berechnungsgrundlage für die anfallenden Kosten. Die sogenannten Nettokontakte bilden den Löwenanteil der Investition in ein Callcenter.

Calls und Nettokontakte

> **PRAXISTIPP**
>
> Bestehen Sie beim Angebot auf eine Abrechnung nach Nettokontakten. Im Gegensatz zum »Call« bezeichnet der »Nettokontakt« nur die Anrufe, bei denen tatsächlich mit Ihrer Zielperson und nicht etwa mit der Sekretärin oder einem Mitarbeiter gesprochen wurde.

Wie viel genau der einzelne Nettokontakt kosten wird, definiert sich zunächst durch die Länge des Gesprächs. Ausgehend von einer gewissen Produktivzeit pro Stunde und Agent (Zeit, die der Mitarbeiter tatsächlich telefoniert) und der zu erwartenden Länge des einzelnen Gesprächs ergibt sich die zu erwartende Anzahl der erreichten Nettokontakte pro Stunde.

Ein Beispiel: Bei einer Produktivzeit von fünfundvierzig Minuten pro Stunde und einer durchschnittlichen Gesprächsdauer von acht Minuten ergeben sich 5,6 Nettokontakte pro Stunde.

So oder ähnlich ermittelt die Agentur in der Phase der Angebotserstellung den Preis für einen Nettokontakt. Scheuen Sie nicht vor tiefer gehenden Fragen an Ihren Berater beim Callcenter zurück, sondern lassen Sie sich die Formel für die Berechnung des Nettokontaktpreises ruhig genau erklären.

Nicht alle Kosten können bereits in der Angebotsphase prognostiziert werden. Ein gewisser Anteil Ihrer Investition bleibt also immer undefiniert: Das sind die *Kosten nach Aufwand*. Ein gutes Beispiel sind die Telefoneinheiten, die durch Ihr Team im Rahmen der Kampagne »vertelefoniert« werden. Da sich die Gesprächsdauer anhand des Leitfadens nur ungefähr berechnen lässt und

Kosten nach Aufwand

im Einzelfall erheblich von diesem Richtwert abweichen kann, wird die Anzahl der Telefoneinheiten immer eine Schätzgröße sein.

Damit diese Positionen nicht zum Fass ohne Boden werden, lohnt sich der genaue Blick. Als Faustregel gilt: Lassen Sie sich im Zweifelsfall so viele Leistungen wie möglich konkret anbieten statt auf der Basis von Arbeitsstunden. Muss die Programmierung Ihrer Datenbank tatsächlich nach Aufwand angeboten werden? Wie sieht es aus mit Erfahrungswerten aus vergleichbaren Projekten? Planen Sie lieber eine eventuelle Nachbudgetierung ein, statt dem Dienstleister durch Freigabe einer Abrechnung nach Aufwand von vornherein freie Hand zu lassen.

Vertrauen entsteht aus Erfolg

Wie immer kommt das Schwierigste zum Schluss. Die Erfahrung zeigt, dass die größte Outsourcing-Hürde darin besteht, die eigenen Geschäfte – zumindest teilweise – »loszulassen«. Dabei sollte es eigentlich nachvollziehbar sein, dass eine Entlastung nur auf diesem Wege entstehen kann. Leider machen viele Unternehmer immer wieder den gleichen Fehler. Sie beauftragen einen Partner mit einem Geschäftsbereich, ohne sich dann tatsächlich mit gutem Gewissen ihren Kernkompetenzen zuzuwenden. Es ist deshalb äußerst wichtig, langfristig eine vertrauensvolle Partnerschaft entstehen zu lassen. Folgende Tipps können Ihnen dabei helfen:

- Lassen Sie sich Zeit für die Suche nach dem passenden Outsourcing-Partner, aber treffen Sie nach der selbst veranschlagten Zeit für die Recherche auch eine Entscheidung.
- Legen Sie die Kriterien für die Evaluierung eines Callcenters vor dem ersten Kontakt fest und halten Sie sich an diese.
- Lassen Sie Ihr Bauchgefühl immer mitentscheiden. Meistens hat es recht.

- Entwickeln Sie Controlling-Maßnahmen und Kennzahlen gemeinsam mit Ihrer Agentur.
- Nehmen Sie Ihre eigenen Bedenken ernst. Aus Befürchtungen entstehen Ansätze für Verbesserungen.
- Vertrauen Sie der Leistungsfähigkeit Ihres Callcenter-Partners. Wer über mehrere Jahre hinweg große Unternehmen begleitet, der macht vieles richtig!

Arbeitsblatt Kapitel 10

Folgende Fragen zur Bewertung eines Callcenters ermöglichen Ihnen einen möglichst objektiven Vergleich verschiedener Outsourcing-Partner:

Name der Agentur: _____

Mein Ansprechpartner: _____

Telefon: _____

E-Mail: _____ Homepage: _____

Anmerkungen:

_____

_____

_____

Telefonische Erreichbarkeit: ❑ gut ❑ weniger gut

Mitgliedschaft in Verbänden: ❑ ja ❑ nein

Wenn ja, welche?

1. _____

2. _____

3. _____

Vergleichbare Referenzprodukte: ❏ ja ❏ nein

Wenn ja, welche?

1. _____

2. _____

3. _____

Anteil an Festangestellten: ____ Prozent der Gesamtzahl Mitarbeiter

Aus- und Weiterbildung der Agents: ❏ gut ❏ weniger gut

Anmerkungen:

_____

_____

_____

Mitarbeiterfluktuation (ø ca. 19 Prozent): ❏ hoch ❏ niedrig

Qualitätssicherungsprozess vorhanden? ❏ ja ❏ nein

Anmerkungen:

_____

_____

_____

Zertifizierungen: ❏ ja ❏ nein

Wenn ja, welche?

1. _____

2. _____

3. _____

Datensicherheitskonzept vorhanden? ❏ ja ❏ nein

Anmerkungen:

_____

_____

_____

Persönlicher Eindruck:

_____

_____

_____

11. Fallbeispiele

Drei konkrete Fallbeispiele sollen Ihnen einen konkreten Eindruck davon verschaffen, wie Outbound-Kampagnen ablaufen können. Wir haben folgende Firmen ausgewählt: Versatel AG, Hans Soldan GmbH und QVC.

Fallbeispiel Versatel AG

Das Unternehmen

Die Versatel AG ist mit über 680 000 Vertragskunden (2007) einer der größten Anbieter von Sprach-, Internet- und Datendiensten für Privat- und Geschäftskunden auf dem deutschen Markt. Versatel verfügt über ein hochmodernes, leistungsfähiges Glasfasernetz mit einer Gesamtlänge von etwa 38 000 km in ganz Deutschland. Damit ist das Unternehmen neben der Deutschen Telekom der einzige Anbieter, der eine umfangreiche eigene Stadtnetzinfrastruktur aufweist.

Im Privatkundensegment konzentriert sich die Versatel AG auf die Vermarktung von breitbandigen Internetzugängen, Mobilfunk und Entertainment. Auf Basis der eigenen Netzwerkinfrastruktur kann das Unternehmen schnelle Übertragungsraten zu einem hervorragenden Preis-Leistungs-Verhältnis anbieten. Zahlreiche eigene Versatel-Shops kümmern sich ebenso um die persönliche Betreuung der Privatkunden wie kompetente Vertriebspartner.

Zielsetzung

Die Versatel AG initiierte Anfang 2007 eine Outbound-Kampagne zur Betreuung von Bestandskunden, deren Verträge in den nächsten vier Monaten ausgelaufen wären. Diese Kunden sollten durch das Telefonteam eines Callcenter-Dienstleisters mittels attraktiver

Tarife für weitere vierundzwanzig Monate an das Unternehmen gebunden werden.

Die Ausgangs-situation Die Entscheidung für den Einsatz eines Callcenter-Dienstleisters erfolgte primär aufgrund der Entwicklungen im Telekommunikationsmarkt. Immer stärker umkämpfte Marktsegmente und der damit verbundene Verdrängungswettbewerb erforderten eine Verstärkung der persönlichen und auch der telefonischen Kundenbetreuung sowie gezielte Maßnahmen zur Bindung von Bestandskunden.

Um die Leistungsfähigkeit des ausgewählten Callcenters sowie die Erfolgschancen im Vorfeld einzuschätzen, wurden zunächst erfolgreiche Pilotprojekte durchgeführt.

Für die Hauptkampagne von Versatel wurde das Leistungsportfolio in Pakete mit unterschiedlicher Preisstaffelung aufgeteilt. Je nach Auftragsvolumen wurden die Pakete einer von drei Prioritätsstufen zugeordnet. Anhand der Prioritäten der Pakete wurden dann die telefonischen Verkaufsgespräche strukturiert.

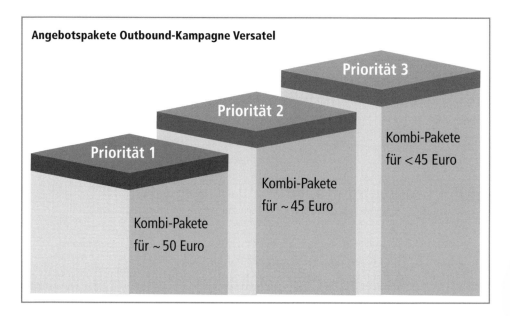

Angebotspakete Outbound-Kampagne Versatel

Priorität 1 — Kombi-Pakete für ~50 Euro
Priorität 2 — Kombi-Pakete für ~45 Euro
Priorität 3 — Kombi-Pakete für <45 Euro

Die Kampagne wurde nach dem bewährten Call-Mail-Call-Prinzip aufgebaut. Wie der Name schon verrät, wurde dabei eine postalische Aussendung von zwei Anrufen flankiert. Die Inhalte gestalteten sich wie folgt:

Aufbau der Kampagne

Call 1: Im Rahmen des ersten Anrufs wurde der Kontakt hergestellt und der Kunde auf das baldige Auslaufen des Vertrags aufmerksam gemacht. Im zweiten Schritt wurde ihm dann ein grundsätzliches Angebot zur Umstellung auf die neuen Tarife gemacht. Bereits in diesen Gesprächen war eine hohe Bereitschaft zum Wechsel in die neuen Tarife zu beobachten. Kunden, die sich nicht sofort zu einem Wechsel entschließen konnten, verblieben nach ihrer Zustimmung in der Betreuung. Ihnen wurden weiterführende Informationen in schriftlicher Form angeboten.

Mail: Im Anschluss an den ersten Call erhielten alle Kunden, die dies gewünscht hatten, ein Paket mit schriftlichen Informationen zu den neuen Verträgen. Die Unterlagen wurden personalisiert und tagesaktuell versendet.

Call 2: Etwa fünf bis sieben Tage nach Versand der Informationsunterlagen wurden die entsprechenden Bestandskunden erneut angerufen. Auf Basis der erhaltenen Informationen wurde ein Verkaufsgespräch geführt.

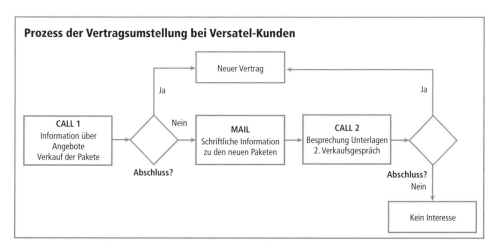

Vorgehensweise Primäres Vorteilsargument war, dass der Kunde alle mit dem Paket verbundenen Leistungen aus einer Hand bekommt und dafür einen reduzierten Pauschalpreis bezahlt.

Im Frühjahr 2008 wurde das Angebot von Versatel modifiziert. Ab diesem Zeitpunkt konnten sich die Kunden ihr Leistungspaket individuell aus einem Baukastensystem zusammenstellen. Die für den Dienstleister geltenden Prioritäten wurden neu gestaffelt. Die zu erreichenden Ziele wurden gemeinsam mit dem Auftraggeber Versatel in Abhängigkeit von Telefonieverhalten und Umsatz einzelner Kunden definiert.

Team Das für Versatel vom Callcenter eingesetzte Team umfasste in der Pilotphase zunächst zehn Mitarbeiter. Aufgrund der hohen Erfolgsquoten wurde die Outbound-Mannschaft im Verlauf des Projekts aufgestockt.

Das Verkaufsteam wurde sowohl von Versatel als auch hausintern geschult. Versatel hat für das Pilotprojekt eine produkt- und firmenbezogene Schulung durchgeführt. Schwerpunkte waren Firmengeschichte, die vorhandenen Tarife und neue Produkte. Vom Callcenter selbst wurden wichtige Verkaufsargumente, Projektziele und der Gesprächsleitfaden trainiert, welche in enger Abstimmung mit dem Auftraggeber entwickelt wurden.

Neue Mitarbeiter wurden hausintern geschult. Schulungen für neue Produkte wurden von Versatel durchgeführt. Die Mitarbeiter im Backoffice erhielten bei Versatel zusätzlich ein eintägiges Training.

Backoffice Nach drei Monaten begann der Callcenter-Dienstleister damit, auch das Backoffice des Versatel-Projekts zu übernehmen. Das Team wurde hierzu nochmals erweitert.

Sonderaktionen Aufgrund der erzielten guten Ergebnisse wurde der Callcenter-Dienstleister im Juli 2007 und im September 2007 mit Sonderaktionen beauftragt.

In der Kampagne im Juli 2007 wurden Kunden kontaktiert, die sich wegen Vertragsverlängerungen per E-Mail an Versatel gewandt hatten. Es erfolgte hier eine reaktive telefonische Kontaktierung der Kunden, um zunächst die Restvertragslaufzeit bestehender Verträge zu klären. Im zweiten Schritt wurde diesen Kunden eine neue Komplettpaketlösung angeboten. Auch diese Kampagne verlief erfolgreich.

Im September 2007 hat Versatel ein neues Produkt eingeführt. Hierbei handelte es sich um eine Handy-Flatrate. Den Kunden wurde eine SIM-Karte angeboten, mit der man für fünf Euro im Monat unbegrenzt in das deutsche Festnetz telefonieren kann. Als gezielt besonders Mobilfunk-affine Kunden angesprochen wurden und das Produkt als Community-Paket auch mit mehreren SIM-Karten kombiniert angeboten wurde, konnten gute Ergebnisse erzielt werden.

Telefonskript Versatel

GESPRÄCHSEINSTIEG

Guten Tag, mein Name ist ... (VN / NN) vom Versatel-Kundenservice. Bin ich jetzt richtig beim Anschluss von ... (Anschlussinhaber)?

(Reaktion abwarten)

Frau / Herr ..., wer ist bei Ihnen im Haushalt mein Ansprechpartner, wenn es um Ihren Internetzugang geht?

(Reaktion abwarten und gegebenenfalls einen Termin vereinbaren, um mit Ansprechpartner zu sprechen)

Wenn Ansprechpartner am Telefon:

Prima, dass ich Sie gleich erreiche.

Wenn Ansprechpartner nicht erreichbar:

Wann kann ich ihn / sie denn am besten erreichen, heute um x Uhr oder lieber morgen am Vormittag / Nachmittag / Abend?

(Reaktion abwarten)

BEDARFSANALYSE

Frau / Herr ..., wir haben neue Produkte für Sie als Versatel-Kunden entwickelt. Damit ich Ihnen auch das passende Angebot unterbreiten kann, habe ich einige Fragen an Sie:

- *Telefonieren Sie viel in die Mobilfunknetze beziehungsweise ins Ausland?*

Bei JA Mobil:

Frau / Herr ..., da habe ich doch das richtige Angebot für Sie. Unser Mobilfunk-Paket kombiniert mit Telefon- und Internet-Flatrate. (Beschreibung der Inhalte)

Bei Interesse: *Frau / Herr ..., wenn Sie jetzt noch fünf Euro dazulegen, schenke ich Ihnen zehn Euro Gesprächsguthaben. Das ist dann unser MAXI-Paket* (Beschreibung der Inhalte). Abschlussfrage!

Bei JA Ausland:

Frau / Herr ..., da habe ich das passende Angebot für Sie. Unser ganz neues Paket »4 in 1«, exklusiv für Bestandskunden (Beschreibung der Inhalte). **Abschlussfrage!**

- *Wie nutzen Sie das Internet? Nutzen Sie das Internet häufig / täglich?*
- *Laden Sie Musik oder Filme herunter?*
- *Wie viele Personen nutzen in Ihrem Haushalt das Internet?*
   (Sobald sich hier ein Bedarf ergibt, darauf eingehen und eine 6000-Bandbreite anbieten. Das wird für die meisten Kunden preiswerter als bisher, sie haben mehr für ihr Geld und wir bekommen ein PRIO-2-Produkt.)
- *Sind Sie häufig unterwegs und möchten jemanden telefonisch erreichen beziehungsweise erreichbar sein, zum Beispiel für Kinder / Partner?*

Bei JA:

Angebot Handyflat zusätzlich zum bestehenden Paket. Auch dann haben wir die Möglichkeit, auf ein PRIO-1- oder -2-Produkt zu kommen.

Abschlussfrage stellen:

Möchten Sie unser Angebot zum 01.03.2008 nutzen? Soll ich Ihren Anschluss zum 01.03.2008 auf das neue Paket XY umstellen? Ist das Angebot interessant für Sie? Sollen wir das machen?

Bei JA:

Ich fasse dann noch einmal die wichtigsten Punkte für Sie zusammen und zu Ihrer Sicherheit nehme ich diese Zusammenfassung auf Band auf. Ist das in Ordnung für Sie?

Bei JA:

Übergang zur Aufzeichnung (bitte Zusammenfassung wortwörtlich vorlesen)

Bei NEIN:

Herr/Frau ..., durch die Aufzeichnung ist für Sie gewährleistet, dass wir Ihren Auftrag ordnungsgemäß fertigstellen können. Selbstverständlich beachten wir die Bestimmungen des Datenschutzes. Darf ich die Aufzeichnung unter diesen Voraussetzungen starten?

Bei JA:

Weiter wie oben.

Bei NEIN:

Kein Abschluss ohne Recording!

Einwandbehandlung

VORGEHEN:

- Kunden aussprechen lassen, akustisches Nicken, Rückfragen stellen
- Verständnis signalisieren
  - Das kann ich nachvollziehen.
  - Das kann ich gut verstehen.
  - Ja, das kenne ich auch.
  - Mhm, ich weiß, was Sie meinen.
- Gemeinsame Lösung erarbeiten durch weitere Bedarfsanalyse oder auch Aufforderung an den Kunden, gemeinsam zu überlegen:
  - Woran liegt es?
  - Was lässt Sie zögern?
  - Welche Informationen benötigen Sie noch?
  - Was steht einer günstigeren Variante Ihres Zugangs im Wege?
  - Was kann ich tun, um Sie von diesem tollen Angebot zu überzeugen?
  - Unter welchen Umständen würden Sie sich für Ihren neuen Tarif entscheiden?

> - **Weitere Vorteile des Angebots:**
>   - Wählen Sie den sicheren Weg, entscheiden Sie sich für uns und profitieren Sie von unseren Treueangeboten.
>   - Mit unserem MAXI-Paket bieten wir Ihnen ein Exklusivangebot, das Sie nur hier bei mir erhalten.
>   - Profitieren Sie vom Kundenservice der Versatel AG! Wir kümmern uns darum, dass Sie das zu Ihnen passende Produkt erhalten.
> - **Nach jeder Einwandargumentation eine Abschlussfrage stellen**

Was wurde aus dem Projekt gelernt?

Die angesprochenen Kunden waren durchweg sehr zufrieden mit der telefonischen Betreuung und den angebotenen Paketen. Dem Callcenter ist es gelungen, die hohe Kundenbindung an Versatel zu verstärken. Die allgemeine Gesprächsatmosphäre war überwiegend sehr positiv, und die Kunden waren sehr aufgeschlossen gegenüber den neuen Angeboten. Sie fühlten sich zudem gut betreut, da sie durch die angebotenen Exklusivpakete Geld sparen konnten oder mehr Leistung bei gleichem Preis z. B. durch höhere Bandbreiten bzw. weitere Zusatzmodule bekommen haben.

Das Verkaufsteam des Callcenters ist weiterhin sehr erfolgreich im Hinblick auf erzielte Abschlüsse und verkaufte Prioritäten. Sowohl die Stornoquote als auch die Fehlerquote bei der Buchung im IT-System des Kunden sind sehr niedrig.

Fallbeispiel Hans Soldan GmbH

Das Unternehmen

Die Hans Soldan GmbH arbeitet als Lieferant für Bürobedarf, -einrichtung und -technik speziell für Anwälte und Notare. Zum Leistungsumfang gehören außerdem noch Beratung und Schulung, juristische Fachliteratur, Rechtsdatenbanken, News und Services sowie Forschung und Förderung.

Der Schwerpunkt der Aktivitäten liegt vor allem in der fachkompetenten Beratung der Anwälte und Notare zu den oben genannten Bereichen, die über einen bundesweiten Außendienst und mehrere Service-Center erfolgt.

Zielsetzung Die Hans Soldan GmbH plante den Einsatz des Mediums Outbound, um die vertrieblichen Aktivitäten des Hauses zu strukturieren und zielführend zu vereinheitlichen.

Die Ausgangssituation Das Interessentenmanagement des Unternehmens verlief vor dem Projekt eher unstrukturiert. Unter dem Begriff »Interessenten« wurden alle neu geknüpften Kontakte zusammengefasst. Eine Clusterung gemäß Potenzial oder auch nur eine Qualifizierung nach dem Bedarf (soweit überhaupt vorhanden) fand nicht statt. Neue Kunden wurden unreflektiert in die vorhandenen Standards eingebunden und nicht gesondert behandelt.

Kunden, die nach längerer Abstinenz wieder als kaufende Kunden in Erscheinung traten, wurden nicht nach den Gründen für ihren Rückzug beziehungsweise für ihre Rückkehr zur Soldan GmbH befragt.

Generell lässt sich sagen, dass die von der Hans Soldan GmbH umgesetzten Vertriebsprozesse wenig spezifisch gestaltet wurden. Eine Segmentierung fand nicht statt und der zeitliche und budgetäre Invest in die Kundenklientel verteilte sich gleichermaßen über das ganze Spektrum der Interessenten.

Optimierung der Kundenbeziehungen Die Optimierung der Kundenbeziehungen fand in fünf Schritten statt, die sich wie folgt gestalteten:

Optimierung der Kundenbetreuung bei der Hans Soldan GmbH

Schritt 1 – Vorbereitung der Qualifizierung
Schritt 2 – Qualifizierung
Schritt 3 – Definition/Umsetzung der Maßnahmen
Schritt 4 – Implementierung der Technik
Schritt 5 – Schulung der Mitarbeiter

Definition neuer Kundenklassen
- 2 Kategorien »Interessenten«
- 2 Kategorien »Neukunden«
- Kategorie »Reaktivierte Kunden«

Qualifizierung über Outbound:
- Mit wem wird gesprochen?
- Gibt es Besonderheiten?
- Hat der Kunde bereits gekauft?

Betreuung nach Potenzial
- Neue Adressen
  – Köderangebot
- Neukunden/Interessenten/reaktivierte Kunden
  – Starterpaket
  – Außendienst
  – Cross-Selling
  – Direktmarketing

Technische Bedingungen
- Fallabschließende Bearbeitung am PC
- EDV-technische Führung der Outbound-Mitarbeiter

Vorbereitung Outbound-Team
- Motivation
- Schulungen zu:
  - Akquise, Verkauf allg.
  - Cross-/Upselling
  - Abschlusstechnik

Schritt 1 – Vorbereitung der Qualifizierung: Als Grundlage für die Umstrukturierung der Vertriebs- und Marketingmaßnahmen wurden zunächst die Kundenklassen neu definiert. Statt generell von Interessenten zu sprechen, einigte man sich auf folgende Unterscheidung:

Schritt 1

Interessenten:
IN = Echte Interessenten – haben aktiv angefragt
PA = Potenzialadressen – stammen aus den verschiedenen Akquisitionsmaßnahmen

Neukunden:
NK = Neukunden – tatsächliche Neukunden, die zum ersten Mal bei der Hans Soldan GmbH kaufen

Reaktivierte Kunden:
RK = Reaktivierte Kunden – Kunden, die über ein Jahr nicht bei Soldan gekauft haben, aber jetzt wieder kaufen

Schritt 2 *Schritt 2 – Qualifizierung:* Vor der zielgerichteten Ansprache der Kundenkategorien IN/NK/RK erfolgte dann eine Qualifizierung durch das Outbound-Team. Folgende Fragen standen im Vordergrund:

- Zu welcher Gruppe gehört der Kunde (Steuerberater, Rechtsanwalt, Kanzlei, Privatperson)?
- Gibt es Besonderheiten (siehe Fragebogen)?
- Hat dieser Neukunde schon einmal gekauft?
- Hat der Kunde weiteren Bedarf?
- Wer ist der richtige Ansprechpartner für die jeweilige Vertriebsmaßnahme?

Die Qualifizierung erfolgte jeweils über einen Telefonkontakt. Eine Entscheidung über die passende Vertriebsmaßnahme wurde dann erst nach der Einschätzung des Outbound-Teams getroffen.

Und so sah der Telefonleitfaden für die unterschiedlichen Kundenklassen aus:

Telefonskript Soldan

GESPRÄCHSEINSTIEG

Hier spricht die Firma Soldan, mein Name ist ... (VN/NN). Ich möchte bitte mit Frau XY sprechen.

...

Guten Tag Frau XY, mein Name ist ... (VN/NN)

BEI INTERESSENTEN (Kategorie IN):

Ich habe eine Anfrage von Ihnen vorliegen. Sie interessieren sich für ... Diese Informationen werden wir heute an Sie versenden. Für die zukünftige Korrespondenz mit Ihnen möchte ich noch kurz die vorliegenden Kundendaten abgleichen.

Abgleichen der Kundendaten

Abschluss

BEI NEUKUNDEN (Kategorie NK):

Wir haben einen ersten Auftrag von Ihnen erhalten. Dafür möchte ich mich zunächst recht herzlich bedanken.

Falls schon geliefert:

Sind Sie mit der Lieferung zufrieden?

Bei JA:

Sehr schön.

Falls noch nicht geliefert:

Für die Lieferung und die zukünftige Korrespondenz möchte ich noch kurz die vorliegenden Kundendaten mit Ihnen abgleichen.

Abgleichung der Kundendaten

Abschluss

ABGLEICHUNG DER KUNDENDATEN
(Kategorien NK und IN)

– Kanzlei oder nur Rechtsanwalt
– Anschrift
– Telefonnummer / Faxnummer
– Anzahl der Rechtsanwälte
– Haben Sie auch Fachanwaltschaften in Ihrer Kanzlei? Welche?
– Entscheider für den Einkauf von Literatur?
– Entscheider für den Einkauf von Bürobedarf?

ABSCHLUSS
(Kategorien NK und IN)

Noch eine Frage zum Schluss. Wo kaufen Sie derzeit Ihren Bürobedarf ein? (Wettbewerb) *Sind Sie dort gebunden oder dürfen wir Ihnen weitere Angebote von Soldan unterbreiten?*

Falls möglich, die weitere Zusammenarbeit / Vorgehensweise abstimmen.

Vielen Dank für das Gespräch, ich freue mich auf die weitere Zusammenarbeit mit Ihnen!

BEI REAKTIVIERTEN KUNDEN
(Kategorie RK)

Nach ... Monaten / Jahren haben wir wieder einen Auftrag von Ihnen erhalten. Dafür möchte ich mich zunächst recht herzlich bedanken. Darf ich fragen, warum Sie so lange nicht bei Soldan bestellt haben?

...

Wo kaufen Sie denn normalerweise Ihren Bürobedarf ein?

...

Sind Sie dort gebunden oder dürfen wir Ihnen weitere Angebote von Soldan unterbreiten?

Alternativ: *Was müssen wir tun, damit Sie zukünftig Ihren Bürobedarf wieder bei Soldan einkaufen?*

Falls möglich, die weitere Zusammenarbeit / Vorgehensweise abstimmen.

Für die zukünftige Korrespondenz mit Ihnen möchte ich zum Schluss noch kurz die vorliegenden Kundendaten abgleichen:

- Kanzlei oder nur Rechtsanwalt
- Anschrift
- Telefonnummer / Faxnummer
- Anzahl der Rechtsanwälte
- Haben Sie auch Fachanwaltschaften in Ihrer Kanzlei? Welche?
- Entscheider für den Einkauf von Literatur?
- Entscheider für den Einkauf von Bürobedarf?

Vielen Dank für das Gespräch, ich freue mich auf die weitere Zusammenarbeit mit Ihnen!

Die Kunden zeigten sich durch einen »Thank-you-Call« für einen ersten Auftrag oder für eine Bestellung nach langer Zeit beeindruckt. Im Rahmen des telefonischen Dialogs konnten wichtige Fragen gestellt werden. Darüber hinaus bewirkte die Maßnahme eine echte Qualifizierung der Kanzleien und ermöglichte es, den Kunden zukünftig gezielt zu akquirieren und zu betreuen. Kunden ohne Potenzial konnten aussortiert werden. Die Qualität der Kundendaten insgesamt wurde innerhalb kurzer Zeit um ein Vielfaches verbessert. Und dank der fundierten Schulung der Outbound-Mitarbeiter waren diese in der Lage, eigenständig darüber zu entscheiden, auf welchem Vertriebsweg der einzelne Kunde zukünftig betreut werden sollte.

Was wurde aus den Gesprächen gelernt?

Schritt 3 – Definition und Umsetzung der Maßnahmen: Die Kundengruppen wurden nach der Qualifizierung durch die Outbound-Mitarbeiter entsprechend ihrem Potenzial weiter betreut. Die zuvor praktizierte »Gießkannenvariante«, bei der alle Interessenten gleich angesprochen wurden, machte einer selektiven Ansprache Platz.

Schritt 3

Nicht näher definierte Kontakte, die als potenzielle Kunden infrage kommen, wurden nicht telefonisch weiterbetreut. Hier entschied sich die Hans Soldan GmbH für ein Lockangebot. Dieses Angebot wurde so weit wie möglich auf den individuellen Bedarf des jeweiligen Ansprechpartners zugeschnitten.

Potenzialadressen

Allgemeine Marketingaktionen fanden bei dieser Gruppe nicht statt, da einer solchen Investition eine relativ geringe unmittelbare Erfolgsquote gegenüberstand.

Neukunden, Interessenten und reaktivierte Kunden wurden mit einer Vielfalt von Maßnahmen weiterbetreut:

Neukunden, Interessenten und reaktivierte Kunden

Das *Starterpaket* diente als Dankeschön und sorgte für zusätzliche Anreize. Es wurde immer im Zusammenspiel mit weiteren Vertriebsinstrumenten eingesetzt. Das Paket enthielt ein personalisiertes Anschreiben mit Bezug auf das geführte Telefongespräch und weitere Beigaben in Form von Katalogen, Gutscheinen oder Incentives.

Der *Besuch durch einen Außendienstmitarbeiter* war vor allem für die gezielte Akquise bestehender Kunden vorgesehen und erfolgte insbesondere bei Kanzleien mit großem Potenzial.

Über das Medium *Cross-Selling* wurden Kanzleien für andere Produkte aus dem Portfolio der Hans Soldan GmbH gewonnen. Eingesetzt wurden spartenbezogenes Direktmarketing genauso wie spezielle Cross-Selling-Programme und Rabattangebote.

Das *klassische Direktmarketing* diente vorrangig der Kundenbindung.

Keine weitere Vertriebsmaßnahme Kunden, die kein Potenzial erkennen ließen, wurden ganz bewusst aus der Betreuung herausgenommen. Bei Kunden ohne Interesse an den Produkten oder Dienstleistungen von Soldan wurde gemäß dem Grundsatz »Warum Kosten verursachen, wenn kein weiteres Ergebnis zu erzielen ist!« auf eine weitere Betreuung verzichtet.

Schritt 4 *Schritt 4 – Implementierung der Technik:* Um die geplanten Maßnahmen optimal über die Mitarbeiter des telefonischen Serviceteams abwickeln zu können, wurde die Möglichkeit geschaffen, alle Betreuungsinstrumente über eine CRM-Software zu steuern. Eine fallabschließende Behandlung der einzelnen Zyklen war somit komplett am Bildschirm möglich.

Schritt 5 *Schritt 5 – Schulung der Mitarbeiter:* Als einer der Schlüssel zum Projekterfolg kam der Ausbildung und Schulung des Outbound-Teams besondere Aufmerksamkeit zu. Im Mittelpunkt stand dabei der Gesprächsleitfaden. Anhand dieses zentralen Dokuments wurde das Team auf folgende Themen vorbereitet:

- Situatives Verkaufen am Telefon
- Kundenakquisition
- Einwandbehandlung

- Cross- und Upselling
- Abschlusstechniken

Um eine authentische und unverzügliche Umsetzung des Gelernten sicherzustellen, begannen die Mitarbeiter unmittelbar nach den Schulungstagen mit dem Telefonieren.

Fallbeispiel QVC

Das Unternehmen

QVC Deutschland ist mit einem Marktanteil von über fünfundfünfzig Prozent der erfolgreichste deutsche Teleshopping-Anbieter. Das Unternehmen erzielte im Geschäftsjahr 2007 einen Nettoumsatz von 634 Millionen Euro. Seinen Kunden bietet es rund 18 000 Produkte in den Kernsegmenten Haushalt, Schmuck, Lifestyle & Beauty und Mode. Einkäufer und Trendscouts recherchieren kontinuierlich nach neuen, innovativen Produkten für das einzigartige QVC-Sortiment. QVC erbringt anders als seine Wettbewerber alle Leistungen in Eigenregie – das gilt für die TV-Produktion und die Logistik ebenso wie für die Callcenter.

Das Unternehmen wurde vom Wirtschaftsmagazin *impulse* als »Deutschlands Kundenchampion 2008« und vom *Handelsblatt* als »Deutschlands kundenorientiertester Dienstleister 2007« ausgezeichnet und ist jeweils Gesamtsieger der gleichnamigen Wettbewerbe. Zudem erhielt QVC als eines von bundesweit nur fünf Unternehmen das TÜV-Siegel »Service tested« mit dem Prädikat »Sehr gut«.

Darüber hinaus wurde QVC Deutschland als erstes Versandhandelsunternehmen mit dem Siegel »Geprüfter Datenschutz« des TÜV Rheinland ausgezeichnet. Das Zertifikat bescheinigt den sorgfältigen Umgang mit allen personenbezogenen Daten auf jeder Verarbeitungsebene.

Zielsetzung

Im Rahmen der Stabilisierung und des Ausbaus der Marktführerschaft in der deutschen Teleshoppingbranche hat QVC Deutschland verschiedene Aktivitäten gestartet, um die Gründe für die Inaktivität einiger Kunden zu identifizieren und zu beseitigen.

Die Ausgangssituation Die Zielgruppe für Teleshopping in Deutschland ist relativ klein. Der Kunde zeigt jedoch in der Regel eine hohe Treue zum Anbieter. QVC Deutschland hat sich auf diesem Markt und in dieser kleinen Zielgruppe, bedingt durch die Qualität der Produkte und die hohe Kundenorientierung, ein starkes Image aufgebaut. Dafür wurde das Unternehmen von seinen Kunden mit der deutlichen Marktführerschaft belohnt.

Angesichts einer insgesamt hohen Kundenzufriedenheit und einer entsprechend hohen Wiederkaufquote ging es im ersten Schritt darum, Kunden, die in den vergangenen sechs Monaten keine Kauftransaktionen mehr aufwiesen, nach den Gründen ihres Verhaltens zu befragen. In diesem ersten Schritt wurden die infrage kommenden Kunden selektiert. Um jedoch von Anfang an eine Aussage über das spätere Verhalten dieser Gruppe zu erlangen, wurde diese Gruppe aufgeteilt in Kunden, die befragt wurden (Messgruppe), sowie Kunden, die nicht befragt wurden (Vergleichsgruppe).

Die Befragung Im Rahmen einer Outbound-Aktion wurde die Messgruppe angerufen, um die Gründe für die Inaktivität zu recherchieren. Das Ergebnis: Es konnten weder nachhaltige Service- noch Produktmängel bei den zuletzt erbrachten Leistungen für diese Kunden festgestellt werden. Lediglich 2,8 Prozent der Befragten gaben an, mit einem Element des Leistungs- oder Serviceangebots nicht zufrieden gewesen zu sein. Die hier identifizierten Fälle konnten nachträglich weitestgehend gelöst werden.

Die Aktion ergab hingegen eine Reaktion, die in fast allen Kundengesprächen in ähnlicher Form auftrat: Die Kunden waren erstaunt darüber, dass ihr Teleshoppingsender sich für sie persönlich und ihre Belange interessiert. Das Feedback der Kunden hierzu kann als durchweg positiv betrachtet werden.

Die Nachbereitung

Sechs Monate nachdem die Messgruppe wie beschrieben kontaktiert wurde, fand eine weitere Analyse des Kaufverhaltens statt. Dabei wurden die vor sechs Monaten befragten Kunden den nicht befragten Kunden der Vergleichsgruppe gegenübergestellt. Das Resultat war für alle Beteiligten beeindruckend. Die Wiederkaufquote der kontaktierten Messgruppe lag bei dreiundsiebzig Prozent, die der Vergleichsgruppe lediglich bei zweiunddreißig Prozent.

Aufgrund dieses überwältigenden Ergebnisses wurde nach der Auswertung dieser Studie ein Regelprozess im QVC-Callcenter eingeführt. Im Rahmen dieses Prozesses werden heute monatlich die Daten von inaktiv gewordenen Kunden selektiert und diese Kunden über ihre Zufriedenheit mit dem zuletzt erfolgten Service sowie dem Produktangebot im Allgemeinen befragt. Dabei werden tatsächliche identifizierte Mängel – wenn möglich – nachträglich beseitigt. Die Anzahl dieser Mängel ist jedoch ähnlich gering wie bei der beschriebenen Aktion.

Fazit

Fazit: Die absolute Anzahl an Stammkunden, die sich vom Unternehmen QVC abwenden, hat sich durch den Einsatz dieses Instruments mehr als halbiert.

Arbeitsblatt Kapitel 11

Vergleichen Sie die skizzierten Beispiele mit Ihrer bisherigen Planung und ziehen Sie Ihre Schlüsse.

Welche Erkenntnisse ergeben sich für Sie aus den aufgeführten Fallbeispielen?

_____

_____

_____

_____

_____

Lassen sich Parallelen zwischen den Fallbeispielen und Ihrer geplanten Kampagne ziehen?

_____

_____

_____

_____

_____

_____

_____

Was werden Sie ähnlich angehen, wie in den Beispielen skizziert?

_____

_____

_____

_____

_____

Was werden Sie anders machen, als in den Beispielen skizziert?

_____

_____

_____

_____

_____

_____

12. Die Integration des Outbound-Teams in das Unternehmen

Die Einführung von Outbound-Aktivitäten – sei es intern oder extern – wird in der Regel von den anderen Abteilungen erst einmal mit Argusaugen beobachtet. Insbesondere die Außendienstmitarbeiter verfolgen mit Skepsis, was geschieht. Doch auch für die Mitarbeiter des Innendienstes ist das Outbound-Team erst mal etwas Neues, Unbekanntes, das eher argwöhnisch betrachtet wird. Andere Abteilungen im Unternehmen wie Produktmanagement oder Buchhaltung sind in den Kontakten mit dem Team ebenfalls zunächst zurückhaltend. In jedem Fall hat das Outbound eine besondere Stellung, da es bisher eine ähnliche Funktion im Unternehmen noch nicht gab.

Unabdingbar: die Unterstützung durch das Management

Wichtig ist, dass das Team und seine Mitarbeiter eine Positionierung finden, die ihm Wertschätzung und Anerkennung sichert. Die Unterstützung durch das Management ist hierzu unbedingt notwendig. Denn wenn die Führungskräfte an den zu erwartenden Ergebnissen zweifeln und die Entwicklung skeptisch und voreingenommen beobachten, dann wird sich das Team bestimmt nicht etablieren können und der Misserfolg ist vorprogrammiert. Im Aufbauprojekt sollte deshalb die aktive Positionierung des Teams mit geplant werden. Dies heißt vor allem, Berührungsängste abzubauen und die Tätigkeit des Teams für die anderen wahrnehmbar und greifbar zu machen.

Die Kunden informieren

Bedeutet die Einführung von Outbound-Telefonmarketing eine spürbare Änderung für die Kunden, müssen diese natürlich auch darauf vorbereitet werden, dass sich ihr Ansprechpartner ändert beziehungsweise dass es nun einen zusätzlichen Ansprechpartner gibt, der sie aktiv anspricht.

Die Zusammenarbeit mit dem Außendienst

Selbst wenn der Vertrieb aktiv den Aufbau des Outbound-Teams beziehungsweise die Auftragsvergabe an den Outbound-Outsourcer vorangetrieben hat, so fürchten die Außendienstmitarbeiter meist um ihre Kunden und trauen dem Outbound-Team im Innendienst oder beim Outsourcer die richtige Gewinnung von Interessenten nicht wirklich zu. Werden Kunden fachgerecht und kompetent angesprochen? Haben die Outbound-Mitarbeiter die nötigen Produktkenntnisse und wissen sie über die Kunden und deren Bedürfnisse Bescheid? Wissen sie überhaupt genauso gut wie der Außendienst, wie man mit Interessenten und Kunden reden muss? Vorbehalte gibt es genug.

Natürlich besteht auch insgeheim die Befürchtung des Außendienstmitarbeiters: Werde ich überflüssig, wenn sich alles am Telefon erledigen lässt? Fällt dann auf einmal auf, dass ich einige meiner Kunden gar nicht regelmäßig besucht habe, sondern mich nur auf einen Teil der mir zugeordneten Kunden konzentriert habe? Der Umgang mit diesen Ängsten und Vorurteilen muss dringend in das Projekt »Einführung von Outbound-Telefonmarketing« eingeplant werden.

Die Angst des Außendienstlers

Ein erster Schritt besteht darin, den Vertrieb als Ganzes (sofern er nicht ohnehin der Initiator und Umsetzer des Konzepts ist) und die Außendienstarbeiter im Einzelnen in das Projekt zu integrieren. Letzteres betrifft insbesondere die Frage, welche Kunden vom Outbound-Team angesprochen werden. Haben die meisten Außendienstmitarbeiter eh viel zu viele Kunden, um diese optimal betreuen zu können, geben sie einen Teil ihrer Kunden- und Interessentenkontakte sicher gern an das Outbound-Team ab – nach entsprechenden Regeln, insbesondere was das Potenzial der Kunden angeht. In jedem Fall sollte es für die Vertriebsmitarbeiter transparent sein, welche Kunden- und Interessentendaten dem Outbound-Team vorliegen und wie und mit welcher Ansprache diese Zielgruppen betreut werden.

Verzahnung der Prozesse

In den meisten Fällen ist eine Verzahnung der Prozesse notwendig, beispielsweise wenn die Outbound-Mitarbeiter bei definierten Potenzialinteressenten oder Kunden Termine für den Außendienst festlegen. Dann ist auch eine Rückschleife zum Innendienstteam gefordert, um zu kommunizieren, wie der Besuch gelaufen ist, ob die Infos, die das Outbound-Team eruiert hat, richtig und hilfreich waren und, vor allem, was das Ergebnis vor Ort gewesen ist.

Die weiteren Schritte müssen ebenfalls für alle transparent und dokumentiert sein: Wird ein Angebot geschrieben? Soll der Outbound-Mitarbeiter das Angebot nachfassen und zum Abschluss bringen? Ist eine fachliche Vertiefung und Beratung beim Kunden durch einen Produktspezialisten gefordert?

Die Verzahnung der Aktivitäten zur Kundengewinnung oder zum Verkauf bei Stammkunden sollte unbedingt als Prozess dokumentiert sein. Doch dies kann noch so gut definiert und kommuniziert sein – wenn es menschlich nicht stimmt, wird es eine partnerschaftliche Zusammenarbeit zwischen Außendienst und Outbound-Mitarbeitern nicht geben.

»Wem gehört der Kunde?«

In unseren Projekten haben wir die Erfahrung gemacht, dass die Transparenz hinsichtlich der Frage »Wem gehört der Kunde?« sehr wichtig ist.

Es gibt Kampagnen und Aktionen, in denen der Kunde eindeutig dem Außendienstmitarbeiter »gehört« und das Outbound-Team als Dienstleister für den Kollegen Termine vereinbart, Produkte platziert, Muster anbietet und Angebote nachfasst. Dann hat der einzelne Außendienstmitarbeiter ganz klar die Entscheidungsgewalt und die Steuerung darüber, was mit »seinen« Kunden geschieht.

Die andere Möglichkeit ist, dass der Vertriebsleiter eine Kundengruppe mit einer entsprechenden Zielsetzung (zum Beispiel Kunden aus einem nicht betreuten regionalen Gebiet) an das Outbound-Team übergibt. Dann ist wiederum der Vertrieb – diesmal gesamt, in Form des Vertriebsleiters – »Besitzer« der Kunden und für die Prozesse und die Maßnahmen zu deren Betreuung verantwortlich. Dies ist auch der Fall, wenn der Vertriebsleiter bestimmte Phasen des Interessentenmanagements durch das Outbound-Team abdecken lässt, um seine Ressource Außendienst nur bei potenziell gewinnbringenden Kontakten einzusetzen.

In beiden Fällen muss sich der Vertrieb also intensiv mit dem Thema »Outbound und seine Möglichkeiten« auseinandersetzen. Der Vertrieb ist nämlich eindeutig Auftraggeber, der Teilprozesse zur Gewinnung und Betreuung seiner Kunden an das Outbound-Team abgibt. Dies bedeutet, dass das Outbound-Team sich von Anfang an als Dienstleister und Auftragnehmer für den Vertrieb positioniert.

Der Vertrieb als Auftraggeber

Viele Missverständnisse werden vermieden, wenn Kampagnen, Aktionen oder die langfristig angelegte Übergabe von Teilprozessen sorgfältig gemeinsam geplant und dokumentiert werden.

Der Vertrieb kann nicht einfach das Outbound-Team nach dem Motto »Macht ihr mal, ihr kennt euch ja mit Kundenbetreuung aus …« mit Aufgaben betrauen. Vielmehr muss das Outbound-Team seine Dienstleistung des aktiven Telefonierens deutlich beschreiben und auch transparent machen, wie diese messbar und nachvollziehbar gemacht werden soll. Für einen guten Outsourcer ist dies selbstverständlich. Ein internes Team sollte diesen Anspruch ebenso haben und umsetzen.

Deshalb muss im Vorfeld festgelegt werden: Wie reportet das Team an den Vertrieb? Mit welchen Kennzahlen (Key Performance Indicators, KPIs)? Welche quantitativen und qualitativen Servicelevelagreements (SLA) werden vereinbart (zum Beispiel Anzahl Anrufe pro Stunde, x Prozent Terminabschlüsse usw.)? Welche Reportings und Auswertungen erhält der Auftraggeber in welchen Zeitabschnitten?

Reporting festlegen

Des Weiteren sollte geklärt sein: Wer macht was in den Prozessen? Wer hat welche Entscheidungskompetenz? Wer hat welche Rechten und Pflichten? Wer ist Ansprechpartner für was?

Wichtige Fragen

Wer macht was?	Der Vertriebsleiter als Auftraggeber legt letztlich fest, wer welche Aufgaben in den Sales-Prozessen übernimmt und welche Teilprozesse oder Aufgabenstellungen er an das Outbound-Team abgibt. Die Verzahnung durch sorgfältig definierte Schnittstellen, das heißt die Beschreibung, wie jeweils das Staffelholz abgegeben werden soll, ist für das Zusammenspiel im Prozess entscheidend.
Wer hat welche Entscheidungskompetenz?	Im Rahmen der Abgabe von Aufgaben und/oder Prozessen ist es wichtig, zu definieren, welche Kompetenzen das Outbound-Team braucht. Dies fängt zum Beispiel bei der Terminvereinbarung an: Hat der Outbound-Mitarbeiter Zugriff auf den Kalender des Kollegen im Außendienst? Darf er selbstständig Termine mit dem Kunden vereinbaren? Im Direktverkauf werden Verhandlungs- und Preiskompetenzen wichtig. Die Entscheidungsgrenzen müssen klar sein, damit der Outbound-Mitarbeiter weiß, wann er mit dem Außendienstmitarbeiter oder dem Vertrieb Rücksprache halten muss, und umgekehrt.
Wer hat welche Rechte und Pflichten?	Der Vertrieb kann nicht nur abgeben, sondern er muss auch dafür sorgen, dass die Voraussetzungen dafür geschaffen sind, dass das Outbound-Team seine Dienstleistung für den Außendienst erbringen kann. So ist zum Beispiel die Dokumentationspflicht (der sich der Außendienst ja manchmal gern entzieht) unabdingbar dafür, dass die Informationen über den Kunden und die Kontakte zu ihm präsent sind und die Zusammenarbeit funktioniert.
Wer ist Ansprechpartner für was?	Die traditionelle Kommunikation zwischen Innendienst und Außendienst ist geprägt davon, dass der Außendienst direkt auf »seinen« Innendienstmitarbeiter zugreift und ihm Instruktionen für seine Tätigkeit bei »seinen« Kunden gibt und auch seine Unzufriedenheit über bestimmte Vorkommnisse mit diesem klärt. Dies sollte im Umgang mit den Outbound-Mitarbeitern nicht passieren. Die entscheidende Stelle bei internen Reklamationen oder bei gewünschten Sonderleistungen, die bisher so nicht vereinbart waren, sollte immer der Teamleiter beziehungsweise die verantwortliche Führungskraft des Teams sein. Diese klärt dann die Anliegen des Außendienstes mit seinem Team und mit dem einzelnen

Mitarbeiter. Es ist unbedingt sinnvoll, diese Verantwortlichkeiten festzuhalten und den Außendienst auf diesen »formalen Dienstweg« einzuschwören, um die Mitarbeiter in ihrer Konzentration auf den Kunden nicht durcheinanderzubringen.

Wie kommunizieren Outbound-Team und Außendienst miteinander?

Und eine der zentralen Fragen überhaupt lautet: Wie kommunizieren Outbound-Team und Außendienst miteinander? Dass der Außendienst nicht mehr der alleinige aktive Ansprechpartner des Kunden im Unternehmen ist, wird häufig als eine kleine Kulturrevolution im Unternehmen erlebt. Einen neuen Partner neben sich zu akzeptieren ist für den selbstbewussten Außendienst nicht selbstverständlich.

Wichtigste Voraussetzung für eine Kommunikation »auf Augenhöhe« ist die gegenseitige Wertschätzung, das gegenseitige Verständnis für die unterschiedlichen Rollen und Aufgaben und die Begeisterung für gemeinsame Ziele. Der Aufbau einer Kommunikationskultur beginnt damit, dass für beide Seiten Transparenz in Bezug auf die jeweiligen Aufgabengebiete und Arbeitsweisen geschaffen wird. Hilfreich ist hierbei das wenn auch nur kurzzeitige Eintauchen in die Welt des anderen. Ein Outbound-Mitarbeiter, der einige Tage den Arbeitsalltag des Außendienstkollegen erlebt, wird mehr Verständnis für diesen und dessen Anliegen in der Kundenbetreuung haben. Ebenso ist es umgekehrt. Durch Teilhabe an und Mittelefonieren in einer Outbound-Kampagne steigt die Anerkennung der Tätigkeit der Kollegen im Innendienst und die Bereitschaft, diesen die Kunden anzuvertrauen.

Transparenz schaffen

Der Kommunikationsstil untereinander sollte Diskussionsthema sein und Spielregeln für den Umgang miteinander sollten gemeinsam vereinbart werden. Dass gemeinsame Social Events diesen Prozess der Vertrauensbildung und der sozialen Verzahnung fördern, ist offenkundig. Auf dieser Grundlage werden regelmäßig gemeinsame Meetings angesetzt, in denen es um die Planung, Optimierung und Weiterentwicklung der gemeinsamen Aktivitäten geht.

Gemeinsames Informations- und Ablagesystem

Neben dem persönlichen Austausch erarbeiten und etablieren beide Partner ein für beide zugängliches Informations- und Ablagesystem. Hier werden unter anderem aktuelle Verfahrensanweisungen, gemeinsam genutzte Formulare sowie Protokolle von Meetings und Workshops hinterlegt. Die relevanten Kundeninformationen (Kontaktdaten, Kontakthistorie, Verträge, Korrespondenz, Besuchsberichte etc.) sind strukturiert in einer gemeinsamen Kundendatenbank dokumentiert. Die aktive Pflege und Nutzung des CRM-Systems sind in der neuen Kommunikationskultur selbstverständlich.

Wichtig: gemeinsame Erfolge

Ein weiterer wichtiger Erfolgsfaktor ist es, gemeinsame Erfolge zu haben. Die Transparenz der Ergebnisse durch ein übersichtliches und aussagefähiges Reporting dient insofern nicht nur dem Controlling der Outbound-Einheit. Erfolge des Teams sollten zu gemeinsamen Erfolgen im Vertrieb werden. Und gemeinsam erreichte Ergebnisse, zum Beispiel Verkaufsabschlüsse des Außendiensts aufgrund von Besuchsterminen, die vom Outbound-Team gelegt wurden, natürlich erst recht. Vergessen Sie nicht, diese als solche zu feiern! Denn nichts ist motivierender als der Erfolg; gemeinsame Erfolge schweißen zusammen und verdeutlichen die Sinnhaftigkeit der neuen Einheit und der verzahnten Vertriebsstrategie.

Ein Farben- und Baustoffhersteller lässt von einem externen Outbound-Team 1000 Malerbetriebe (Nichtkunden) aus dem Bundesgebiet anrufen. Diese generieren achtzig Erstaufträge mit ca. 20 000 Euro Umsatz. Das Besondere: Der Außendienst lieferte die Bestellungen persönlich aus. Der erste Besuch bei einem Neukunden war damit schon erfolgt. Achtundneunzig Prozent dieser Kunden wurden danach Stammkunden. So konnte der Außendienst, der oft Hemmschwellen in der Ansprache von potenziellen Kunden hat, nachhaltig vom Telefonmarketing überzeugt werden.

Integration des Outbound-Teams in den Innendienst

Ebenso wie für die Zusammenarbeit mit dem Außendienst gilt auch für den Innendienst, dass das Aufgabenspektrum unbedingt transparent sein muss. Das Outbound-Team muss dabei eng mit den anderen Abteilungen zusammenarbeiten. Die Inbound-Betreuung, wenn der Kunde sich selbst meldet, läuft über die (Vertriebs-)Innendienstmitarbeiter: Dabei geht es um die Annahme von Aufträgen, Retourenbearbeitungen und Ähnliches. In Rechnungsangelegenheiten ist die Buchhaltung zuständig.

Die Abstimmung, wer in welchen Fragen wann mit dem Kunden kommuniziert und wer für was verantwortlich ist, ist entscheidend für das professionelle Auftreten gegenüber dem Kunden. Der Outbound-Mitarbeiter wird unglaubwürdig, wenn zum Beispiel Rückrufe einer anderen Abteilung nicht zeitnah und wie versprochen erfolgen.

Unterschiedliche Kulturen

Doch meist dreht es sich bei Konflikten gar nicht um sachliche »Schnittstellenprobleme«. Vielmehr treffen oft kulturelle Unterschiede aufeinander. Während sich die Innendienstmitarbeiter eher als die administrativen Abwickler, als die Sachbearbeiter, die einen Fall bearbeiten, verstehen, sind die Outbound-Mitarbeiter auf die Beziehung zum Kunden und den optimalen Service für diesen gepolt und wollen ja schließlich ein Ziel erreichen.

Während die Innendienstmitarbeiter oft den Status »Mädchen für alles« im Unternehmen haben und vielfältige Aufgaben erledigen, können sich die Outbound-Mitarbeiter voll auf den Kunden konzentrieren – dies ist definitiv ihre Hauptaufgabe.

Analyse und Neuausrichtung des Innendiensts

Bei der Implementierung von Outbound-Telefonmarketing sollten auch die klassischen Innendienststrukturen analysiert werden. Wenn sich die Erwartungen, die das Outbound-Team bei den Kunden weckt, in den Kontakten mit den anderen Abteilungen im Folgeprozess nicht erfüllen, kann wieder zerstört werden, was durch die Telefonmarketing-Mitarbeiter an Beziehungen aufgebaut wurde.

Zu empfehlen ist eine komplette kunden- und vertriebsorientierte Ausrichtung der Innenorganisation. In diesem Changeprozess kann die neue Zusammenarbeit der Abteilungen in verzahnten Prozessen aufgesetzt und »geübt« werden. So können zum Beispiel die Mitarbeiter in den Inbound-Kontakten viele Informationen bekommen, die für den Außendienst und das Outbound-Team wichtig sind und die Anlass für eine aktive Ansprache sein können. Umgekehrt ist es für das Outbound-Team wichtig, etwa im Reklamationsfall schnell und flexibel gemeinsam mit den anderen Abteilungen zusammenzuarbeiten, den Kunden wieder aufzufangen und zufriedenzustellen.

Kontinuierliche Kommunikation Vom partnerschaftlichen Funktionieren der Kooperation von Außendienst, Innendienst und Outbound-Team hängt es letztlich ab, ob der Kunde – entlang definierter Prozesse – gewonnen und zu einem loyalen Kunden wird. Die kontinuierliche Kommunikation zwischen den drei Bereichen ist die Voraussetzung hierfür. Auf diese sollte daher unbedingt ein besonderes Augenmerk gelegt werden.

Anmerkungen zur rechtlichen Situation

Outbound-Maßnahmen sind schon häufiger ins Kreuzfeuer der öffentlichen Kritik geraten. Nicht zuletzt vor diesem Hintergrund ist ein Blick auf die rechtlichen Grundlagen unbedingt ratsam. Die seriöse Ansprache von Kunden respektiert und achtet die gesetzlichen Grundlagen in Deutschland. Die Kenntnis der wichtigsten Gesetze, die Telefonmarketing berühren, ist deshalb unabdingbar. Diese sind:

- Telekommunikationsgesetz (TKG)
- Bundesdatenschutzgesetz (BDSG)
- Gesetz gegen den unlauteren Wettbewerb (UWG), hier insbesondere §7

Da sich die Rechtslage häufig kurzfristig ändert, können und wollen wir an dieser Stelle keine verbindlichen Aussagen über die aktuelle Rechtsprechung machen. Unsere Ausführungen ersetzen in keinem Fall die Konsultation eines auf diesem Gebiet erfahrenen Rechtanwalts.

Grundsätzlich gilt für Anrufe im privaten Bereich: Kaltanrufe bei privaten Adressen sind verboten. Privatpersonen dürfen angerufen werden, wenn diese ausdrücklich ihr Einverständnis erklärt haben. Wie dieses formuliert sein und in welcher Form es abgegeben werden muss – dazu gibt es unterschiedliche Meinungen. Dies ist also unbedingt im Einzelfall zu klären!

Im gewerblichen Bereich reicht es, wenn von einer »mutmaßlichen Einwilligung« des Unternehmens ausgegangen werden kann. Der Anruf muss den unmittelbaren Geschäftsbereich des Angerufenen betreffen. Das heißt: Wenn ein Autohändler eine

Rechtsanwaltskanzlei anruft, um den Rechtsanwalt für ein Auto zu gewinnen, ist dies nicht erlaubt. Wenn ein Hersteller von Filtersystemen Schwimmbäder anruft, um seine – in Schwimmbädern sogar vorgeschriebenen – Filteranlagen anzubieten, ist dies rechtmäßig.

Sie sollten sich also selbst stets über die aktuelle gesetzliche Lage im Detail informieren. Beachten Sie kontinuierlich die laufende Diskussion in den Verbänden Call Center Forum und Deutscher Direktmarketing Verband (DDV). Prüfen Sie, ob Ihre Zielgruppen angesprochen und ob die Zielsetzungen, die Sie verfolgen, umgesetzt werden dürfen, und lassen Sie sich vor Beginn Ihrer Aktivitäten von auf das Thema spezialisierten Rechtsanwälten hinsichtlich Ihrer Zielsetzungen beraten. Auch die Adressen entsprechender Juristen erhalten Sie bei den Verbänden.

Glossar

Adressbestand
Verfügbarer Pool von Kundenadressen, die zur Verwendung in einer Marketingkampagne geeignet sind. Idealerweise sind neben Name, Telefonnummer und Adresse noch weitere Merkmale gespeichert, etwa das Potenzial.

Adressqualifizierung
Überprüfung bestehender Kundendaten auf ihre Richtigkeit. Gerade bei älteren Adressen empfiehlt sich vor dem Einsatz von Direktmarketingmaßnahmen eine Adressqualifizierung.

Agent
Mitarbeiter in einem Telefonteam (auch Telefonagent, Call-Agent).

Aktion
Teil einer Kampagne. So kann zum Beispiel eine Telefonphase eine Aktion sein, während die gesamte Kampagne sechs Telefonphasen umfasst. Eine Aktion kann innerhalb der Kampagne auch durch ein Mailing oder Ähnliches dargestellt werden.

Assessment-Center
Auswahlverfahren, in dessen Verlauf (häufig mehrtägig) potenzielle Kandidaten für eine Position beurteilt werden.

Bruttokontakt
Alle Adressen, die innerhalb einer Aktion angerufen wurden.

Buying-Center
Gruppe der Personen, die in einem Unternehmen an der Kaufentscheidung beteiligt sind. Dieses umfasst häufig Mitglieder von Marketing und Vertrieb, aber auch Einkauf und Controlling.

Call
Fachausdruck für Anruf (engl.).

Cross-Selling
Zusätzlicher Verkauf verwandter oder ergänzender Produkte und Dienstleistungen an den Kunden.

Dialer
Programm, das automatisch Telefonverbindungen herstellt. Wird verwendet, um die Auslastung in einem Callcenter zu optimieren.

Dublette
Adressdatensatz, der in der Datenbank fälschlicherweise zweimal vorhanden ist.

Headset
Kombination aus Kopfhörer und Mikrofon, die das Telefonieren mit freien Händen erlaubt.

Inbound
Anrufe, die vom Kunden getätigt werden und in einem Callcenter eintreffen.

Kampagne
Zeitlich definierte Marketing- oder Vertriebsinitiative, die sich aus mehreren Aktionen zusammensetzt. Eine Kampagne hat eine klare Zielsetzung und fasst alle zugehörigen Maßnahmen zusammen.

Lead
Erfolgreiche Kontaktanbahnung zu einem Interessenten.

Make or buy
Zentrale Fragestellung, die sich mit dem Outsourcing befasst. Betrachtet wird, ob ein Prozess selbst aufgebaut und realisiert werden soll (Make) oder an einen Dienstleister outgesourced wird (Buy).

Nettokontakt
Gespräche, in denen der zuständige Ansprechpartner erreicht wird und die zu einem Ergebnis (negativ oder positiv) führen.

Opt-in/Opt-out
Begriff aus dem Permission-Marketing. Definiert die Zustimmung oder Ablehnung der Teilnahme an einer Marketingmaßnahme durch den Kunden – zum Beispiel durch eine Unterschrift oder eine E-Mail.

Outbound
Anrufe, bei denen im Gegensatz zum Inbound der Kunde angerufen wird.

Point of Sale
Der Ort, an dem der Verkauf eines Produkts stattfindet (zum Beispiel Ladenkasse). Zentraler Kontaktpunkt zwischen Kunde und Unternehmen.

Recruiting
Methoden, die zur Deckung eines Personalbedarfs angewendet werden, zum Beispiel Anzeigenschaltung, Vorstellungsgespräche, Assessment-Center.

Reporting
Erarbeitung, Weiterleitung und Auswertung von Berichten zu einer Kampagne.

Telefonmarketing
Form des Direktvertriebs, bei der die Akquise, die Beratung und/oder der Verkauf per Telefon erfolgen, und zwar durch ein Callcenter oder durch angestellte Mitarbeiter.

Telefonskript / Skript / Leitfaden
Roter Faden für ein Outbound-Telefonat. Enthält auch fertige Formulierungen als Hilfestellung für den Agenten.

Telesales
Direktverkauf von Produkten und Dienstleistungen am Telefon.

Upselling
Verkauf eines Produkts an einen Kunden, das höherwertig oder teurer als das ursprünglich gewünschte ist.

Welcome-Call
Anruf bei einem neuen Kunden. Wird vor allem bei hochpreisigen Produkten und Dienstleistungen durchgeführt, um den Kunden bereits in der Anfangsphase der Geschäftsbeziehung durch persönlichen Service zu binden.

Wiedervorlage
Erneute Anrufe zum selben Thema (mögliche Gründe: »Ansprechpartner hat sich noch nicht entschieden«, »Ansprechpartner wurde nicht erreicht«, Anrufbeantworter, besetzt). Diese Anrufe werden auf Wiedervorlage gelegt.

Literaturverzeichnis

Bergevin, Réal: Callcenter für Dummies, übers. von Uwe Thiemann, 1. Aufl., Wiley-VCH Verlag, Weinheim 2007.
Bravard, Jean L. / Morgan, Robert: Intelligentes und erfolgreiches Outsourcing. Ein kompakter Leitfaden für das rationale Auslagern von Unternehmensprozessen, 1. Aufl., FinanzBuch, München 2008.
Fink, Dietmar / Köhler, Thomas / Scholtissek, Stephan: Die dritte Revolution der Wertschöpfung: Mit Co-Kompetenzen zum Unternehmenserfolg, Econ Verlag, Berlin 2004.
Greff, Günter: Telefonverkauf mit noch mehr Power: Kunden gewinnen, betreuen und halten, 1. Aufl., Books on demand GmbH, Norderstedt 2006.
Grutzeck, Markus: Telefonmarketing-Kampagnen: Konzipieren – ausschreiben – durchführen, Businessvillage (Edition Praxiswissen), Göttingen 2004.
Helber, Stefan: Call Center Management in der Praxis: Prozesse und Strukturen betriebswirtschaftlich optimieren, 1. Aufl., Springer Verlag, Berlin 2003.
Hermes, Heinz-Josef / Schwarz, Gerd: Outsourcing – Chancen und Risiken, Erfolgsfaktoren, rechtssichere Umsetzung, Haufe Verlag, Freiburg 2005.
Joder, Karin: Der CallCenter Aptitude Test (CAT 3.0): Geeignete CallCenter Agents finden und binden, Vdm Verlag Dr. Müller, Saarbrücken 2007.
Jouanne-Diedrich, Holger von: Next Generation Outsourcing: Versuch einer Einordnung, in: Günther Fenk u. a. (Hrsg.): Next Generation Outsourcing. Wie Deutschland von den neuen Outsourcing-Trends profitieren kann, BITKOM, 2007. S. 5–14 (PDF).

Krumm, Rainer/Geissler, Christian: Outbound-Praxis, 2., erw. Aufl., Gabler Verlag, Wiesbaden 2005.

Schmelzer, Herrmann J.: Geschäftsprozessmanagement in der Praxis. Kunden zufriedenstellen, Produktivität steigern, Wert erhöhen, 6. Aufl., Hanser Fachbuch, München 2007.

Schühmann, Florian: Call Center Controlling: Ein Modell für die Planung, Kontrolle und Steuerung von Kundenservice-Centern, Gabler Verlag, Wiesbaden 2007.

Schuler, Helga: 30 Minuten für erfolgreiche Business-Telefonate, GABAL Verlag (30-Minuten-Reihe), Offenbach 2006.

Schuler, Helga/Haller, Stephan: Der neue Innendienst. Mehr Vertriebsproduktivität durch die interne Service-Firma (ISF), Gabler Verlag, Wiesbaden 2008.

Walther, George: Phone Power, 5. Aufl., Econ Taschenbuch Verlag, Berlin 2003.

Zeitschriften/Fachorgane

Callcenter Profi
Teletalk
IM Direktmarketing
Acquisa

Register

Abschluss 110–112
Abschlussfragen 103
Abschlussphase 163
Adressqualifizierung 37 ff.
Adressverlage 159 ff.
Aktionen 150 ff., 155 ff., 158, 177
Aktivierungsfragen 103 ff.
Anforderungsprofil 74 ff., 77–83, 89–91, 94
Ansprechpartner 98
Assessment-Center 87 ff.
Aufbautraining 125
Ausbildung 77
Auslastung 186
Ausschreibung 84
Außendienst 231 ff., 234–236
Auswahlkriterien für Callcenter 194–201
Auswahlseminar 88
Auswertung 177

Bedarfsanalyse 99, 101, 106–108
Bestandskunden 34 ff.
Bewerbungen 85
Beziehungsarbeit 133
Bruttokontakte 56–58

Call 203
Callcenter 185, 187, 190–203
Callcenter-Angebot 201–203

Coaching 124, 126
Controlling 173
Cross- und Upselling 42

Dachverbände 195
Datenbank 59, 61–65
Datenfriedhof 24
Dialer 65 ff.
Direktverkauf 52–55
Dokumentation 172

Ehrenkodex 195
Einarbeitung 116, 119
Einwände 109, 112, 123
Empfehlungsmanagement 38
Entscheidungskriterien im Kaufprozess 100 ff.
Erfolgsorientierte Bezahlung 199 ff.
Ergebniskategorien 174 ff.

Feedback 138
Fehlerquellen 12 ff., 15, 19
Fixkosten 201 ff.
Fragen 102–106

Gesprächsbeginn 98 ff.
Gesprächsstruktur 121 ff.
Gießkannenprinzip 19, 24

Hans Soldan GmbH 217–224
Headsets 60 ff.
Hemmungen 97, 116 ff., 120
Hierarchien 141

Image 16
Informationsfragen 102, 104
Infrastruktur 69
Innendienst 237 ff.
Integration des Outbound-Teams 230–238
Interessenten 33–35
Interessentenmanagement 35–37

Kampagne 150 ff.
Kampagnenprozess 151
Karteileichen 23 ff., 38
Kaufsignale 110–112
Kaufwiderstände 112
Key-Account-Management 40 ff.
Kleinstkunden (SOHO) 44–46
Kosten 199–203
Kosten nach Aufwand 203
Kundensegmente 31

LINDE Gabelstapler 16
List-Broker 159
Lob 133, 138

Medien 16 ff.
Misserfolge 133
Mitarbeiterführung 131, 133, 135 ff., 138–142
Mitarbeitergespräch 138
Mitarbeiterleasing 192
Mitschneiden 124
Mittleres Kundensegment 42–44
Motivation 117, 133–137, 142

Nettokontakte 56–58, 203
Neukunden 33 ff., 39 ff.
Nutzenargumente 108

OCE van der Grinten 15
Outsourcing 184–187, 190–192, 194
Outtasking 19

Persönliche Ebene 25
Phasen der Kundenbeziehung 32–35
Pilotkampagne 67 ff.
Preis 109
Preisverhandlungen 112
Privatpersonen 17
Produkttraining 119

Qualifizierung 116
QVC Deutschland 225–227

Räumlichkeiten 69
Recruiting 66, 74 ff., 83–88, 92
Reklamationen 20 ff., 23, 46 ff.
Reporting 233, 236
Reportingbogen 178
Reue 33

Sekretärin 98
Startworkshop 118
Stellenanzeigen 84 ff.
Stellenanzeige Teamleiter 92 ff.
Stufenplan 50

Teambesprechungen 138 ff.
Teamgröße 56–58
Teamleitung 59, 69, 89–92, 131–134, 138, 139–142

Telefonskript 64, 68, 121, 123, 161–164, 171
Telefontechnik 60
Training 117–121, 124–127
Training on the Job 124, 126
Trainingsagenturen 126
Trainingsplan 117

Upjohn 16

Variable Kosten 201 ff.
Vergütung 135 ff.

Versatel AG 209–214, 217
Vorstellungsgespräch 87

Wegenbach, Patricia 140
Wiederanrufe 56

Zeitplan 70
Zeitplanung 158
Zertifizierung 196
Zieldefinition 51 ff.
Zielvereinbarungen 136, 138
Zukunftsfragen 103

GABAL
Bestseller von Stephen R. Covey und Sean Covey

Bücher

Stephen R. Covey	Stephen R. Covey	Sean Covey	Stephen R. Covey	Sean Covey
Die 7 Wege zur Effektivität	Der 8. Weg	Die 7 Wege zur Effektivität für Jugendliche	Die 7 Wege zur Effektivität für Familien	Die 6 wichtigsten Entscheidungen für Jugendliche
368 Seiten	432 Seiten	352 Seiten	464 Seiten	376 Seiten
ISBN 978-3-89749-573-9	ISBN 978-3-89749-574-6	ISBN 978-3-89749-663-7	ISBN 978-3-89749-728-3	ISBN 978-3-89749-847-1

Hörbücher

Stephen R. Covey	Stephen R. Covey	Sean Covey	Stephen R. Covey	Stephen R. Covey
Die 7 Wege zur Effektivität	Der 8. Weg	Die 7 Wege zur Effektivität für Jugendliche	Die 7 Wege zur Effektivität für Familien	Die 7 Wege zur Effektivität für Manager
10 CDs,	12 CDs,	10 CDs,	14 CDs,	2 CDs
Laufzeit ca. 615 Minuten	Laufzeit ca. 815 Minuten	Laufzeit 557 Minuten	Laufzeit ca. 968 Minuten	Laufzeit ca. 78 Minuten
Box, ungekürzt	Box, ungekürzt	ungekürzt	ungekürzt	2-sprachig; engl./dt.
ISBN 978-3-89749-624-8	ISBN 978-3-89749-688-0	ISBN: 978-3-89749-825-9	ISBN: 978-3-89749-889-1	ISBN: 978-3-89749-890-7

Kartenset

Stephen R. Covey
Die 7 Wege zur Effektivität
Kartendeck mit 50 Karten
ISBN 978-3-89749-662-0

Viele Managementmoden und -trends kommen und gehen – Coveys Prinzipien sind durch ihre Klarheit, Einfachheit und Universalität aktueller denn je.

Informationen über weitere Titel unseres Verlagsprogrammes erhalten Sie in Ihrer Buchhandlung, unter **info@gabal-verlag.de** oder **www.gabal-verlag.de**.

Management

Re-imagine
352 Seiten, gebunden
ISBN 978-3-89749-726-9

Der Halo-Effekt
273 Seiten, gebunden
ISBN 978-3-89749-789-4

Projekt Gold
384 Seiten, gebunden
ISBN 978-3-89749-797-9

Das Lust-Prinzip
208 Seiten, gebunden
ISBN 978-3-89749-790-0

JobSearch
216 Seiten, gebunden
ISBN 978-3-89749-791-7

Der Weg zum erfolgreichen Unternehmer
464 Seiten, gebunden
ISBN 978-3-89749-793-1

Business Book of Horror
232 Seiten, gebunden
ISBN 978-3-89749-844-0

Energize yourself!
280 Seiten, gebunden
ISBN 978-3-89749-848-8

Endlich Empfehlungen
250 Seiten, gebunden
ISBN 978-3-89749-845-7

Die Storytheater-Methode
360 Seiten, gebunden
ISBN 978-3-89749-849-5

Der Mann im weiblichen Jahrhundert
250 Seiten, gebunden
ISBN 978-3-89749-850-1

Die unternehmen was!
208 Seiten, gebunden
ISBN 978-3-89749-852-5

Informationen über weitere Titel unseres Verlagsprogrammes erhalten Sie in Ihrer Buchhandlung, unter **info@gabal-verlag.de** oder **www.gabal-verlag.de**.

Tom Peters *Essentials*

Tom Peters feiert sein „Revival": Mit den vier Essentials in Taschenbuchformat liefert er eine Essenz seines Management-Bestsellers *Re-imagine!* Spitzenleistungen in chaotischen Zeiten. Das Design der Bücher wurde noch einmal völlig neu erfunden und auf das Wesentliche reduziert. Geblieben sind dieselbe Leidenschaft, dieselbe Energie, dieselbe Farbigkeit.

Wo finden sich inmitten all des chaotischen Wandels die großen Marktchancen? Sie liegen auf der Straße. Bei den Käufern mit dem vielen Geld – den Frauen und Senioren. Die Kunst besteht darin, überraschende Trends wahrzunehmen und aufzugreifen. Kreieren Sie Ihre strategische Zukunftsvision. Richten Sie Ihr Unternehmen an diesen neuen Realitäten aus.

Trends
160 Seiten
ISBN 978-3-89749-801-3

„Arbeitsplatz auf Lebenszeit" hinter ein und denselben Mauern (auch: »Bürosklaventum«) ist out. Lebenslange Selbst-Neuerfindung ist in. Die einzig wirksame Arbeitsplatzgarantie ist unser Talent. Setzen Sie Talent nicht nur im Dienste Ihrer Marke ein – machen Sie Talent zu Ihrem Markenzeichen.

Talent
160 Seiten
ISBN 978-3-89749-800-6

Anstatt in Ihren Unternehmen nach Dingen zu suchen, die nicht funktionieren, und zu versuchen, diese zu korrigieren, sollten Sie nach Dingen suchen, die funktionieren und auf ihnen aufbauen. Entdecken Sie Leidenschaft, Ausdauer und Phantasie als die entscheidenden Erfolgsmotoren. Denken Sie schräg und lernen Sie, vom Zeitalter der Auf- und Umbrüche zu profitieren.

Führung
160 Seiten
ISBN 978-3-89749-798-6

Design regiert die Welt: Design handelt von Leidenschaft, Emotionen und Anziehungskraft. Entdecken Sie, warum Design darüber entscheidet, ob ein Produkt aus der Masse heraus sticht oder eben nicht. Lernen Sie, dass wir im Grunde unseres Herzens alle Designer sind.

Design
160 Seiten
ISBN 978-3-89749-799-3

Informationen über weitere Titel unseres Verlagsprogrammes erhalten Sie in Ihrer Buchhandlung, unter **info@gabal-verlag.de** oder **www.gabal-verlag.de**.

GABAL — Business-Bücher für Erfolg und Karriere

Bin ich ein Unternehmertyp?
152 Seiten
ISBN 978-3-89749-861-7

Personalbeurteilung im Unternehmen
184 Seiten
ISBN 978-3-89749-806-8

Der Prüfungserfolg
180 Seiten
ISBN 978-3-89749-859-4

Starke Frauen reden Klartext
128 Seiten
ISBN 978-3-89749-863-1

Für immer aufgeräumt
160 Seiten
ISBN 978-3-89749-735-1

Der Omega-Faulpelz
144 Seiten
ISBN 978-3-89749-628-6

Meine 202 besten Tipps für Verkäufer
192 Seiten
ISBN 978-3-89749-804-4

Small Talk von A bis Z
168 Seiten
ISBN 978-3-89749-673-6

Kreativitätstechniken
136 Seiten
ISBN 978-3-89749-736-8

Führungsfaktor Gesundheit
160 Seiten
ISBN 978-3-89749-732-0

Beschwerdemanagement
184 Seiten
ISBN 978-3-89749-733-7

Karriere machen, ohne Chef zu sein
192 Seiten
ISBN 978-3-89749-807-5

Informationen über weitere Titel unseres Verlagsprogrammes erhalten Sie in Ihrer Buchhandlung, unter **info@gabal-verlag.de** oder **www.gabal-verlag.de**.

GABAL

Günter, der innere Schweinehund

Günter, der innere
Schweinehund
224 Seiten
ISBN 978-3-89749-457-2

Günter, der innere
Schweinehund, hat Erfolg
216 Seiten
ISBN 978-3-89749-731-3

Günter lernt verkaufen
216 Seiten
ISBN 978-3-89749-501-2

Günter, der innere
Schweinehund, lernt flirten
216 Seiten
ISBN 978-3-89749-665-1

Günter, der innere
Schweinehund, wird schlank
216 Seiten
ISBN 978-3-89749-584-5

Günter, der innere Schweinehund, wird Nichtraucher
216 Seiten
ISBN 978-3-89749-625-5

Günter, der innere
Schweinehund, geht ins Büro
216 Seiten
ISBN 978-3-89749-803-7

Günter, der innere
Schweinehund, wird fit
220 Seiten
ISBN 978-3-89749-803-7

Günter, der innere
Schweinehund, hat Erfolg
2 CDs
Sprecher: S. Frädrich
ISBN 978-3-89749-888-4

Günter, der innere
Schweinehund, wird schlank
2 CDs
Sprecher: S. Frädrich
ISBN 978-3-89749-690-3

Günter, der innere
Schweinehund, lernt flirten
2 CDs
Sprecher: S. Frädrich
ISBN 978-3-89749-824-2

Günter, der innere
Schweinehund,
wird Nichtraucher
2 CDs
Sprecher: S. Frädrich
ISBN 978-3-89749-753-5

Informationen über weitere Titel unseres Verlagsprogrammes
erhalten Sie in Ihrer Buchhandlung, unter **info@gabal-verlag.de**
oder **www.gabal-verlag.de**.

GABAL

In 30 Minuten wissen Sie mehr

30 Minuten für mehr Work-Life-Balance durch die 16 Lebensmotive
80 Seiten
ISBN 978-3-89749-870-9

30 Minuten für die erfolgreiche Positionierung
80 Seiten
ISBN 978-3-89749-867-9

30 Minuten für „ver-rückte" Unternehmer
80 Seiten
ISBN 978-3-89749-868-6

30 Minuten Gespräche gewaltfrei gewinnen
80 Seiten
ISBN 978-3-89749-869-3

30 Minuten für das erfolgreiche Bewerbungsanschreiben
80 Seiten
ISBN 978-3-89749-866-2

30 Minuten gegen Mobbing am Arbeitsplatz
80 Seiten
ISBN 978-3-89749-871-6

30 Minuten gegen Burn-out
80 Seiten
ISBN 978-3-89749-872-3

30 Minuten für das überzeugende Vorstellungsgespräch
80 Seiten
ISBN 978-3-89749-812-9

30 Minuten für cleveres Entscheiden
80 Seiten
ISBN 978-3-89749-813-6

30 Minuten für Feng Shui am Arbeitsplatz
80 Seiten
ISBN 978-3-89749-814-3

30 Minuten für eine erfolgreiche Problemlösung
80 Seiten
ISBN 978-3-89749-815-0

30 Minuten für eine wirkungsvolle Stimme
80 Seiten
ISBN 978-3-89749-816-7

Informationen über weitere Titel unseres Verlagsprogrammes erhalten Sie in Ihrer Buchhandlung, unter **info@gabal-verlag.de** oder **www.gabal-verlag.de**.

Anzeige

GABAL: Ihr „Netzwerk Lernen" – ein Leben lang

Ihr Gabal-Verlag bietet Ihnen Medien für das persönliche Wachstum und Sicherung der Zukunftsfähigkeit von Personen und Organisationen. „GABAL" gibt es auch als Netzwerk für Austausch, Entwicklung und eigene Weiterbildung, unabhängig von den in Training und Beratung eingesetzten Methoden: GABAL, die **G**esellschaft zur Förderung **A**nwendungsorientierter **B**etriebswirtschaft und **A**ktiver **L**ehrmethoden in Hochschule und Praxis e.V. wurde 1976 von Praktikern aus Wirtschaft und Fachhochschule gegründet. Der Gabal-Verlag ist aus dem Verband heraus entstanden. Annähernd 1.000 Trainer und Berater sowie Verantwortliche aus der Personalentwicklung sind derzeit Mitglied.

Die Mitgliedschaft gibt es quasi ab 0 Euro!
Aktive Mitglieder holen sich den Jahresbeitrag über geldwerte Vorteil zu mehr als 100% zurück: Medien-Gutschein und Gratis-Abos, Vorteils-Eintritt bei Veranstaltungen und Fachmessen. **Hier treffen Sie Gleichgesinnte, wann, wo und wie Sie möchten:**

- Internet: Aktuelle Themen der Weiterbildung im Überblick, wichtige Termine immer greifbar, Thesen-Papiere und gesichertes Know-how inform von White-papers gratis abrufen
- Regionalgruppe: auch ganz in Ihrer Nähe finden Treffen und Veranstaltungen von GABAL statt – Menschen und Methoden in Aktion kennen lernen
- Jahres-Symposium: Schnuppern Sie die legendäre „GABAL-Atmosphäre" und diskutieren Sie auch mit „Größen" und „Trendsettern" der Branche.

Über Veröffentlichungen auf der Website (Links, White-papers) steigen Mitglieder „im Ansehen" der Internet-Suchmaschinen.
Neugierig geworden? Informieren Sie sich am besten gleich!

Lernen Sie das Netzwerk Lernen unverbindlich kennen.
Die aktuellen Termine und Themen finden Sie im Web unter **www.gabal.de**.
E-Mail: info@gabal.de.

Telefonisch erreichen Sie uns per 06132.509 50-90.

„Es ist viel passiert, seit Gründung von GABAL: Was 1976 als Paukenschlag begann, ... wirkt weit in die Bildungs-Branche hinein: Nachhaltig Wissen und Können für künftiges Wirken schaffen ..."

(Prof. Dr. Hardy Wagner, Gründer GABAL e.V.)